U0892398

家业永续

基业长青

家族财富非常道

FAMILY WEALTH MANAGEMENT

李爽／著

法律出版社 LAW PRESS · CHINA

作者简介

李爽律师系全球综合规模最大律师事务所——北京大成律师事务所北京总部家族办公室团队合伙人律师、私人财富管理专家、财富管理畅销书作家，是中国最早开始从事家族财富管理的专业律师之一。2018年，李爽律师作为私人财富管理领域杰出人才，代表北京大成律师事务所领取《亚洲银行家》颁发的“中国最佳专业服务机构”大奖；2019年获得亚太财富论坛颁发的“优秀私人财富规划师”奖项。

李爽律师系香港家族办公室协会法律专业委员会主任，沃晟法商学院创始合伙人。多次受邀前往北京大学光华管理学院、深圳清华大学研究院总裁班、国内多家知名私人银行、保险集团、家族办公室等机构授课。曾任全国“心系女性”工程特聘律师顾问、农业银行与交通银行等国内多家私人银行总行的特聘律师专家。

序　一

与李爽律师相识，算得上是“以书会友”。李律师读过我撰写的《与财富同行》这本书，觉得我的这本书内容深入浅出、通俗易懂，便不时向刚涉足财富管理的从业者和她的客户推荐。后，李律师在北京大学攻读EMBA，间接地成为了我的学生。我惊讶于李爽律师对于财富管理行业的独特认知，以及丰富的实践经验。本书是李爽律师从事财富管理行业十年的智慧结晶，非常值得财富管理从业者及广大企业家阅读。

整体来说，目前中国的家族财富管理服务机构繁多，银行、保险公司、信托公司、家族办公室公司、投资及资产管理公司等，都属于财富管理行业的组成部分。但是，金融机构往往更侧重于满足客户有形财富层面的需要，对于客户家庭、家族的潜在问题，有些机构并不关注。有些机构虽然关注到了，却因为缺少对家族治理的整体认识，不知道如何为客户提供解决方案。

我很惊喜的是，李爽律师深刻认识到了上述现状，跳出了有形财富这个层面，站在家族财富持有者需求的角度，对家族、家族精神财富、家族治理等传统话题进行了富有创新性的分析与论述。确实，家族财富管理是一种普遍而又特殊的机制，普遍在于家族财富管理存在广泛的需求，特殊在于家族财富本身的复杂性。它不仅涉及有形的资产配置，还涉及家族精神、文化价值观、家族成员关系等难以用数学模型解决的各种因素。良好的家族治理应当与家族财富管理相结合，是对家族各方各面的综合性改善与提升。

在我最近读过的财富管理类书籍中，这本书是我认为最值得推荐的。虽然我们的企业家通过掌握社会、经济与行业发展的规律取得了不俗的私人财富，但是对家族治理与传承的认识，还停留在较为基础的阶段。多年教学生涯过程中，我经常提醒学生们：想要家族财富长久传承，家族企业治理与家族治理一定要互为表里。这个道理背后的理论和知识点非常多，导致我的课堂时间经常不够用。现在难得的是，这本书代我清晰地解释了家族治理与家族企业治理之间的关系和相关知识，非常适合学生们、企业家和财富管理从业人员阅读学习，在此郑重推荐。

金　李

北京大学光华管理学院讲席教授、博导

序　二

2016年，当我在中国开启“财富与社会”的项目时，美国超高净值人士的崛起正在影响财富、慈善、影响力投资这些概念。在美国，随着个人财富大幅上涨，财富值超过一些国家国民生产总值的高净值用户的数量越来越多，维持社会稳定与和谐的制度也在一定程度上遭受严峻考验。

于是，一些西方人士将个人精力转向慈善事业，发生这一转变的部分原因是相比于财富，权力和影响力对他们来说更为重要。但这一现象反过来又导致西方社会中产生了对个人在社区中的角色以及公共机构在医疗、教育和社会服务等领域的作用的质疑和讨论。例如，像比尔·盖茨（Bill Gates）和杰夫·贝佐斯（Jeff Bezos）这样的人不仅能够投资庞大的全球项目，甚至还能够左右本国以及国际多边机构的公共政策，而慈善基金会这样的公共机构是全球事件应对行动的重大参与者之一。

中国作为高速增长的经济体，由于许多机构的形成发展仍处于起步阶段，类似的趋势变动可能会呈现出更加的不稳定的状态。但我自始至终都认为中国可以从历史中汲取、认识到财富在社会中的作用，也正是因为这个原因，我很高兴能够读到我的好朋友李爽的《家族财富非常道》一书，这本书取材于中国历史，从曾国藩家族、山西商人等群体身上提炼出了关于教育、治理和家庭价值观作用的观点，而教育、治理和家庭的价值观随着时间的推移共同塑造了中国社会。

我读过司马迁的《史记》和班固的《汉书》，我了解到自古以来，中国人更强调社会高于自我的观点。司马迁，作为中国历史上最伟大的史学家，也提出了由社会中所谓“私营企业”的角色通过有效的资源利用的方式实现改善社会的目的这一观点，这一观点和自由市场经济中关于治理和问责制的现代经济学理论极为相似。

我很高兴地看到，李爽在这本书里回归到“家庭价值”的首要原则——家庭和社会的和谐，这为她在书中探讨各种问题奠定了基调。她选择从整体层面而不是独立的法律、会计或投资单一层面来探讨话题，这一选择源自她的个性，她喜欢探讨如何将所有领域联系起来以实现一个目标的问题，而这些联系有时是已知的，有时是未知的。此外，她还能够从个人职业生涯经历中汲取经验教训，提供真实案例，因此读者能够从她写作和思考的方式了解到她的个性，她更关注问题解决的实质而不是形式。

让我感到意外的是，李爽作为一名律师，写书时却将重点放在家族的可持续发展和财富保护上，这不是可能为她带来更多收入的话题。这体现了随着时间的推移，李爽在与成千上万的客户的接触中不断磨练出的成熟感，这种成熟感来源于李爽以前的作品的积累，这些作品都非常注重实际，现在的她能够从一名专业人士的角度来向外界传递关于社会更为可持续发展的价值观念。

所有的经济体都经历了快速扩张而后收缩或者遇到新的挑战的过程。家庭矛盾总是反映时代的变迁，本书所蕴含的价值观本质上是持久的，适用于不断变化的环境。因此我将这本书强烈推荐给正处于财富积累的早期阶段的家长和企业家们，向孩子传达如理想、慈善等简单品质，其实这是在建立长期发展的基石，这些内容可以代代相传，成为家庭内的“社会契约”。

读李爽的书的过程也是跟随她的思想不断学习的过程，她以一个朋友的语气提出了非常专业的建议，引领读者能够基于首要原则做出自己的决定。我已经可以想象到，李爽的下一本书将是关于家庭如何以一种可持续的方式传播善意来影响社会。我希望在中国发展出它独特的财富和社会特征的过程中，她的书能够对法律和社会结构体制的建立做出不小的贡献。

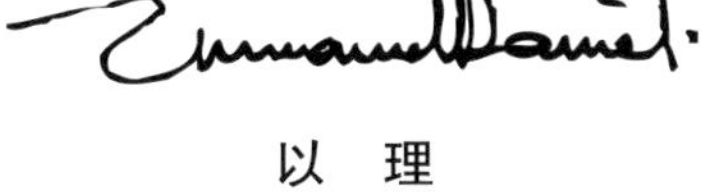

以　理

《亚洲银行家》&《财富与社会》创始人

序　三

我与本书作者李爽律师深交十年，这十年我们见证了中国财富管理的崛起和发展，这十年我们亦师亦友，沉淀了深厚情谊，在我的眼里她一直是一位非常独特的专业律师。

作为一名在财富管理圈里游历已久的“老炮儿”，我见过的专业能人不计其数，但李爽却让我印象深刻，她人如其名，她清清爽爽，博学广游。在专业研究上她从不拘泥于技术和方法，强调专业领域的哲学思考，同时她更擅长发现行业规律，取长补短、完善体系。这一点对专业人士来说，弥足珍贵。

李爽律师的新著《家族财富非常道》，我第一时间阅读后不禁心生赞许，因为这本书的内容超越了专业律师研究的技法，深度剖析了家族文化与家族精神对家族传承的重要性，逻辑体系更为全面，再次彰显了她在财富管理领域里跨界研究、融会贯通的独特能力。

这本书首先将家族财富分为无形财富与有形财富两个境界，由最根本的道法入手，从家族精神及家族教育着手谈财富，这的确是家族基业常青的根本。但本书不是在空谈道法，而是尝试从家族治理制度化建设的视角寻找解决方案，这是专业律师务实的研究逻辑。

这本书还填补了财富管理图书出版界的一个空白，那就是——在一本专著中全面地研究高净值客户的“创富、守富、传富、用富”四个方面，如书中“家族企业”一章就是在谈创富，“家族投资”一章就是在谈守富，“家族慈善”一章就是在谈传富与用富，本书把高净值客户生命周期内管理财富的四个方向都作了全面的研究，实属难得！

这本书还分别从境内财富及境外财富两个视角作了分析，并介绍了国家最新的外汇管理政策，进而引申出与海外资产布局相关的税务居民身份规划的研究成果，这也是当下高净值客户普遍关注的重点，为读者全面地了解高净值客户全球化财富管理带来提升的借鉴意义。

接触过李爽的朋友，都会对她的兰心蕙质留下难忘的印象，同样这本书呈现的智慧也一样迷人。因为这是她将自己沉浸在财富管理业界多年的独到心得认真总结，进而呈现给大家的成果结晶，相信一定会给各位读者带来新鲜的视野和珍贵的启迪！

王　芳

北京大成律师事务所总部高级合伙人律师

2020 年 10 月

自 序

提笔写序，万千思绪入心头。

2010 年至 2020 年，我从事私人财富管理专业领域已经十年之久。遥想当年，凭着对财富管理专业的热爱和对行业发展趋势的判断，我跟团队毅然选择了私人财富管理专业方向，做了中国律师行业内第一个“吃螃蟹”的人。

十年间，我见证了中国财富管理服务从无到有、从局部到完整、从蓝海到红海的发展过程。然而，在财富管理行业蓬勃发展了十几年之后的今天，很多从业者普遍感觉财富管理业务较为庞杂，但同领域不同机构的服务却趋于同质化，从业者都迫切地想寻求突破。

过去十年里，我服务了很多高净值人士及其家族，与高净值人士及不同业务领域的财富管理从业者都有过深入的沟通和交流，发现专业人士提供的财富管理服务，无论是创富层面、还是守富、传富与享富层面，都过于集中到“物质财富”上。然而，物质财富的传承，似乎并不能从根本上解决大部分家族所面临的问题，如父子冲突、后代拼劲不足、不愿接班等。

中国古语云："道德传家，十代以上，耕读传家次之，富贵传家，不过三代。"家族财富管理服务，不能只局限于"财富管理"，"家族"这个具有决定性作用的主体，应该是财富管理从业者首先服务的对象。家族的发展和传承，亟须进入由"物质财富"到"精神财富"的新阶段！

在这样的行业呼唤之下，我吸收了中国传统文化中的家族智慧，结合新历史时期的高净值家族的发展需求，孕育出了这本以"家族"的发展与传承为核心的著作。

在上半部分，本书介绍了家族的产生、家族精神、家族教育、家族治理与家族传承五部分内容，这五部分内容系家族发展和延续的核心，犹如根之于树、水之于鱼。其实，家族是中国传统文化一个最主要的柱石，我们几乎可以说，中国文化全部都是从家族观念上筑起的，先有家族观念然后才有人道观念，有了人道观念乃有其他一切。本书的上半部分结合了传统家族文化中的精髓，将优良的家风、有警示意义的家训、严明的家规和家法、有趣的家学等内容，以符合现代社会和高净值家族发展的视角呈现了出来。我们结合了传承百余年甚至千余年的中国家族传承故事，如孔子家族、曾国藩家族、晋商文化等，来阐明家族教育、家族精神文化和家族治理的支柱作用，凸显家族培养后代的侧重点。

在下半部分，本书介绍了家族企业、家族资产管理、家族慈善、家族智囊团、家族跨境事务五部分内容，这几部分内容也是家族永续发展不可或缺的，与上半部分的内容相辅相成。驾驭财富的方式方法，主要从本书后五部分内容中得以体现。能驾驭财富之人，可以将财富用得恰到好处，不仅可保家族成员衣食无忧，还能造福一方、回馈社会。被财富驱使之人，则很可能陷入欲望的漩涡，挥金如土、不思进取，甚至争产内斗、沾染赌博吸毒等恶习，造成违法犯罪的悲剧。因而，在这五部分中，我们主要分享了驾驭家族财富的基本方式方法，清晰地列明了家族财富如何保值、增值，分析了家族顾问的作用和价值，从技术层面为家族的有形资产保驾护航。

概而言之，本书的创新性主要体现在以下几个层面：

第一，涵盖中西、博古通今。凡能传承三代以上之家族，皆是因为他们找到了适合本家族发展的道路，很多家族都是博采各家之长后才建立起自己家族的发展诀窍。这本书中，我们节选了政治家族、企业家族、文化家族、科技家族等的传家案例，这些家族短则传承了几十数百年，长则传承了上千年，这些案例中既有中国的，也有国外的，既有古代的，也有现代的，既有成功的，也有失败的，充分展示了从事不同行业的家族的传承经验。读者用心品味，定能悟出一番道理。

第二，家族之道与传承之术结合。无形的精神文化、理念教育似乎总是让人觉得虚无缥缈，不知从何谈起。本书主张精神财富与物质财富的同步铸造、保护和传承，力求从富贵传家过渡到道德精神传家，实现家业永续。

第三，从家族视角出发，全面揭示家族所需。市场上关于家族财富管理的书籍，数不胜数。资产管理领域的作者，一般会从投资理财角度介绍如何管理家族财产；法律行业的作者，往往从法律风险防范的角度介绍财富保护和传承；保险领域的作者，则往往重点突出保险及衍生品的价值；从事教育行业的作者，则往往从高净值家族后代培养的领域撰写著作……确实，每个领域都是财富管理行业的一个侧面，不可或缺，但是对于企业主和家族成员来说，集齐每个领域的优秀著作并深入阅读，难度甚大。本书力求将家族持续发展的重要组成部分进行汇集阐述，大大节省了家族自行探索总结的时间。

人的生命是短暂的，但是家族却是可以永续的。本书是我在从事财富管理专业十周年之际的思考结晶，在私人/家族财富管理行业蓬勃发展的今天，希望这本著作能为您带来一些思考、一些启迪和一些收获，能为财富管理行业的发展贡献一份力量。

李　爽

2020 年 10 月 26 日于北京

目　录

第五部分 家族传承的道与术

第六部分 家族企业

第一部分

重新认识家族

族者，何也？

族者，凑也，聚也，谓恩爱相流凑也。

上凑高祖，下至玄孙，一家有吉，百家聚之，合而为亲。

生相亲爱，死相哀痛，有会聚之道，故谓之族。

——东汉·班固《白虎通》

第一节
家族，一种超越生死的力量

一、何为家族

不知从何时起，知名家族的传记成了畅销书。远至春秋战国时期的孔子家族、魏晋南北朝的颜氏家族，近至晚清时期的曾国藩家族、民国时期发迹的蒋宋孔陈四大家族，再到欧洲的罗斯柴尔德家族、美第奇家族，美国的摩根家族和洛克菲勒家族……这些家族，有的对一国的政治制度、宗教制度、金融秩序等产生了重要影响，有的影响了世界的政治格局和历史进程。他们以家族的形式被人们熟知和铭记，有的被写进了教科书，有的被搬上了大荧幕，他们的后人也还活跃在各个舞台上。

究竟什么是家族？为什么家族能够产生如此强大的力量？

（一）家族缘起

中国封建社会是一个以血缘为纽带、以地缘为基础、以家族为基本结构的社会。家族是中国文化的一个重要基石。

在原始社会，自然条件非常恶劣，人们抵御自然灾害的能力低下，唯有依靠团体的力量，才能勉强在那个时代维系最基本的生活，在“物竞天择、适者生存”的恶劣自然环境中坚持下去。在各种族群中，以血缘为纽带而形成的家族群体无疑更亲密、更牢固、更具凝聚力。①

中国最古老的家族——孔子家族②

孔子是我国著名的思想家、教育家，儒家学派的创始人。孔子出生于公元前551年（春秋战国时期）的鲁国（今山东省曲阜市尼山乡）。青年时期的孔子，敏而好学，饱读诗书，四处求学，慢慢形成了独树一帜的思想体系和政治主张。孔子认为：“道之以政，齐之以刑，民免而无耻；道之以德，齐之以礼，有耻且格。”中年时期的孔子，四处游说，宣扬自己的政治主张，希望踏入仕途，将自己的政治主张付诸实践。孔子在鲁国历任中都宰、司空和大司寇，取得了非常卓越的政绩。后鲁国君主荒废朝政，孔子被迫周游列国。

孔子的成就主要表现在以下三个方面。

---

① 参见王宝玉：《家族观念与中国传统法制的历史互动及其现代价值》，复旦大学2010年硕士学位论文。

② 参见李鹏程、王厚香：《天下第一家：孔子家族的历史变迁》，经济日报出版社2004年版。

（1）在政治思想方面：孔子关心人民的疾苦，提出“仁爱”学说，主张“爱人”，要求统治者体察民情，爱惜民力，为政以德，反对暴政。孔子的仁爱思想，经其弟子及后人发展，慢慢形成了儒家学说，在汉武帝“罢黜百家，独尊儒术”之后，成为中国封建社会两千多年的统治基础。

（2）在教育方面：孔子创办私学，广收门徒，不分贵贱，开启了平民教育，打破了“学在官府”的贵族教育。他提出一系列宝贵的教育思想——“因材施教”“温故知新”“有教无类”，提倡启发式教学。他的弟子遍布鲁国、卫国、齐国、秦国、晋国等十余个诸侯国，为中国古代的文化传播立下了汗马功劳。集中体现孔子政治思想、道德观念、伦理思想及教育理念的《论语》，便是由孔子弟子及再传弟子编纂而成的。

（3）在文化典籍方面：孔子编成《春秋》一书，修订《诗》《书》《礼》《易》等经典文献。

孔子被历代帝王尊为万世师表，他的家族后人也得到了历朝历代帝王的尊敬。孔子家族的族谱，记载了几千年的家族史和近百代的族人，世界上其他家族都望尘莫及。

（二）解构家族

家族可以被看作家庭和宗族的合称，家庭是最小的社会单位，而宗族则是由具有血缘关系的众多家庭组成的。从这个角度来看，家族是由世代聚居在一起的、同一男性祖先的子孙，以血缘为纽带，以地缘为基础，以财产为保障所形成的一种社会组织形式。① 然而，随着社会的发展，男女平等的理念越来越为大家所认可和推崇，女性作为家族的一分子，被委以重任、接力家族事业的情形越来越常见。

现代社会，我们可以从以下几个维度认识家族：

- 家族是家庭的扩大

费孝通在《乡土中国》中提到，家族实则是各个小家组合而成的，是小的社群集合而成的大的社群，最小的家族也可以等同于家庭。② 许琅光在《宗族·种姓·俱乐部》中也写道："家族实则是父系或者母系直接从家庭延续扩展了的组织。"当用"家族"的理念和制度来经营家庭和亲属关系时，首先应当意识到，家族是由包含父母子女关系的几个小家庭组合而来的，只有经营好了家庭，才可能经营好家族。

- 家族以血缘关系为纽带

中国人自古以来就非常重视血缘。家庭是家族的基础，同一个父系血缘延续的子孙，世代聚集居住在一定的范围内，以血缘关系为纽带形成家族。③ 当然，在男女平等化的今天，女性也可

---

① 马作武：《中国传统法律文化研究》，广东人民出版社2004年版，第16～17页。

② 费孝通：《乡土中国》，上海人民出版社2006年版，第22～24页。

③ 参见徐扬杰：《中国家族制度史》，人民出版社1992年版。

以延续家族命脉。

碧桂园集团杨惠妍：女承父业[1]

2019 年《财富》世界 500 强榜单中，碧桂园集团排名大幅上升至 177 位，并在 2020 年登上了中国房地产卓越 100 榜榜首，足以看出碧桂园集团的骄人实力。

杨惠妍于 2005 年正式加入碧桂园集团，担任杨国强的个人助理和采购部经理，并协助制定公司的发展战略、投资计划以及整体的项目规划。2007 年，碧桂园集团在香港上市，杨国强在接受媒体采访时首次表示，自己有意将碧桂园集团传承给二女儿杨惠妍，并将该想法写在了招股书中。

杨惠妍 1981 年出生，毕业于美国俄亥俄州立大学市场及物流系，有着与父亲相似的性格，低调、干练、机敏、有控制力。杨惠妍作为碧桂园集团的执行董事和联席主席，带领碧桂园集团从家族企业向现代企业转变；除此之外，其在慈善和脱贫攻坚领域，也取得了显著的成绩。2020 年 2 月，杨惠妍以 1869 亿元的财产价值位列福布斯中国《最富有女性榜》第 1 名。

• 家族成员具有相同姓氏

不管是在中国，还是在西方，姓氏始终是人们参与社会生活

① 根据碧桂园集团官网、香港联交所披露信息及网络公开资料整理。

的重要标记和工具；姓氏也是家族传承、文化传承的重要基石。早在5000多年前的母系氏族社会，就已经产生了姓氏，中国很多姓氏包含女字旁，比如“姜、姚、姬、嬴”等，就是这个原因。[①]《百家姓》所辑录的姓氏，体现了中国人对宗脉的强烈认同感。

通常来讲，家族是由拥有相同姓氏的人员组合而成的群体。从家族传承的角度来说，对姓氏的传承，是家族传承非常重要的一个方面。集中体现家族历代成员的“族谱”，便是展示家族姓氏传承最好的范本。

• 家族拥有集体财富

家族不仅仅是人的集合体，也是财富的集合体。这里的家族财富，不仅包括物质财富，还包括精神财富。

所谓物质财富，即古时候人们所说的族产——家族集体财产，如田地、房屋、坟地等。中国古代曾长期实行“家族集体所有”的财产制度，只有当长辈去世后，后代才可以进行分家，将家族的财产分配到每一个小的家庭之中；财产上的分家通常也伴随着一个大家族的解体。族产为维系家族提供了必不可少的经济支持，如今，族产获得了非常现代的名字——家族基金。现在，人们用“家族信托”进行财富传承安排，其实在一定程度上也是对“族产”思想的继承和实践，确保即使长辈去世，家族的物质

① 冯丽娟、刘建荣：《中华姓氏文化的内涵与当代价值研究》，载《桂林师范高等专科学校学报》2019年第4期。

财富仍然可以家族的名义传承下去。

所谓精神财富，指的是家族共同的文化、价值观和认同感。如果家族成员拥有共同的价值观，那么家族成员之间往往相处会比较愉快，步调比较一致，传承也会比较顺利。如果家族成员之间没有共同的文化支持，那么在传承过程中就可能出现分崩离析的情况。招商银行与贝恩公司联合发布的《2015 年私人财富报告》显示，65% 的受访高净值人士认为精神财富是家族财富的重要组成部分；相较于希望子女接管家族事业，高净值人士更希望子女传承其在学业、就业、创业等方面的观念和拼搏精神；同时，受访高净值人士普遍认为诸如勤奋、守信、节俭等中国传统美德值得代代相传。

诺贝尔家族——精神财富支撑下的百年家族[①]

阿尔弗雷德·贝恩哈德·诺贝尔（1833.10.21—1896.12.10）是诺贝尔奖的创始人，是一位化学家、工程师、发明家、军火制造商……他一生拥有 355 项专利发明，并在欧洲等五大洲的 20 个国家开设了约 100 家公司和工厂，积累了巨额财富。1895 年，诺贝尔立下遗嘱，将其遗产的大部分（约 920 万美元）作为基金，设立了诺贝尔奖，以奖励在物理、化学、生理学或医学、文学与和平领域对人类做出

① 根据互联网公开资料整理。

过重大贡献的人，不受国籍、种族、性别、宗教等任何与其成就无关的因素的限制，体现了其开放的胸怀与对知识的尊重。诺贝尔家族最重要的一条家训为：“不追求知识者，即是行尸走肉。”

2017年，人民网国际频道专访了诺贝尔家族成员、诺贝尔可持续发展基金会主席迈克尔·诺贝尔。迈克尔·诺贝尔说：“诺贝尔家族目前很大，但是并没有人与普通人不同，我们和走在大街上的人一样，只不过在外界看来诺贝尔是一个很有名与高尚的名字。我有12个名誉博士学位，在4个大学担任教授，我不需要更多学术上的成就。我一生赚了很多钱，实际上我再也不用工作了，所以我在经济上也没有未完成的梦想，我觉得最重要的就是帮助他人。”

诺贝尔家族传承下来的财富中，更重要的无疑是鼓励全人类坚持追求知识的精神财富，以及相信知识可以战胜疾病、改变世界、使全人类的生活水平得到提高的理念。诺贝尔家族获得全世界尊重和敬仰的事例告诉我们，家族精神财富的传承，远比物质财富的传承重要得多。

二、家族的标签

社会公众对某个家族的第一印象，就是这个家族的标签，与之相连的是一个家族的口碑、声誉和软实力。家族能留给后人最宝贵、无法被夺走的财富，便是家族的品牌、声誉和影响力。家族在社会上的声誉及影响力，需要后代每一位家族成员去用心经营和维护，这就要求每位家族成员对其家族具有高度的责任感。

（一）文化家族

以文化、学识等形象立于世的家族不少，这些家族最大的特点是：家族成员学识渊博，以其文化知识推动家族及社会的发展，乐于传道、授业、解惑。对于文化家族来说，文化知识是他们最重视的家族财富，而且文化家族的成员往往拥有一种文人的风骨和崇高的家国情怀。

梁启超于1873年在广东出生，作为中国近代著名的大学问家，他一生笔耕不辍，先后倡导了有关文体改良的“诗界革命”和“小说界革命”，写下了《爱国歌四章》《志未酬》《少年中国说》等许多感情真挚的诗歌和散文，其著作集中收录在《饮冰室合集》中。梁启超共有五子四女，梁启超的长子梁思成，宾夕法尼亚大学和耶鲁大学建筑系毕业，学成归国后创办清华大学建筑系。梁启超次子梁思永，于1904年出生于澳门地区，毕业于哈佛大学，是中国近代考古学和近代考古教育的开拓者之一，也是中国第一个受过西洋近代考古学正式训练的学者，有《梁思永考古论文集》传世。梁启超的小儿子梁思礼，是我国航天事业的奠基人之一，中国科学院院士。梁启超的长孙梁从诫，毕业于北京大学历史系，在环境保护领域取得了很大的成就。

（二）政治家族

政治家族通常指的是有至少两位成员担任过国家领导人的家族。世界上有一些家族，凭借出色的政治天赋和实力，活跃于本国的政治舞台，对本国和世界的政治格局产生过重要影响。比如美国的罗斯福家族、肯尼迪家族、布什家族，日本的安倍家族、鸠山家族，菲律宾的阿基诺家族等。对于政治家族来说，政界关系、政治智慧以及在选民心中的形象等，往往是他们最重视的家族财富。

罗斯福家族是拥有超过300年历史的美国卓越的政治家族。历史上，该家族出过两位美国总统，分别是西奥多·罗斯福和富兰克林·罗斯福。1933年，富兰克林·罗斯福以绝对的优势击败了竞争对手胡佛，成为美国总统。当时正值经济大萧条时期，大量美国人失业，很多企业破产倒闭，罗斯福总统对内积极推行以救济、改革和复兴为主要内容的“罗斯福新政”，抛弃了传统的自由放任主义，加强政府对经济领域的干预，从经济危机的深渊中挽救了美国。在“二战”的烽烟之中，罗斯福又作为反法西斯盟国重要力量的最高统帅，运筹帷幄，协调各方关系，为最终击败法西斯做出了巨大贡献。[①] 从1900年到1944年的12次大选中，罗斯福这个姓氏出现过8次，两位罗斯福总统也为美国的发展立下了汗马功劳。

（三）科学家族

科学家族，指的是那些在自然科学领域对一个国家乃至世界做出过重要贡献的家族，比如诺贝尔家族、伯努利家族、居里家族等。世人都知道达尔文提出了进化论，但是对于达尔文家族本身知之甚少。其实，达尔文家族的几代成员，都是自然科学领域声名赫赫的人物。

达尔文家族出过五代名人，七位英国皇家院士。达尔文的爷爷，1761年入选皇家学会，是一名医生、诗人和月光社的创始人。达尔文的父亲，也是一名医生，1788年入选皇家学会，发现了“小眼球运动”和“后像”，在医学领域颇有建树。达尔文毕业于剑桥大学，是进化论的奠基人，其著作《物种起源》摧毁了各种唯心的神造论以及物种不变论。达尔文的第五个孩子，是天文学家和数学家，1879年入选皇家

① 《传承力量·权力｜罗斯福家族：超过300年历史的卓越政治家族》，载微信公众号“环球YOLO精英”2020年3月3日。

学会，1884 年获得皇家奖章，1911 年获得皇家学会奖励给各领域有杰出贡献的科学家奖章 Copley 奖，1892 年获得皇家天文学会金奖，并在 1899—1901 年担任该学会的主席。达尔文的第七个和第九个孩子，同样凭借着过硬的专业实力入选了皇家学会。达尔文的孙子，是一名物理学家，在“二战”时期担任国家物理实验室主任，后就职于剑桥从事统计力学研究，与他人共同创立了物理学著名的达尔文—福勒方法……

对于科学家族来说，自然科学知识往往是他们安身立命的根本，坚持不懈地在自然科学领域求索的精神，则是他们最重视的家族财富。

（四）艺术家族

艺术家族往往凭借着在音乐、绘画等艺术领域的超高成就为世人所熟知，比如王羲之家族（书法）、齐白石家族（绘画）、张大千家族（绘画）和巴赫家族（音乐）等。

日本陶艺家——清水六兵卫八代①

清水六兵卫是日本非常显赫的陶瓷家族，也是世代相袭

① 《家族传承中的当代思考——日本陶艺家“清水六兵卫八代”》，载《设计》2015年第10期。

的家族封号。清水六兵卫一代出生于大阪的一户农家，在京都五条坂修习烧陶，1771 年自立门户，其烧制的凉炉茶具最为有名。二代六兵卫继承前代的技艺，确立了被尊称为“六兵卫”的本家陶器风格。三代六兵卫适逢文化启蒙时期，其烧制的瓷器曾在国外的世博会上展览。四代六兵卫通过和画家、建筑师交流研讨，探索出新式的“京烧”。从一代到五代都是当地家传的手艺人，但从第六代清水六兵卫开始，陶瓷艺术不再仅仅是工匠的工作，许多手艺人开始接受大学教育，并确立了自己作为独立艺术家的地位，那时正是日本当代陶艺在京都兴起之时。清水六兵卫八代，是日本独树一帜的当代重要陶艺家之一，于 2000 年承袭清水六兵卫之名。他原本是学习建筑专业的，但在毕业后，出于家族的使命感转而投入陶瓷事业。由于其兼有金属雕塑家的一面，所以他的作品注重造型，与前辈相比，有更多的抽象性和现代性。从 1771 年第一代清水六兵卫开始，清水六兵卫家族至今已经传承了 8 代，有着 200 多年历史，家族的传承从来没有中断过，非常令人惊叹。家族的成就对后世的影响和老一辈对后代的艺术文化的熏陶作为一种无形的财富，将世世代代凝聚在了一起。百年氏族的传承，往往不是靠财富，而是靠内在的精神文化的丰盈，这不仅体现了各个家族的生存智慧，也是各个家族繁衍壮大的真实写照。

对于艺术家族来说，对艺术坚持不懈的追求和对自身技艺十年如一日的打磨，往往是他们最重视的家族财富。他们也许没有万贯家财，但是那一种工匠精神，便担得起社会各界发自内心的尊重。

前述文化家族、政治家族、科学家族和艺术家族受到的认可和尊重，是家族先祖在某一领域有所建树后，后代家族成员用共同努力和悉心维护赢来的。知名的奢侈品家族——爱马仕家族第五代传承人曾说："爱马仕不是我从父母手里继承来的，而是从子女手中借来的。如果是从父母手里继承来的，就说明这些企业财富是我的，哪怕破产或挥霍光了也没有关系。可是如果是从子女手中借来，则意味着有一天要把从第一代手里继承过来的财富还给第三代，而且交到第三代手里时要比第一代做得更好才可以，才能对得起先人和后人。"

不难看出，家族在社会上的声誉和口碑，也是对家族后代最好的约束和激励。在改革开放的浪潮之下，中国很多高净值家族已经完成了物质财富的积累，在新的历史时期中，对于家族的再认识和家族品牌的建立，还有很长的路要走。

第二节

传统中国家族观念的传承

21 世纪初期，一项网络调查表明，有七成网民不知道自己姓氏的由来，有超过八成的网民家庭起名时不再遵守辈分。有报纸记者这样评价："调查结果显示，目前在中国网民中，家族观念淡薄，家族文化稀缺，中国人延续了几千年的家族文化传承严重流失已是普遍现象。"一位网民评价说："这个评价里透出一种惋惜和无奈，在我看来，也透出了一种对传统文化的糊涂。我认为，网民家族观念的淡薄折射出了社会的进步，是一种值得庆幸的现象。"①

在新的历史进程中，对于是否需要传承中国的家族文化，不仅网民们观点不一，学者们亦争论不休。例如，北京大学社会学教授夏学銮就曾发文主张，家族观念是狭隘和自私的，不能成为

① 夏学銮：《"家族观念"被"冷落"有何不可》，载《人民论坛》2009年第12期。

现代社会的核心文化和主流价值观。[1] 然而，南开大学历史学院教授冯尔康却认为，现代社会需要善于利用家族文化的积极因素，主流文化多年对家族文化的误解，到了该消除的时候了，不宜继续对家族文化持恶意态度，而应当给予其发展空间，使其在新时期发挥建设社会伦理和凝聚民族国家的积极作用。[2]

其实，传统家族制度中有不少优秀的思想、观念和制度，值得我们借鉴和弘扬。

一、孝道[3]

“百善孝为先”，孝道是传统家庭思想中对子女最根本的要求，社会对“子孝”的关注和要求，远比对“父慈”的多。《孝经》甚至一度成为科举考试的教材。清朝顺治皇帝认为“孝为五常百行之原”，将孝放在人伦的首要位置。传统意义上的孝道最基本的要求，便是对父母履行生养、死葬和祭祀的义务。“养”的要求，行为上体现为赡养服务、死后厚葬、按时祭祀；态度上体现为尊敬、体贴。在中国社会即将迈入老龄化的今天，孝道文化更需要受到重视。

---

① 夏学銮：《“家族观念”被“冷落”有何不可》，载《人民论坛》2009年第12期。

② 冯尔康：《中国传统家族文化的当代意义》，载《江海学刊》2003年第6期。

③ 冯尔康：《中国传统家族文化的当代意义》，载《江海学刊》2003年第6期。

二、勤俭持家、和谐顺敬

古人注重勤俭，反对奢靡，认为勤俭关系物质资料的节用和家庭财富的积累。因此，在物质资料比较匮乏的古代，勤俭持家具有非常重要的意义，常常被写进家法族规。长此以往，勤俭持家不仅仅是一种消费习惯，更成为一种道德品格——俭以养德。例如，康熙皇帝在《庭训格言》中指出："若夫为官者，俭则可以养廉，居官居乡只缘不俭，宅舍欲美，妻妾欲奉，仆隶欲多，交游欲广，不贪何以给之？与其寡廉，熟如寡欲？语云，俭以成廉，奢以成贪，此乃理之必然也。"①

勤俭持家的马皇后②

马皇后生于富贵之家，经历曲折，自嫁给朱元璋为妻，就与之患难与共。更难能可贵的是，1368 年（洪武元年）正月，在朱元璋登基、正式册封马氏为皇后之后，马氏仍然保持着节俭朴实的生活作风。马皇后还"督宫妾，治女工，夙兴夜寐，无时豫怠"。这既是为了在当时百业凋零、财政困难的情况下减省宫廷的开支，也是为了培养王妃、公主的俭

① 康熙：《帝王家训》，中国文史出版社2003年版，第109页。

② 根据《明太祖实录》、陈梧桐先生所撰《马皇后与明代宫廷政治》及公开网络资料整理。

朴意识，“生长富贵当知蚕桑之不易”。她自己也以身作则，平时粗茶淡饭，缝补旧衣，嫔妃皆敬服，都将她比拟为东汉时的明德皇后。

和谐顺敬，侧重于构建一种和谐的家庭关系，夫妻之间、父母子女之间、兄弟姐妹之间的关系要和谐。在现代社会，和谐顺敬的家族关系，需要建立在家族成员之间良好沟通、充分尊敬的基础上。

当然，中华传统家族观念中的精华，远不止上述几点，还包括以德立身、勤学敬业、吃苦耐劳、慎独自省、待人笃敬、言传身教等。有选择地传承和发扬优秀的传统家族文化，是我们这一代人的使命，也是高净值家族传承必不可少的文化基因。

三、家族观之于高净值人士的特殊价值

南非首位黑人总统、诺贝尔和平奖获得者曼德拉曾认为，财富越多，需要背负的责任也就越大。高净值家庭在承担社会责任等方面，往往会受到比普通家庭更多的期许。在这个过程中，家族的力量是不可或缺的关键一环。

家族是培育人们凝聚力的原始场所。家族蕴含的是集体主义观念，如果一个人与家人都无法形成聚合的力量，那与同事、队友等没有任何血缘关系的人，往往更难形成凝聚力。

家族的归属感是凝聚力的原始来源。家谱、宗祠及固定的家族活动，会让人产生归属感。历史上，较大的家族都有正规的族谱，族谱中记载着宗族成员的名字和婚配情况，以及宗族的出系、世系、迁徙、族规、族产等。此外，中国古代的名门望族，还会设立家族的宗祠。宗祠俗称祠堂，是供奉祖先神主、存放家族亡故先辈牌位、进行祭祀、举行家族内各种仪式活动或处理家族事务的场所，被视为凝聚宗族血脉的象征。通过定期修订族谱、举行拜祭及家族成员的婚嫁等家族活动，每个人会对家族形成特殊的认同感和归属感，这种感觉就是凝聚力的来源。

家族文化、家族声誉也是凝聚力的重要来源。当整个家族在社会中的地位、口碑达到一定程度时，家族成员会天然地产生“我不能给家族丢脸”的责任心，会自然而然地想要去维护家族现有的口碑与地位，这种责任感也会使家族成员更具向心力。杨国枢先生在《中国人的心理与行为：本土化研究》一书中也提到个人对家族的认同感对家族的延续有深远的影响。①

① 参见杨国枢：《中国人的心理与行为：本土化研究》，中国人民大学出版社2004年版。

第二部分

家族精神

家族最需要传承的是精神。

——易中天

第一节
家族精神是家族之魂、传承之根

自古以来，家族精神根植于中国的家文化之中，是家族治理中必不可少的一部分。大名鼎鼎的傅雷家书、曾国藩家训中，蕴含着看不见摸不着，却支撑着家族的“无形之手”——家族精神。家族精神也成为当今很多学者研究古代家文化时必不可少的研究内容之一。家族精神作为家族宝贵的精神食粮，滋养着家族的世世代代，甚至成为中华民族传承的重要力量。

一、传承至今的家族精神

传统的家族精神一般以家族的存在与活动为基础，以家族的认同与强化为特征，注重家族的延续与和谐，并强调个人服从整体。[①] 家族精神可以具化为家族的传统和代代相传的家风，在家

① 沈孟：《孟氏溯要》，辽宁人民出版社2017年版，第217页。

族主要成员的影响下自然而然地形成。可以说，家族精神是经过多年内化沉淀下来的家族特质。

家族精神中包含了诸多丰富且有哲理性的内容，构成了中国传统文化中十分厚重和精彩的部分。例如，以儒家思想为宗旨的家族精神，是中国传统文化中的一个重要的组成部分。这些家族精神虽然因为地域和家族的不同而内容各异，但有着鲜明的共同特征，如强调勤劳、家庭和睦、乐善好施等，至今仍然熠熠生辉。

孔子家族精神——以传播儒家思想为毕生使命①

虽说孔子是儒家学派的创始人，但是孔子在世时，儒家思想并未得到统治者的重视。相反，正是通过孔子后人、孔子弟子及再传弟子等坚持不懈的努力，儒家思想才慢慢成为被统治者接受的正统政治思想，历经2000多年而不衰。

孔伋，字子思，是孔子的孙子。他继承了孔子的教育事业，收徒讲学。相传，孟子曾拜孔伋为师，修习儒家思想。此外，孔伋继承了爷爷孔子的中庸学说，在此基础上又提出了许多新的观点，并撰写了《中庸》一书，这是对儒家学说的一大发展。后来，朱熹将《中庸》列为四书之一，成为科

① 史玉娟：《文化家族：书香世家的流金岁月与精神之旅》，哈尔滨出版社2009年版，第14～18页。

举考试的教材。

孔鲋，字子鱼，是孔子的第八世孙。秦始皇三十四年（公元前213年），发生了著名的焚书坑儒事件。看到先祖的著作被毁，孔鲋忧愤难平，他将祖辈著作《论语》《孝经》《尚书》等藏于祖堂旧壁之中，为儒家文化的传承保留了珍贵的文字资料。而他自己则离开故土，隐居嵩山，开始收徒讲学，后来还曾辅佐陈胜和吴广。孔鲋的著作《孔丛子》被认为是从家族角度理解孔子及其后人思想的重要参考书。

自汉武帝"罢黜百家、独尊儒术"之后，儒家思想才真正成为封建时期的正统思想，而这时孔子已经去世300多年了。可以说，儒家思想的正统化，主要得益于孔子后人、孔子弟子和再传弟子。孔子家族世代相传的礼乐之教、儒家思想，为儒家思想一统天下创造了可能性。也正是因为儒家思想成了封建正统思想，孔子家族才获得了历朝历代统治者的尊敬，成为"天下第一大家族"。

儒家思想不仅在孔子家族的治理和传承中起到了至关重要的作用，对孔子弟子的家族传承也产生了重要影响。例如，以孔门七十二贤之首颜回为代表的颜氏家族，也以儒家思想为支撑，传承700年而不衰。颜氏家族在隋唐时期出现了兴盛的局面，在唐代之后的多次官修氏族谱志中都被列为望族。颜氏家族人才辈出，历代文化成果丰硕，这与颜氏家族精神的传承是分不开的。

颜氏家族精神继承和发展了以颜回思想为主导的颜氏之儒，呈现出好学、崇儒、尚仁、孝悌等特点。

颜氏家族人才辈出，文化成果丰硕，得益于其家风、家训。从颜回好学尚仁、安贫乐道、“不迁怒、不贰过”、“无伐善、无施劳”，到颜含《靖侯成规》、颜延之《庭诰》，再到颜之推《颜氏家训》，形成了一套以儒家思想为主导的家风、家训，指导子弟为人处世、从政为官。正是颜氏崇儒明礼、尚仁爱民、忠义刚烈、孝悌事亲、自强奋进的家族精神，使颜氏家族历经几代而不衰，其子弟或从政为官，或以文显名，成长为当时名家。

二、与时俱进的家族精神

家族精神是一个家族繁衍传承的内在支撑，随着家族、社会发展而不断发展、创新。高净值人士只有不断更新自身的人生观、世界观和价值观，及时培育好、践行好家族的精神内核，才能实现家族的基业长青。在新的历史时期下，以经商为主业的高净值人士，更需要打造一套符合自己家族需要甚至可引领一个地区发展的家族精神。

（一）创新进取精神

党的十八大以来，习近平总书记高度重视创新发展，在多次讲话和论述中反复强调“创新”。2016 年 4 月 26 日，习近平在安徽合肥主持召开知识分子、劳动模范、青年代表座谈会时指出，面对日益激烈的国际竞争，我们必须把创新摆在国家发展全局的核心位置，不断推进理论创新、制度创新、科技创新、文化创新等各方面创新。对于新时代的企业家来说，创新精神、开拓精神亦是必不可少的，跟不上时代步伐的企业和产品，终将被时代抛弃。

提到创新进取精神，丰田汽车公司的家族创新精神是许多家族的榜样。丰田汽车公司曾经是典型的家族企业，它的创始人丰田佐吉有63年的发明生涯，开创了丰田家族的开拓精神、创新精神和进取精神。

> 丰田佐吉24岁发明了“丰田式木制人力纺织机”，提高工效40%～50%，获得第一个专利权；32岁又发明“丰田式自动纺织机”，被英国技术部门评为世界第一。丰田佐吉的长子丰田喜一郎，是丰田汽车的创始人。丰田佐吉留给他的遗嘱“一人专一行”“致力研究与创造”至今仍在丰田公司流传。丰田喜一郎下定决心，“我要用毕生的精力制造出不亚于美国的国产轿车”。终于在1937年，丰田喜一郎创建了丰田汽车公司，制造了第一部小轿车。丰田喜一郎的堂弟丰田英二，继丰田喜一郎之志，创建了第一座专门生产轿车的工厂——元町工厂。

（二）坚韧不拔精神

苏轼在《晁错论》中认为，古之立大事者，不唯有超世之才，亦必有坚韧不拔之志。所谓坚韧不拔，指的是信念坚定，意志顽强，不可动摇，坚强不屈，尤其是在遇到困难和挫折之时。有研究表明，中国的创业企业存活率不足5%，这意味着，至少95%的创业企业最终的归宿是倒闭。这就需要创始人们吸取教训、总结经验、反复尝试，而不是遇到一次失败就放弃。坚韧不拔的精神在昔日红塔集团董事长褚时健的身上体现得十分明显。褚时健70岁入狱，出狱后75岁创业种植橙子，86岁从“烟王”变“橙王”。他二次创业的励志故事，让人佩服之至。万科集团创始人王石评论道：“褚厂长身上集中体现了中国企业家的一种精神，是一种在前进中遇到困难，并从困难中重新站起来的精神。”褚时健曾说：“任何情况下，我都要有所作为。只要活着，就要干事，只要有事可做，生命就有价值。人活着就要干事情，干事情就要干好。”这种坚韧不拔、追求卓越的精神，对家族精神内核来说尤为重要。

（三）团结一致精神

对于家族企业来说，如果家族成员之间互相挤兑、互相使绊，那么给企业带来的灾难往往是毁灭性的。风云多变的商海中，因家族成员内部矛盾导致企业破产、家庭衰败的案例比比皆是，如因夫妻矛盾导致上市受阻的土豆网、因与小舅子之间的矛盾而被举报最终锒铛入狱的“真功夫”蔡达标，以及因兄弟反目导致破产的印度无线通信巨头信实通信……

知名奶茶生产企业香飘飘集团背后的家族——蒋家

香飘飘工厂还在南浔时，整个蒋家共同生活、一起吃饭。刚开始做面包作坊的时候，大家庭的成员都一起过来通宵帮忙。南浔的工厂遇到洪水，大家也一起冲到工厂区抢救设备。家族成员之间的团结友爱精神给香飘飘带来了源源不断的前进力量。①

（四）慈善精神

慈善精神也是中国企业家需要着重培养、传承的精神之一。国外的一些企业家比较注重回报社会，通过成立慈善基金会、进行公益捐助等多种形式为社会贡献力量。我国企业家的慈善意识尚处于萌芽阶段，但是很多知名企业家已经开始用实际行动践行企业家在慈善层面的社会责任。

李锦记是国际知名的中式酱料品牌，集团旗下生产的蚝

① 陈凌、窦军生：《2014中国家族企业健康指数报告》，浙江大学出版社2014年版，第121页。

油、酱油等200多种产品远销世界100多个国家和地区。李锦记的创办人李海棠和其第三代继承人李文达，继承了中华民族乐善好施的传统美德，吸收西方“大家族、大企业”治理模式的慈善经验，与其子女在医疗健康、教育、救灾等社会公益领域进行大量物质或资金捐助。通过慈善事业，李锦记自身的品牌、价值观也在社会上得到广泛传播。在承担社会责任的同时，将爱好慈善的家族精神发扬光大，也有助于增强每一个家族成员的自豪感。同时，共同的慈善事业有助于促进家族成员之间的交流与合作，增进家族的荣誉感和凝聚力。①

当然，除了前述列举的新时期家族精神以外，很多传统的商业精神，尤其是与中华文化相结合的商业精神，也是企业家们不应忽视的瑰宝。

晋商文化②

晋商，顾名思义，指的是山西商人。有学者认为，晋商之所以能取得如此大的成就，成为享誉海内外的商业巨擘，很大程度上得益于晋商文化。晋商的历史可以追溯到先秦时

① 吕元栋：《传承人格》，四川科学技术出版社2016年版，第180页。

② 参见申小玉：《论晋商文化的传承与发展——传播学视野中的晋商文化》，南京师范大学2011年硕士学位论文。

代，晋商最活跃的时期是明清时期，他们通过自己的努力做到了“货通天下”“汇通天下”，在中国历史上显赫一时，并在几百年的积淀和传承中形成了流传至今的晋商文化。晋商文化在鼎盛时期已经相当完善，以传统文化中的仁义礼智信来指导和维系晋商几百年的经营活动，长盛不衰。①

● 儒贾相通的商业伦理

晋商是典型的儒商，他们用儒家文化规范自己的行为方式、经营方式和价值取向。在仁的方面，晋商讲究“和为贵”，形成了在生意出现危难时不挤兑、反而相互帮扶的传统。在义的方面，晋商乐善好施，每遇天灾人祸，均开仓放粮，支锅施粥；对同行讲究道义，坚持先义后利、义利相通、公平竞争的从商理念。正是这种仁义的商业伦理，使晋商学会了互相支持，从而越做越大。

● 晋商独特的经营文化

晋商格外重视诚信经营，坚持信用第一，通过诚信经营树立口碑。晋商做买卖脚踏实地，不巧取豪夺，赚不骄傲，赔不气馁，宁愿赔本也不做玷污自家商誉招牌的事情。这直接促成了一种奇观：当时百姓购买晋商的商品，只认商标，不还价格。所以晋商在商界信誉日盛，生意兴隆。

晋商文化的形成与发展，与每一个晋商家族的努力密不

① 徐继开、韩慧莲：《晋商文化及其发展的研究》，载《全国商情（经济理论研究）》2008年第11期。

可分。晋商家族以重视家风和家规著称。例如，著名的乔家家规是：一不准纳妾，二不准虐仆，三不准嫖娼，四不准吸毒，五不准赌博，六不准酗酒。此外，晋商家族普遍信奉“学而优则商”的价值观，注重以学保商。这种商学结合、学中有商、商中有学的文化，使晋商中常见有学问之士。就连举人出身、任教20余年的刘大鹏也承认，“余于近日（在）晋接（触）周旋了几个商人，胜余十倍，如所谓鱼盐中有大隐，货殖内有高贤，信非虚也。自今以后，愈不敢轻视天下人矣”。①

尽管时移世易，但是晋商文化却历久弥新，越来越为现代的商人所重视。第十六届中共中央政治局常委李长春将晋商精神高度概括为十六个字：节俭勤奋、明礼诚信、精于管理、勇于开拓，并号召山西经济界、企业界人士弘扬晋商精神，将该精神转化为促进山西经济发展的强大力量。

三、家族精神是养成优秀品格的基础

“声望”或“声誉”，体现了一个人或者一个家族被他人或者社会所认可的程度。家族成员应该格外注重打造自己家族的精神

---

① 《晋商家族文化》，载百度百科，https://baike.baidu.com/item/%E6%99%8B%E5%95%86%E5%AE%B6%E6%97%8F%E6%96%87%E5%8C%96/2878353?fr=aladdin，最后访问日期：2020年3月28日。

内核，并基于此塑造家族在社会中的声望和信誉。

摩根家族——信誉的力量

摩根大通与摩根士丹利在华尔街被称为大小摩，都是由摩根家族所创立。摩根财团引领金融市场风潮200多年，其历史几乎就是一部美国乃至全世界的金融史。[①]

1835年，摩根财团的创始人摩根先生成为一家名叫“伊特纳”的小保险公司的股东后，有一个客户发生了火灾，如果付清赔偿金，保险公司就会破产。股东们惊慌失措，纷纷要求退股。摩根先生斟酌再三后，认为自己的信誉更重要。他四处筹款并卖掉了自己的房产，将赔偿金如数返还给了投保的客户。几乎身无分文的摩根先生成了保险公司的所有人，但保险公司已濒临破产。无奈之中他打出广告，称凡是再购买伊特纳火灾保险公司产品的客户，保险金一律加倍收取，出乎意料的是客户却蜂拥而至。为什么保险金加倍后投保的人反而更多呢？原来在很多人的心目中，伊特纳保险公司已成为最有声誉保障的保险公司，这使它比许多有名的大保险公司更受欢迎。摩根先生为公司创造了良好的声誉，一时间，伊特纳火灾保险公司声名鹊起，在业内不断地发展

① 《摩根家族：世界债主，拥有过四分之一个美国，推动成立美联储》，载新浪财经，https://baijiahao.baidu.com/s?id=1649870625730447398&wfr=spider&for=pc，最后访问日期：2020年3月29日。

壮大。

约翰·皮尔庞特·摩根是摩根先生的儿子。1912年，他在接受有关部门反托拉斯问询时，为后人留下了一段极为精彩的对话。

问询：商业信贷发放的基础是对方的财力吗？

皮尔庞特：不，先生，是人格。

问询：那么财力是其次的？

皮尔庞特：当然，对于我不信赖的人，就是全世界来担保都没有用，钱买不来人格。

亚当·斯密在《国富论》中提出，声誉是保证契约诚信执行的重要机制，基于对声誉的考虑，即使交易双方或多方意识到对方存在自私自利的可能性，他们也会坚持将此次交易维持下去。① 简言之，成功和财富是可以衡量的，然而信誉和声望是无价的，无论是对企业还是对家族都是如此。

（一）家族优秀品格的内涵

优秀的品格有三根重要的支柱：一是文化教养；二是责任感；三是自由的精神。

---

① 陈书凯：《摩根家族的信誉》，载《教书育人（校长参考）》2006年第12期。

1. 文化教养

文化教养，不仅要求一个人具有丰富的文化知识，更要求其能抵御物质的诱惑，具有高尚的道德情操、强烈的自尊感。文化教养要求一个人自我尊重，既不向人卑躬屈膝，也不允许别人歧视、侮辱自己；建立一种在自由平等基础上的自尊精神。

2. 责任感

责任感包括三个方面。第一，责任感首先是对自己的责任，严于律己。社会是由个人组成的，一个人只有在对自身具有责任感时，才谈得上对整个社会承担责任。第二，责任感也包括对家族负责，每一个家族成员都应格外珍惜家族的荣誉。第三，责任感还包括对社会的责任。只有尽到了对社会的责任，高净值人士的财富与地位才会得到公众认可。①

《纽约时报》背后家族的坚守——公众有权知道真相②

《纽约时报》成立于1851年，经过100多年的发展，现在已经成为美国三大报纸之一，是美国严肃刊物的代表。它

① 胡迪：《论贵族精神对我国公民教育的启示》，载《江苏教育学院学报（社会科学版）》2011年第2期。

② 岳瑨：《从“愿景”或“共同梦想”看家族企业管理的伦理气质》，载《东南大学学报（哲学社会科学版）》2010年第12期。

自建立以来已经赢得了112次普利策奖，拥有很高的公信力、权威性和影响力。

《纽约时报》的创始人为亨利·雷蒙德，他学习了《泰晤士报》的品质，认为新闻不带有煽动性观点可避免党派之争，报道语气应谦虚有礼，内容应深入彻底。很快，《纽约时报》成为当时美国杰出的报纸。雷蒙德去世后，阿道夫·奥克斯收购了《纽约时报》。从此，奥克斯家族开始了对《纽约时报》跨世纪的经营。在接掌后出版的第一期报纸上，阿道夫刊登了他认为的《纽约时报》的精神内核："公正报道新闻，无所惧，亦无所私，不分党派、地域或任何特殊利益，刊印一切适于刊印的新闻。"

此后，奥克斯家族的每一代掌舵人，都坚守着"刊印一切适于刊印的新闻、公众有权知道真相"的经营理念，将《纽约时报》发展至今。1971年，《纽约时报》刊登了美国国防部关于越战的秘密报告，揭露了美国政府在越战一开始就蒙蔽、欺骗公众以获取支持的真相。文章刊登后，时任美国总统的尼克松极为愤怒，援引《间谍法》以危害国家安全为名要求《纽约时报》立即停止刊发相关报告。当时，奥克斯家族的《纽约时报》第三代掌舵人庞奇拒绝妥协，并辞掉了劝他收手的家族律师，冒着巨额罚款甚至锒铛入狱的风险，继续刊登全文，坚守事实真相。[①] 此举使《纽约时报》再次赢得了读者发自内心的尊重、认可。

《纽约时报》的一位员工曾经评价奥克斯家族现任掌舵人：他在灵魂深处坚定地认为，如果他放弃这些，那么他将万劫不复。[②] 对于家族继承人而言，其继承的不仅仅是一个报业集团，更是一个家族百年以来对公众一直坚守、不曾放弃的誓言——公众有权知道真相。这种强烈的使命感、责任感，是奥克斯家族对《纽约时报》经过代代传承仍然坚持本愿的原动力。

3. 自由的精神

自由的精神是指道德和理性的自主性，以及独立的判断能力。自由的精神和独立的意志是相辅相成的，可使人们在权力和金钱面前敢于坚持自己的观点。

（二）家族优秀品格的塑造

以家族精神孕育家族声誉，以家族荣誉养优秀品格。

家族的精神内核是培养家族社会声望的基础。古代有三槐王

① 立佳：《传承力量丨奥克斯·苏兹伯格家族：〈纽约时报〉家族宫斗史》，载微信公众号“环环 YOLO 精英”2018年2月13日。

② 参见［加］丹尼·米勒、［加］伊莎贝尔·勒布雷顿·米勒：《永续经营——杰出家族企业的生存法则》，商务印书馆2006年版。

氏因善政而深受百姓爱戴，传播家族声誉。他们重视家族后代的教育，营造浓厚的文化氛围，结交有识之士，慢慢地提升了家族声誉。[①] 而在现代，越来越多的人意识到，家族传承不仅仅是物质的传承，更是一种家族精神内核的传递。

家族精神作为家族最宝贵的财富，就像无形的支柱，能支撑家族繁衍多代而不衰。《纽约时报》背后的奥克斯家族，正是因其对客观真相的坚守而赢得了社会公众的尊敬和认可。败坏家族声望易，积累家族声望难。正因如此，在社会声望加持下成长起来的每一位家族成员，往往都格外珍惜家族的荣誉，他们深知，个人的荣辱与整个家族的声誉息息相关。

家族精神是一个家族获得良好社会声誉的前提，也是一个家族以及家族企业安身立命的根本。建立在良好家族精神内核之上的优秀品格，才是一个家族世代薪火相传、发展壮大的保证。[②]

---

① 吴保英：《北宋王旦对三槐王氏家族影响研究》，陕西师范大学2017年硕士学位论文。

② 李宗桂：《当代中国文化探讨》，花城出版社2012年版，第320页。

第二节
家族精神的载体

一、家书、家风

家族精神虽然是看不见、摸不着的，但是不少文献资料却记载了知名家族的家书、家风，使我们在千年之后依然可以了解、学习他们的治家智慧。

家书一般指家人之间来往的书信，又称家信、家言、家讯、竹报、家报、寓函等。[①] 在古代，没有电话和互联网，书信基本是身处异地的人们进行沟通交流的唯一途径，寄托了亲人对彼此的思念和对故乡的眷恋。中外文学史上产生了许多著名的书信体作品，如诸葛亮的《诫子书》、冰心的《寄小读者》以及《傅雷家书》等。因为家书都是写给至亲的人看的，私密性强，表达了作者内心真挚的情感，所以家书的内容往往都不会刻意修饰，情

① 邹振环等：《清代书札文献的分类与史料价值》，载《史林》2006年第5期。

真意切，能够直接地反映作者的思想和价值观。正因如此，很多文人志士的家书蕴含了丰富的家族思想和精神，在新的历史时期下仍有着重要的意义。

《傅雷家书》——做人为立业之本

傅雷，字怒安，是我国知名的翻译家、作家和教育家，一生致力于法国文学的翻译工作。傅雷夫妇写给儿子傅聪和傅敏的书信被编纂为《傅雷家书》，这本书是傅雷思想的折光。许钧先生在《傅雷翻译研究》一书中将傅雷精神总结为慈爱、真诚、乐观、坚强、人本。傅雷曾在家书中写道，一个人无论从事什么职业，在什么样的环境中成长，首先要关心周围的社会环境，做人格完善、全面发展的人，做人为立业之本。为了让儿子有更好的心态，傅雷在家书中多次告诫他要有良好的心理素质，无论对人对事，都要有开阔的心胸。他教育自己的孩子要有积极乐观的生命观，这种乐观源于道德的高尚。“人应该为了善、为了荣誉、为了公理而为善，而不是为了惧怕永恒的惩罚，也不是为了求取永恒的福祉。”①

在傅雷夫妇的教导下，傅雷的长子傅聪成为著名钢琴

① 张尔：《从〈傅雷家书〉看家规、家训》，载《少年儿童研究》2006年第1期。

家，被誉为钢琴诗人，在国际乐坛备受尊敬。傅雷的次子傅敏则将一生奉献给了教育事业，他说：父亲教诲我做人的基本原则，终身受用。①

傅雷夫妇坚守的做人原则、家国情怀通过一封封家书保留了下来，至今仍是很多父母教育子女的瑰宝。

除了家书之外，家风也是家族精神的重要体现。2014 年春节期间，中央电视台推出了一档特别节目——《新春走基层·家风是什么》，引起了社会各界的普遍关注和热烈探讨。家风是一种不必刻意教授、通过耳濡目染而获得的精神气质，可以集中反映一个家庭、家族的文化传统和精神风貌，具有“润物细无声”的特点。

只要有家庭，就会有家风。随着时代的发展和社会情势的变化，家风的具体内容会有变化，但家风仍然会存在。家风的形成不是一蹴而就的。在良善、积极的家族精神的熏陶下，通过几代人的努力，才能够形成一个正派的家族风气。优良的家族风气虽然无形，却可以反哺家族精神，使后代在家风的孕育中慢慢养成与家族精神相似的精神品格。可以说，家风是家族精神的重要载体之一。

① 《著名翻译家傅雷他究竟有几个儿子哪！他的儿子成就如何呢？》，载百度网，https://baijiahao. baidu. com/s?id = 1589386236950829834&wfr = spider&for = pc，最后访问日期：2020年3月29日。

从家风败坏到违法犯罪的距离有多远？[1]

2018年5月10日，江西省万载县房管局原局长贺某因涉嫌严重违纪违法，接受纪律审查和监察调查。当上房管局局长后，金钱至上的观念一遍遍冲击着贺某的心理防线，让他彻底沦为了金钱的奴隶，通过以亲属名义投资公司、主动借款给地产商等行为非法获利数百万人民币。不仅如此，贺某的姐姐、外甥女等分别在县城开办房产中介公司，享受房产评估、交易、办证的“绿色通道”。其他中介公司上访时，贺某还出面“摆平”。其外甥蓝某利用贺某影响力，常年在房地产项目现场推销建材，赚得“盆满钵满”。贺某还将弟弟聘为房管局下属单位职工，并“出资”给弟弟开烟酒店，暗示开发商“照顾”其弟生意；其外甥刘某也用他人送给贺某的酒店消费卡请客吃饭……不正家风在贺某家族滋生，最终酿成了贺某一家全家皆贪、锒铛入狱的苦果。

二、家训

国有国法，家有家规。在我国古代，家训是对国家法律的有效补充。古人注重劝导性教育与强制性惩罚的相辅相成，因而家

---

① 中共中央纪律检查委员会官网：《好家风构筑不想腐堤坝》、《【过与悔】房管局长的“富贵险中求”》等，载http://www.ccdi.gov.cn/，最后访问日期：2020年4月26日。

训在促进家族兴旺、维护社会稳定等方面发挥了重要的作用。在用家训教育后代的过程中，家族的精神也通过这种方式传承了下去。现如今，家训在寻常人家已经基本消失，但其在发扬和传承家族精神、教育后代等方面的正面作用仍不容忽视，值得高净值家庭借鉴和弘扬。

家训，指的是在家庭或家族中，长辈对晚辈作出的某种训示或教戒。家训又有口头家训和书面家训两种形式，内容上既可以是自己制定的，也可以取材于祖上的族规、族训、俗训或乡约等，具有规劝性。[①] 我国的家训文化发轫于先秦，在汉魏六朝时期快速发展，到隋唐时期发展成熟，宋元明清时期的家训数量达到了空前的程度，家训文化空前繁荣。早期家训通常以口耳相传的形式将经验传承下去。后来，为了使这些训诫更加明确，让后代可以参照并且遵守，就将这些家训编纂起来，成为书籍。[②]

曾国藩家训中的家族精神

曾国藩，字伯涵，号涤生，中国晚清时期政治家、战略家、理学家、文学家、书法家，湘军的创立者和统帅。

曾国藩出生在一个普通的耕读家庭，祖父是一个勤俭持家的农民，父亲是一个直到43岁才中秀才的读书人，母亲

① 参见朱明勋：《中国传统家训研究》，四川大学2004年博士学位论文。

② 刘晓丹：《明清家训家规文化及其对现代家庭教育的影响》，哈尔滨工程大学2010年硕士学位论文，第8页。

是一个普通的农村妇女。曾国藩自幼勤奋好学，考中进士后入翰林院；累迁内阁学士，礼部侍郎，署兵、工、刑、吏部侍郎。① 自曾国藩这一代开始，曾氏家族一直繁衍传承至今，人才辈出，有近两百人接受了高等教育。人们普遍认为，这与曾国藩创立的家风、家训与家教密不可分。

曾国藩家风有其独特内涵，主要表现为：家庭有生气、做人有志气、每临大事有静气、不存半点官气、要有倔强之气、读书改变气质等。曾国藩培育的家风有其大本大源，即“气”这一核心理念，具有深厚的哲学渊源，吻合了曾国藩作为晚清一代理学大师的身份。

曾国藩家训可以总结为三条：

一是以孝悌为本的传家之道。他认为官宦家族不管财力如何雄厚，若没有深厚的精神文化底蕴，就不如耕读孝友之家走得长远。原因在于，官宦之家的子弟贪图安逸、骄横跋扈，已无上代人的孝悌勤俭；而耕读之家的“勤俭”“好学”和孝友之家的“孝顺”“友爱”，才能使家族得以延续。

二是以勤俭为基的兴家之本。曾国藩熟读经史，深知家族的荣辱兴衰与后辈子侄的行为习惯有着密切关系。“历览有国有家之兴，皆由克勤克俭所致。其衰也，则反是。”如果家族后辈子弟骄奢淫逸，那么即使家族权势再大，也无法

① 刘绪义：《曾国藩家风的独特内涵及其哲学基础》，载《湖南人文科技学院学报》2014年第4期。

避免亡族灭种的危险。

三是以谦敬为要的待人之道。在曾国藩眼里，“谦”有两层意思：其一是读书做学问要谦虚谨慎，切不可骄傲自满；其二是为人要谦逊。曾国藩位极人臣，却始终没有以权谋私，反而时常告诫子弟不要招摇过市，教导族人要低调行事、谦逊做人。曾国藩一生谦虚诚敬，谨慎持重，整肃端庄，他教育子弟也要借此修身，多次强调主敬恕。在他看来，“内而转进纯一，外而整齐严肃”是敬的工夫，“出门如见大宾，使民如承大祭”是敬的气象，“修己以安百姓，笃恭而天下平”是敬的效果。

曾国藩在其祖父家训的基础上总结出曾氏家教“八宝”，即“书蔬鱼猪、早扫考宝”。“书”，即家中要藏书，要读书，要有书香氛围。“蔬鱼猪”，即家中要种蔬菜、养鱼、喂猪。这三样是生命的象征，蔬菜的绿意、鱼猪的活跃，都洋溢着一股生动之气，同时也是一个家庭勤俭的标志。“早”，即早起。曾国藩认为，早起能使人强打精神，而精神是越打越有的，精神就是生气。“扫”，就是要勤于打扫，家里面干干净净体现了一个家庭的生气。“考”，即重视祭祀，祭祀能培养一个人内心对祖先的情感。一个人对祖先都没有感情，何谈对天下百姓有感情呢？“宝”，即亲睦邻里，远亲不如近邻，邻里不睦，家中不宁。因此曾国藩还进一步概括道：“书蔬鱼猪，一家之生气；早扫考宝，一人之生气。”

在家族精神的全方位影响下、在良好家教的鼎力支撑下，曾国藩家族传承了十余代，人才辈出，绵延不绝。如何在新的历史时期下打造自己家族的家训、家规，营造良好的家风，这是值得家族大家长深入思考的问题。

家族精神这种内在力量，就像人的脊梁，让人们依靠它的支持在风雨中屹立不倒；像一个灯塔，不停地指引着后辈们前进而不失方向；像一座山，给予每一个家族成员无尽的依靠和归属感。可以说，家族的精神内核就是家族的心脏，能使大家族团结一心，具有无穷的力量。

第三部分

家族教育

子弟之贤否，

六分本于天生，

四分由于家教。

——曾国藩

第一节
为什么需要家族教育

世界上有一种名贵树种叫紫叶山毛榉，这种树要150年才能长成。因此，栽下这棵树的人无法看到它长成参天大树的样子，需要一代又一代的人用爱和耐心来浇灌它。① 一个家族的产生与世代传承正如一棵树的成长历程，需要几代人的努力。

家族精神决定的是一个家族基业的深度与广度，而家族精神的世代相传，最离不开的就是家族教育。如果将家族比喻成一棵大树的话，那么家族教育就是其茁壮成长必不可少的修剪。没有修剪，树可能会长歪。只有将后代家族成员教育好，家族才能获得源源不断的高质量人才，生生不息。

一、家族教育扮演着非常重要的角色

有人说，推动社会文明进步的，是母亲推动摇篮的手。岳母

① 泓涓、周芷涵：《家族传承的使命》，载《银行家》2018年第12期。

刺字、孟母三迁的故事，千古流传。诺贝尔文学奖得主莫言在斯德哥尔摩动情地讲述母亲对他治学、为人、成长的影响。母亲对自己孩子的影响尚且如此，一个家族的教育对子孙后代的影响更是不能被忽视。家族教育可对学校教育和社会教育产生重要的补充甚至决定性的影响，再好的学校教育也无法弥补家庭教育缺失所造成的缺陷。

（一）家族教育历史悠久

中华民族自古以来就是一个重视教育的民族，家族教育（家学）的历史尤为悠久。从春秋战国时期开始，家学慢慢成为名门望族教育后代的方式，大名鼎鼎的孔氏家学至今仍是家族教育的典范。家学自产生时起，一直都是名门望族教育后代的重要方式，直到封建社会结束。

中国的家族教育在发展过程中形成了以下特点：第一，制度化。到唐宋之际，各地特别是江南地区的家族教育形成了义庄制度、族规家训和家族修谱及祭祀等相结合的方式。第二，形式多样化。出现了通过家族义庄进行各家族的教育资助与组织、设立家族学校（义学书塾和家族书院等）直接进行教学活动等家族教育的新形式。第三，由少数大族向其他家族进行扩散。最初的家族教育活动是在大家族内部出现的，包括家训的出现和义庄、义学的创设无不如此。随着经济的发展，家族教育逐渐向一般家族扩展。到了明清时期，家族教育得到进一步发展，除了家族教育活动的类型更加多样化外，中小家族的教育活动也迅速发展。[1]

孔氏家学[2]

家学，是指家族内部世代相承之学。赵翼《廿二史札记》有云："古人习一业，则累世相传，数十百年不坠。盖良冶之子必学为裘，良弓之子必学为箕，所谓世业也。工艺且然，况于学士大夫之术乎！"[3] 孔氏家学即是孔子后裔"累世相传，数十百年不坠"之世业，是中国家学史上的典型代表。孔氏家学自孔子开创后，一直传承不绝，成为儒学发展的一条辅线，在中国学术史上占有重要的地位。

孔子作为春秋末期伟大的思想家和教育家，不仅本人敏而好古，删《诗》《书》，定《礼》《乐》，修《春秋》，序《易传》，而且非常注重对子孙后代的教育，要求他们尊师道、守礼制、修德明仁，初创孔氏家学。孔氏家学最注重的内容，便是诗礼之教。孔子要求儿子孔鲤学《诗》、学《礼》，并阐明学《诗》《礼》的重要意义，"不学《诗》，无以言"，"不学《礼》，无以立"。孔子的孙子孔伋（字子

① 周洪宇：《中国教育活动通史》第4卷，山东教育出版社2017年版，第395页。

② 陈以凤：《诗礼传家与先秦两汉孔氏家学》，载微信公众号"孔子研究院"2017年4月14日。

③ 赵翼：《廿二史札记校正》卷五，王树民校正，中华书局1984年版，第100页。

思），秉承祖训，研习诗礼，为孔氏家学的发展传承做出了重要贡献。“诗礼传家”对孔氏家族影响深远，使其成为明礼尚德、文化繁盛、学术发达的大家族。

（二）家族教育培养出的是符合家族发展需求的接班人

与学校教育相比，家族教育最大的特点在于独特性。每个家族都有其独特的价值观、家族记忆、事业领域以及人脉圈层，这直接决定了家族教育内容的独特性。有的家族侧重于培养工匠技能，有的家族侧重于培养文人风骨，有的家族侧重于培养政治素养，有的家族则侧重于培养经商和管理能力。

1. 荣氏家族的教育[①]

无锡荣氏家族为孔门贤徒子祺氏荣旗之裔，是近代中国第一实业家族、中国民族资本家族，同时也是投资教育和办学的大族。荣氏办学是钱穆先生所说“无锡商人获利必办学”的典型例证。荣家第一代——荣宗敬和荣德生兄弟创办的企业是中国民族企业的前驱；第二代荣毅仁支持中国政府的三大改造，对经济发展起到积极的作用；第三代荣智健等人对中国市场经济、新兴民族企业的发展做出了重大贡献。他们靠实业兴国、护国、荣国，

① 蒋明宏、陈芳：《无锡荣氏家族教育传统及其近代转型》，载《江西科技师范大学学报》2013年第4期。

在中国乃至世界写下了一段辉煌的历史。无锡荣氏从江南的一个普通乡村家族转变为近代中国的实业巨族，其奥秘正在于该家族的教育。

第一，独特的家族教育传统。无锡荣氏族人读书更多的是为了经商，而不是为了出仕。荣氏族人“贾而兼儒”，成为众人口中的“儒商”。在成为大商人后，荣氏族人往往会自掏腰包支持办学，将荣氏家族教育传统传承下去。

第二，随着时代的发展而转型的家族教育。起初，荣氏家族办学采取家祠设塾的传统形式，或由年长家族成员直接教育后辈。近代以来，荣氏家族率先创办了新式“荣氏公益小学校”，进行规模化家族教育。在先进理念的指导下，荣氏家族于1908年率先在无锡设立了荣氏竞化女校，并逐步扩大教育投资，兴建图书馆。

荣氏兄弟的教育理念对家族、社会和国家教育产生了深刻的影响：其一，“教重于赡”。荣德生认为，通过教育培养人的能力比直接赡养更加重要。其二，“实学实用”。荣德生认为，学习应注重实用。其三，“国学根底”。在荣德生兴办的公益小学中，国学知识在课程内容与图书馆藏书中占比最高。

无锡荣氏通过家族教育完成了对家族成员的培养，同时也为国家经济、文化事业做出了巨大贡献，家族教育的重要性可见一斑。

2. 晋商的家族教育

明清时期，山西商人发展到鼎盛，成为在中国经济发展史中扮演重要角色的晋商。晋商的家族教育具有为经世致用而学习、锻炼家族成员综合能力的特点。

晋商积极向子弟传授经商的专业知识和技能，并尽可能多地利用“实际商战”使族中子弟得到真正的磨炼和熏陶，使其切实掌握商战的各种战略、战术。明清晋商把儒与贾、士与商视作“异术而同心”，基于道德标准的商业行为与读书入仕是一样值得尊重的。在这一点上，可以说山西商人摒弃了数千年来“商儒不容”的思想，将儒与商结合到一起，从而使山西经商之人子孙相继、绵延不绝。

不少晋商在自己家中设立书塾，聘请德高望重的先生前来任教。例如，祁县富商乔家对其子弟读书要求甚严，尊重私塾教师，使教师在子弟中树立崇高的威望、约束子弟并不遗余力地施教，从而使乔家后辈经常出现多人同时中举的现象。经过严格的教育之后，其家族成员办理业务、待人接物的能力自然有很大提高，从而直接促进了商号的发展。①

不难看出，晋商家族十分重视教育，尤其注重教授下一代实用型的经商技能，提升家族成员的综合能力。而且，通过聘请德

---

① 乔南：《明清山西商人家族教育制度初探》，载《教育理论与实践》2007年第12期。

高望重、有智识的老师来教育孩子，大大提升了家族教育的质量。

二、家族教育应注重什么

家庭对后代的影响是一切教育的开始，也是家族成员社会生活的起点。良好的家族教育对于孩子人格的形成、品行的培养起着不可估量的作用。因此，重视家族教育在家族成员成长中的作用，树立正确的家族教育观念，并且采取适当的家族教育方式是现代家族教育体系中至关重要的部分。

（一）言传身教

说到家族教育，一些事业有成的人士会说，自己很清楚家族教育对家族成员的重要性，但是奈何心有余而力不足，没有充足的时间和孩子待在一起，也就没有时间去教育孩子。的确，很多高净值人士已经意识到家庭教育的重要作用，但能够用来教育后代的时间很少。这恰恰是家庭教育的一个误区：家庭教育往往不需要太多大段的时间，父母日常生活、学习、工作中的言传身教就能够对家族成员产生巨大的潜移默化的影响。

言传是指通过讲道理、说事实等方法对子女进行教育，传递给他们正确的价值观，提高思想认识，培养优良品德。言传要建立在平等、尊重、信任的基础上，注重启发引导，循循善诱，促进孩子自觉性的形成。

身教是指家长通过自己的行为举止和思想道德在潜移默化中教育孩子，“孩子的一切良好习惯的形成，完全靠父母榜样的力量”。[①] 孔子说：“其身正，不令而行；其身不正，虽令不从。”想要教导家族成员如何做事、如何为人处世，家长必须先从自己做起。

家族教育关键不在于父母如何说教，而在于父母榜样的力量和父母之间互敬互爱的潜移默化的影响。一些教育家认为：那种认为只有教导、命令孩子才是进行教育的观点是不对的。教育家陈鹤琴将“以身作则”作为家庭教育的第一条原则，家长们在生活中无时无刻不在教育着孩子，甚至是家长不在场的时候，家长的生活方式、为人处世方法等也会成为孩子模仿的标准，潜移默化地影响着孩子。[②]

洛克菲勒家族对后代的言传身教[③]

洛克菲勒家族开创者“石油大亨”约翰·洛克菲勒出身

① ［苏］安·谢·马卡连柯：《马卡连柯全集》，人民教育出版社1956年版，第400页。

② 于铭汇：《我国当代家庭教育中爱的教育之研究》，海南师范大学2012年硕士学位论文，第30～31页。

③ 《洛克菲勒家族的家族教育经验，打破富不过三代的咒语！》，载微信公众号“精英说”2017年3月21日，https://mp.weixin.qq.com/s/IO9DEKaOJjilfopB9MZaJw。

贫寒，通过白手起家创造了自己的财富帝国。他家教严格，母亲是个虔诚的基督教徒，勤快、节俭、朴实。从小贫寒的生活和母亲节约朴实的习惯作风，深深影响了洛克菲勒的一生，使他尽管后来拥有了巨额财富，仍然坚持俭朴的生活态度，并时刻给孩子们灌输母亲教给自己的节约朴素的价值观念。他16岁时花钱买了个小本子，记下每一笔收入和开支，并把这个账本视为自己一生最珍贵的纪念物。洛克菲勒的父亲是一个勇敢的开拓者，自信、好冒险、善交际、意志坚定。他教儿子如何写商业书信，如何准确而迅速地付款、清晰地记账，这为洛克菲勒日后经商打下了良好的基础。洛克菲勒的父亲还在游戏过程中启发他对于现实风险的警戒意识。当洛克菲勒还是个孩童时，父亲常让他从高椅子上纵身跳入自己怀抱，有一次父亲故意没有用双臂接他，他重重地摔在地上，父亲借此提醒：要记住，绝不要完全信任任何人，哪怕是最亲密的人，也千万不要轻信！这件事给洛克菲勒留下深刻的印象，帮助他在日后的生活和商业活动中时刻保持冷静和警觉。自小父母的言传身教对他日后的成功产生了莫大的影响，也成为他教育子孙后代的准则。

（二）因材施教

由于每个孩子都是不同的，在家庭教育中，父母首先要了解自己的孩子，因材施教。

孔子的因材施教之道①

孔子提倡要从学生的实际情况出发，根据学生的不同资质施加不同的教育，力求在有差别的教育中，使人得到最好的发展，这就是“因材施教”。

有一次，子路问孔子：“听到事情之后是否就应该付诸实施呢?”孔子说：“有父亲、兄长在，怎么能听到就去做呢?”冉有问孔子：“听到事情之后是否就应该付诸实施呢?”孔子说：“听到就去做。”公西华问孔子：子路和冉有问了同样的问题，但是你却做出了不同的回答，我感到很疑惑，请问是什么缘故呢?”孔子说：“冉有平时做事畏缩、谦让，因而我鼓励他前进，给他壮胆；子路胆大好胜，因而我告诉他要克制、慎行。”

不千篇一律，也不坚持教条主义。正如世上没有一种药可以治愈一切疾病，世上也没有一种对所有人都适合的教育方式，只有因材施教才能发挥最好的教育作用。魏晋时期，士族十分崇尚因材施教的教育方法，注重孩子本身的兴趣，不抹杀其天性，任其自由发展。士族的子弟按照这种方式培养，有的从政，有的从军，有的沉迷于艺术，有的沉醉于山水之间，在不同的领域大放

---

① 《每天学点国学：求也退，故进之；由也兼人，故退之》，载百度网，https://baijiahao.baidu.com/s?id=1643712154377914316&wfr=spider&for=pc，最后访问日期：2020年4月2日。

异彩。

在家庭中，父母和孩子朝夕相处，与学校老师大致了解学生不同，更容易发现其强项和弱势，因而因材施教在家庭教育中更易实施。被誉为“中国的海伦·凯勒”的周婷婷出生后双耳失聪，她的父亲并没有气馁，而是通过因材施教改变了这个女孩的命运。周婷婷在3岁半时能够开口说话并学习认字，就读正常小学后连跳两级，并以优异的成绩提前学完高中课程，成为我国第一位少年聋人大学毕业生，并在美国取得了硕士、博士学位。[①] 李云迪7岁时，他的母亲发现了他在钢琴方面过人的天赋，因此开始十几年如一日的艰辛培养，终于，2001年18岁的李云迪一举摘取了“肖邦国际钢琴大赛”金奖桂冠。

对高净值家族而言，更需要有侧重地培养后辈作为未来接班人的能力。高净值人士可通过在生活中观察发掘家族成员的天赋和潜能，因势利导，实现教育方式的“个性定制”。

（三）高质量的陪伴与启迪

有研究表明，从小生长在温馨有爱的家庭环境下的孩子长大后更加自信，而从小缺乏关爱的孩子长大后往往缺乏安全感、不愿与人交往。因此，家族教育应当给予后代足够的关爱。

---

① 《周婷婷》，载百度百科，https://baike.baidu.com/item/周婷婷/10579767?fr=aladdin，最后访问日期：2020年4月2日。

20世纪80年代初期，一所教育研究机构的研究人员在对各种数据进行分析后发现：一家人一起吃饭对孩子的健康和成功都有很大益处，那些经常和父母共进晚餐的孩子的成功率比不和父母一起吃饭的孩子高得多。这是因为，父母的陪伴使孩子感受到温暖，在晚餐中的交流使父母的教导自然流入孩子的内心，孩子因此更容易健康成长。[①] 在满足一定的物质保障的基础上，关注家族成员的精神生活和内心世界，真诚地与孩子们进行交流，这样才有利于建构更加先进的家族教育模式，为子女的健康成长提供更加优渥的环境。父母的爱的教育带来的内心的富足与充盈，是任何物质都无法取代的。

（四）健全人格的塑造

人格是一个人素质的重要组成部分，是一个人精神面貌的集中反映。每个人都有自己独特的人格，人格看似无形，却影响和制约着一个人的发展和成就。许多人不缺乏才华、能力，却终究无法取得成就，归根结底是因为人格的不健全。大量的实践证明，一切智慧、财富、成功和幸福都始于健全的人格。

中华民族传统文化中就有许多关于人格的内容。“天行健，君子以自强不息”告诉人们要自强坚毅；“是故君子自难而易彼，

① 周倩编著：《不吼不叫：富养女孩的100个细节》，中国商业出版社2018年版，第33页。

众人自易而难彼”教人要严于律己，宽以待人；“夫君子成人之善，不成人之恶”更是道出了善良的重要性……这些教导直到今天也不过时，那些拥有善良、乐观、坚毅、自律、勇敢等品格的人往往能够克服生活中的困难。那么，应当如何塑造健全的人格呢？

首先，需要培养积极乐观的生活态度。乐观的人常常能看到生活中的阳光和希望，对自己所从事的工作也抱有浓厚的兴趣，从而能最大程度地发挥自身能力。乐观的人即使在遇到困难和挫折时，也能不畏艰险，勇往直前。

其次，应当培养强大的自制力。自制力是一个个体自觉地调节和控制自己行为的能力。自制力强的人能够理智、冷静、客观地对待周围发生的事情，有意识地控制自己的冲动情绪，约束自身行为。高净值家族的后代在成长的过程中会遇到各种各样的诱惑，自制力可以使其在面对诱惑时控制自己，避免“一失足成千古恨”。

最后，对独立意识和能力的培养也非常重要。一个自立的人才能对自己的承诺和行为负责。对高净值家族的后代独立意识与能力的培养，在个人层面是自我发展的前提，在家族层面是担当家族传承重任的前提。

比尔·盖茨的自立教育[①]

比尔·盖茨的儿子一出生就备受人们的关注。儿子上学的第一天，盖茨领儿子去学校报到，把他送到教室后对他说："今天你已经认识来学校的路了，从此以后爸爸妈妈就不会再接送你了。一是没有时间，二是没有必要。"从此，孩子每天都自己背着书包穿过三条巷子去学校，放学后再自己回来。有时候回来看到家门紧锁，他并不像其他小朋友那样害怕，哭着四处找大人。盖茨说到做到，哪怕是顺路经过儿子学校门口，哪怕是刮风下雨，他都坚持让儿子独自上学、回家。有一次，孩子放学的时候正好下着大雨，他赤着脚快速跑到马路边的商店门前，然后顺着门前的避雨地带往家走。

盖茨说："培养孩子的独立性，不是让孩子仅仅具有独立的意识和态度就够了，必须让孩子自己去经历，让他自己扫除障碍。只有这样，孩子才能学到相应的知识和技能，才能用各种有效的方式去自行解决问题。"

家族的代代繁盛离不开家族精神文化的传承，家族教育是使家族精神能够润物细无声地传承下去的桥梁，也是家族世代传承的基石。

---

① 刘水发：《国外家教启示录》，西藏人民出版社2011年版，第151页。

第二节
家族教育的重点内容

一、家族成员的能力及其培养

每一位家族成员都是家族至关重要的人力资本，从小就开始的家族教育是必不可少的。家族教育的内容和形式是复杂的，不仅要培养健全的人格和家族价值观，还要针对不同年龄不同身份的家族成员开展不同方式的教育，这是一般社会教育、学校教育所不能及的，也是家族需要打造自己的教育体系的原因所在。[①]就家族接班人的培养而言，一个合格的家族接班人至少要具有领导力、财富管理能力、家族治理能力以及情绪调节能力。

① 周小明：《成功的家族财富传承需要做什么》，载《银行家》2019年第9期。

（一）领导能力

1. 领袖意识的培养

领袖意识并不是天生的，而需要经过系统的教育和培养，尤其是在充分的实践环境中才能培养出来的。人们只有有了想当一位领袖的想法，才可能慢慢积累领导能力，最终成为一名出色的家族领袖。所以，培养领袖意识是领导力培育的前提。布什家族是美国著名的三大家族之一，可谓举世瞩目，这个家族出了两位总统、两位州长，而这和布什家族领袖意识的教育是分不开的。布什家族的总统梦从老布什的父亲就开始了——老布什父亲把家里的一面墙装饰成“总统墙”：一整面墙上都是密密麻麻的总统的照片。这面墙犹如布什家族的梦想板，一直伴随老布什和小布什的成长，后来也成为布什家族不外传的秘密。①

2. 领导力的培育

哈佛大学教授 Tal Ben Shaha 在《领导力心理学》的第一节课上，引用了儒家经典《大学》的名句：“欲平天下者，先治其国；欲治其国者，先齐其家；欲齐其家者，先修其身。”领导力本质上是一种支持和给予的能力，而非驾驭和控制的能力。好的

---

① ［美］陈麒光：《未来领袖人生教练陈麒光》，企业管理出版社2015年版，第120页。

领导者能够帮助团队成员发挥自己的价值，实现自己的价值。而要做到这一点，领导者首先要明晰自我优势价值。

传统上对优势价值的定义，往往来自社会角色的比较价值。一位女性心理学家举了一个例子：当她与学生在一起时她认为自己是老师；在大众面前她是心理学家；而在一个心理学年会上，面对一群男性心理学家，她觉得自己只是一个女人。家族企业未来掌门人的角色，在社会系统中会具有很多优势。

一般情况下，家族企业未来领袖的领导力发展，会经过以下三个阶段：第一个阶段是意识到领导力的首要任务是支持而不是驾驭，在团队当中建立一种良性互动，可以真正地开始组织团队去实现一个有意义的目标。第二个阶段是意识到团队目标的实现不仅需要专业知识、理论研究等的支撑，还需要对团队进行有效驱动和激励，也就是意识到通过人来实现团队目标的重要性，而不是仅仅通过一套管理系统或者管理手段来实现团队目标。第三个阶段是领导力真正成熟的标志，是意识到自己当下最重要的工作已经不是怎么做，或者做什么，而是找谁来做。①

也就是说，领导力的培育是分阶段的，并非一蹴而就的。领袖领导力的培养，不仅需要领袖意识的形成，更需要专业能力的培养。只有理论和实践的双重配合，才能真正培育出领导力。

① 张劲松：《接班人领导力从实践中来》，载《经理人》2020年第1期。

罗斯柴尔德家族的领导力传承

罗斯柴尔德家族基业长青的经历和其家族教育是分不开的。罗斯柴尔德家族的创始人、国际金融之父梅耶·罗斯柴尔德非常注重家族孩子的教育，他本身没有太高的文化水平，但很有商业头脑，非常懂得经营。他把五个孩子送到商业学校培养，之后分派到不同欧洲强国中，在各国安营扎寨。见识不凡的老梅耶让他的子女全部进入近代欧洲的商业或政治中心，在这种环境当中成长的子女不管是经商还是从事学术，都有一个健全的思维。

此外，罗斯柴尔德家族从第三代开始，教育内容变得更加广泛，尊重兴趣，因人施教。老梅耶一直认为，兴趣是最好的教育。当子女在社会上发展到一定程度后，他就会观察他们的爱好和兴趣。兴趣是最好的老师。①

从罗斯柴尔德家族的教育中我们不难发现，好的领导力的培育不仅需要家族前辈卓越的远见和对教育的重视，更重要的是，要对不同的子女因材施教，根据家族后代的兴趣、个人能力培养不同领域的领导力。

3. 责任感的培育

家族领袖的另一个侧面是他们需要对家族负责。有不少中国

---

① 蔡玉洗：《罗斯柴尔德家族的领导力传承之道》，载《董事会》2018年第12期。

的父母在教育子女上秉承的价值观是：我要努力工作、努力赚钱，为子女创造优渥的生活环境，保他们一生衣食无忧。在这种观念的影响下，很多孩子形成了一种观念：父母的就是我的，父母已经为我创造了几辈子都花不完的财富，我就不需要再努力了。受这种观念的影响，很多富裕家族的财富不仅没能传过三代，甚至在二代就已经被挥霍光了。究其内因，是孩子没有形成一种对家族负责、对后代负责的责任感。

责任是有能力的人、或者扮演社会角色的人在生活中应当承担的负担，以及对自己的不良行为所应承受的后果。从本质上讲，责任感是人们对于自己应该或必须要做出某种行为的必然性和合理性的主动认可。责任意识也是领导者的基本素质，需要在父母点滴的家族教育中才能形成。

4. 接班人能力的培养

为培养领导才能，接班人不仅必须在加入公司之前接受培训，还要在家族企业的整个职业生涯中不断地进行培训，通过接触挑战性的任务，开发自身能力。家族企业中前辈应创造一个鼓励接班人学习经验、改正错误的环境，在此环境下开发领导力、培养接班能力。

对接班人的指导是一种在领导力培训中常采用的在职培训形式。理想的导师可以是家族企业在位者或外聘的专家人士，培养接班人的沟通技巧等。同时，家族成员还应当帮助接班人在家族企业中树立威信，提高接班人的自信与号召力。此外，接班人的综合领导能力，包括对家族企业战略规划、组织领导、管理下属、执行、用人等方面的能力，都需要不断提高。①

（二）财富管理能力

财商，即创造和管理财富的能力，与智商、情商并称为现代人的基本素质。财富是一把“双刃剑”：在懂得驾驭财富的人手中，财富可以发挥出正面积极的作用，造福一方；在不懂得驾驭财富的人手中，财富会给其本人和家族带来伤害。高净值家族要从小培养孩子财富管理的能力，使其能够驾驭财富。

1. 学会管理欲望

欲望管理是重要的人生技能，是要尽早培养的素养。人要有定力，才能有所约束。孟子幼年贪玩，孟母不惜把快要织好的布匹割断，让他明白什么是半途而废。经常对自己的定力进行练习，也是一种需要从小进行的欲望管理训练。② 没有控制欲望的能力，无限的财富会剥夺人的斗志，使人被其欲望所吞噬。因此，对于高净值家族来说，培养孩子的欲望管理能力，尤其是与

① 谢守祥、王雅芬、王呈斌：《民营家族企业代际传承影响因素与传承制度研究》，中国矿业大学出版社2017年版，第18页。

② 李靖：《企业家的“无心之箭”——漫谈“欲望管理”之一》，载《中外管理》2009年第2期。

金钱相关的欲望管理能力，就显得尤其重要。

有些父母在孩子小时候因为担心孩子乱花钱，就剥夺了孩子掌控钱的机会；有些父母则随意给孩子零花钱，无原则地满足孩子的消费欲望。无论哪种做法，孩子都无法形成管理金钱的观念和习惯。在提供零花钱后，要让孩子认清哪些是生活必需品，区分必须马上支出的花费和可以延迟满足的目标。孩子学习正确花钱的过程，实际上是做价值判断和理性选择、进行自我调控的过程。如此一来，孩子逐渐认识到资源有限，形成量入为出的观念。孩子管理自我欲望的能力必须在实践中逐步形成，而父母给予孩子适当的花钱的权利正是培养财商的必要条件。①

2. 财富观念的培养

财富观念是指对财富的理解和对财富的看法，主要包括财富认知观念、财富管理观念、财富创造观念和财富教育观念。财富观念的培养在财富管理能力的培养中起着思想引领的重要作用，在家族教育中不可忽视。

客观的财富观念，要建立在对财富的认识和理解之上，包括财富的起源、类型、基本属性等内容。时代在发展，财富的内涵和外延也在拓展，财富已经不仅仅是土地、农产品和狭义上的金钱，科学技术、劳动力、虚拟货币、人脉资源甚至是善念善行

① 朱永新等：《这样爱你刚刚好，我的八年级孩子》，湖南教育出版社2017年版，第156页。

等，都可以被视作财富。

财富管理观念主要指家长教育子女管理财富的观念。在农业经济时代，古希腊出现了近现代家政学的前身即家庭经济学，介绍家庭经济管理，这种管理也就是家庭财富管理，即家长财富管理。在这个时代，多数家长重视自身的财富管理理念，却忽视对孩子的财富管理观念的教育，大部分子女在成年步入社会以后才开始建立自己的财富观念。在工业经济时代和知识经济时代，市场经济逐渐成熟发达，商业气息十分浓厚。为适应时代发展，家长不仅自己要建立财富管理理念，而且还要肩负起培养子女形成自觉管理财富理念的责任，帮助子女树立尊重价值、珍爱各类财富的观念。家长对子女的财富管理教育，对于子女财商培养和未来发展起着重要作用。

财富创造观念是教育子女对财富投资、增值、保险、风险评估等方面的观点以及处理方法等。让子女从小在家庭生活中学会正视财富、创造财富、投资理财，才能使其适应现代社会快速发展的需要。①

3. 学会为未来做规划

财富管理是对现在和未来的资源进行配置，使现在和未来的财富达到平衡。财富管理教育就是要培养长期规划的理念，追求

---

① 李建辉、张国超主编：《现代家长教育学》，中山大学出版社2012年版，第51页。

现在的财富在未来享有更大的回报。具体来说，要设定短期、中期和长期的生活目标并将其转化为财务目标，设定各项需要实现的个人目标和家庭目标，如出国旅游或游学、买房子、上大学、父母的养老等。这些人生主要目标的规划，父母应该让孩子了解并参与讨论决策。孩子在参与讨论和决策的过程中，自然而然地会形成对未来财富规划的本领。

4. 读懂财务报告

财务报告是企业生产经营活动的综合反映，是企业财务状况的“晴雨表”。随着市场经济的日益发展和完善，借助财务报告进行管理和决策成为企业经营管理者的必备素质。通过财务报告，财富拥有者能够了解企业的财务状况、经营成果等重要信息，而这些信息对于做出正确的决策具有重要意义。因此，理解财务报告对于所有财富拥有者而言，都是一种关键能力。

但是，财务报告中有大量的会计学基本原理和知识，真正读懂财务报告、充分运用财务报告提供的信息并非一件容易的事情，因此，对这项能力的培养需要尽早规划和从长计议。相应地，家族教育应向家族成员提供与其年龄相称的财务基础技能训练，并确保有关财务报告的训练有意义。通过基础的财务技能训练和学习，使家族企业经营者能够全面阅读财务报告，对资产负债表、损益表、现金流量表等都了如指掌。这样一来，家族成员在面临重大经营决策时就能够有所凭借，谨慎判断。

（三）家族治理能力

在中国，似乎自古以来人们就为如何处理好家庭关系而头疼，对于这种现象，需要通过现代的、文明的家族治理机制来解决。

1. 家和万事兴的观念

“家和万事兴”，如果家庭和睦、家族成员关系和谐，那么做任何事情都会比较顺利、容易成功。很多企业传承的失败案例表明，家族内讧是企业传承失败的主要原因。综观那些百年传承的企业，其之所以能够成功传承都是因为拥有良好的家教，营造了家族内部团结、和谐与稳定的环境。而培养一家人的合作文化，需要建构不同维度的能力，比如具有相同的价值观、会沟通、具有自我成长的意愿、能分享感情等。① 例如，三菱集团的成功秘诀就在于岩崎家族的团结亲睦，从未出现过家族内部的争斗。

在日本，三菱集团是六大企业集团的魁首。其创始人岩崎弥太郎主要活跃于幕府末年和明治早期，是明治前期著名的企业家。他胆大敢闯，在 1873 年“弃官经商”，创立了私有的海运公司“三菱商会”。在他的领导下，三菱奠定了雄

① 邱月烨：《家族传承的道与术》，载《21世纪商业评论》2018年第4期。

厚的经济基础，成为“海上霸王”。岩崎家族人才辈出、团结亲睦，是三菱集团兴盛的一个关键因素。

岩崎弥太郎不仅爱护弟弟岩崎弥之助，还负责对岩崎弥之助进行培养。基于“家族式管理”的经营思想，他觉得岩崎弥之助理应成为他所奠定的基业的继承者。对他而言，对弟弟的培养教育几乎与三菱的事业一样重要。他将岩崎弥之助送出国读书，在信中对他说：“人的事业是否能成功，主要看他的意志。我们必须坚持，才能成大事。不知你何时才可回国，但是，只要我能坚持下去，就会支持你留学。”岩崎弥太郎去世后，岩崎弥之助成为三菱公司第二任社长。他将“三菱邮政轮船公司”改名为“三菱社”，主营矿业和造船业，使三菱从主营海运业转向主营矿业和造船业。岩崎弥之助是重振三菱，并使其走向近代化的关键人物。

无论岩崎弥之助在事业上取得多么大的成功，他一刻也没忘记是哥哥岩崎弥太郎培育了他。岩崎弥之助也是个家族意识浓厚的人，他始终视三菱为岩崎弥太郎个人的事业，他只是在替兄长代理家财。而正是这种信念和家族内团结的氛围，使岩崎家族不仅连续产生了4位出类拔萃的企业家，而且没有发生过争权夺利的现象。岩崎弥之助和岩崎久弥在自己尚处于中年的黄金时代就主动让贤，使三菱社长之职权平稳地在岩崎家族内传递，避免了家族内讧的现象。岩崎家族

> 代代出能人和团结亲睦，是三菱集团迅速发展的一个重要原因。①

三菱集团的案例为我们形象地展示出了家族成员之间的和睦和团结，对家族的长远发展带来的巨大价值。因此，在家族教育的过程中，如何营造团结和睦的家族环境是领导人必须思考的重要课题。如果家族领导者的治理能力不佳，处理不好家族成员之间的关系，那么将给家族带来毁灭性的打击，真功夫公司的失败就是一个例证。

> 1994 年 4 月 14 日，真功夫第一家创业店“168”蒸品快餐店正式开业，主营蒸饭、蒸汤和甜品。经过 18 年的发展，2012 年 3 月真功夫公司荣获第十二届中国饭店全球论坛 2011 年到 2012 年“年度中国餐饮百佳”“中国十大驰名餐饮连锁品牌”两项殊荣。但是就在同年，真功夫公司原董事长蔡达标及公司高管李跃义、丁伟琴、蔡亮标、洪人刚五人被控挪用资金、职务侵占、抽逃出资罪，蔡达标最终被判处有期徒刑 14 年。究其背后的原因，跟其家族内部的争斗尤其是潘敏峰和蔡达标的夫妻婚变有关。
>
> 潘敏峰与蔡达标的婚姻维持了 15 年，其间，夫妻两人

---

① 赵俊勇、王月星编著：《他们为什么能挣钱：日本财神致富经》，东方出版社 2010年版，第39页。

与妻弟潘宇海联手创业，苦心经营餐厅。2006 年 9 月，夫妻婚变，接踵而至的是夫妻反目成仇、对簿公堂，进而演变为蔡达标与潘敏峰两个家族间旷日持久的斗争。潘敏峰将自己在真功夫 25% 的股权让渡给蔡达标，以换取子女的抚养权。这时，蔡达标和潘宇海的股权就同时被稀释到了 47%，这种股权结构造成蔡达标和潘宇海同为公司第一大股东，拥有相同的权利。但是这两人却明争暗斗，对彼此的决策既不服气也不服从。蔡达标为了将潘宇海踢出局甚至还聘请律师设计方案，制订“脱壳计划”。

之后，蔡达标的婚外情被曝光。潘敏峰起诉蔡达标重婚，并欲索回 25% 的股权。2009 年 8 月，潘宇海以大股东身份委派哥哥潘国良出任真功夫副总经理，结果被蔡达标拒之门外，双方爆发冲突。2011 年 3 月 17 日，真功夫部分高管因涉嫌经济犯罪被警方带走协助调查，董事长蔡达标与其任采购总监的妹妹蔡春媚也下落不明。自此，潘家与蔡家之间就企业控制权展开了新一轮白热化的争夺……①

真功夫公司这样一个发展前景无限、本可以上市的公司却因为夫妻反目、家族内部的争斗导致经营失败，错过了发展的良机。可见，家族内部的和谐对企业的发展多么重要，家族治理能

① 周学：《公司治理的三个“卓有成效”》，企业管理出版社2018年版，第54页。

力的培养应该成为每一个家族接班人的必修课。

2. 运用现代家族管理方式的能力

俗话说，清官难断家务事。在家族治理的过程中，如何解决家族固有的各类问题，实现情理、法理和伦理的融合，家族经营者需要认真思考。如果家族后代成员自小没有面对过任何的家庭矛盾，或者家族成员之间矛盾很多但是长辈之间放任其存在发展而不去化解，那么很难期待孩子成年、自己组建小家庭后会掌握家族治理、化解家族成员之间矛盾的能力，尤其是当家族成员之间的矛盾又与企业经营密切相关的时候。

其实，为家族嫁接现代企业管理制度，不失为一种有效的家族管理方式。

方太集团的广告语是“让家的感觉更好”，其创始人茅理翔在嫁接现代管理制度上，颇是花费了些心思。在企业创办伊始，茅理翔就与妻子约法三章：两人的兄弟姐妹、亲戚可以在企业工作，但不能担任车间主任以上的职务，这一规定被严格执行到现在。目前的方太，除了董事长和总经理由茅氏父子担任外，其他中高层管理人员没有一个是茅氏家族成员，都是外聘的本科生、硕士生或者博士生。并且方太员工中40%来自外地。

茅理翔选择了儿子茅忠群做总经理，一方面，是基于茅忠群上海交大硕士研究生的学历背景和突出的个人能力；另一方面，则是基于中国职业经理人队伍尚未形成和法律、信用体系还有待完善的客观原因。[①] 茅理翔这种引入现代管理模式的做法为后代起到了很好的示范作用，他的儿子耳濡目染，在治理的过程中遵循了这种模式，维护了家族和企业内部的稳定和长久发展。

3. 有效的家族治理机制

在中国封建社会时期，大户人家都有自己的家族治理机制，小到简单的家训、家法，大到系统的家规等，以确保一大家族的人生活在一起时不至于乱套。在新时代，家族创始人也需要建立符合时代特色的家族治理机制，并且培养后代治理家族的基本能力。事实上，基于家族成员们在需求、理念、能力、参与程度等各方面的不同表现，家族内的矛盾与变动是难免的，而家族成员一般缺乏识别和管理这些矛盾与变动的能力。因此，家族内部应当构建合理、高效的沟通平台和沟通机制，以保障家族成员对家族事务达成共识，维护家族内部的和谐。[②]

---

① 云中天编著：《跨跃：浙江人商经》，百花洲文艺出版社2007年版，第139页。

② 蒋松丞编著：《家族办公室与财富管理：家族财富保护、管理与传承》，广东人民出版社2014年版，第9页。

（四）情绪调节能力

情绪管理和调节能力是情商的重要组成部分，情绪无时不有，无处不在，情绪的好坏直接影响着人们的生活质量。作为一个管理者，掌握知识和技能固然重要，但是管理好自己的情绪，不为愤怒、恐惧所俘获、奴役，不喜形于色，在纷繁复杂的环境中泰然自若、处变不惊则更为重要。情绪管理和调节能力也要从小培养，父母首先就要学会管理自己的情绪，然后教给孩子负面情绪的化解之道。

1. 静气

控制好自己的情绪，在任何时候都能理性、平静地做出决断，对于家族未来的掌门人来说非常重要。

在平淡生活中保持定力，不急不躁。日本“经营之圣”稻盛和夫在《追求成功的热情》一书中写道：“两只脚必须踩在土地上，一步一步地走。这种方式缓慢而且费力，似乎无法一日千里。然而你还是要有耐心地走下去。一小步、一小步积累下来的，可是相当惊人。每天不厌其烦地努力，都能有一点小小的胜利，鼓舞你再努力一点，获得更大的成功。因此只要不放弃，你一定可以爬升到自己都难以想象的境地……”对于管理者而言，就是要有平淡坚守的毅力和热情，在平淡的坚守中寻找快乐。

在紧急情况下保持定力，泰然处之。作为一名领导者，在管理企业的过程中经常会面临突发情况，管理者要保持平心静气的状态和敢于割舍的勇气，如此才能在应对紧急事件时保持冷静，不受情绪控制。如果没有对诸事淡然处之的心理能力，就无法找到精神世界的最佳“落点”。[①] 在家族教育的过程中磨炼后代的意志，教会他们在平淡的生活中寻找快乐，在面临大是大非、紧急情况时不急不躁、冷静应对。

2. 不良情绪的化解之道

不良情绪，如愤怒、怨气、忧虑、紧张、自责等，会影响人们的正常思考和决断。不良情绪往往是由超出一个人能力范围的事情引起的，比如面临一场重要的考试，担心自己题目不会做、发挥不好等。企业家群体每天要处理的事情非常之多、紧急事务似乎成了常态，面对工作和生活的压力，不良情绪的产生在所难免。因此，越早学会情绪管理、化解不良情绪，越有利于孩子的健康发展。在孩子出现这些情绪时，家长们首先需要通过陪伴与聆听，让孩子将情绪释放出来，然后和孩子一起想处理办法，解决问题，帮孩子树立自信心，恢复其对自己和生活的掌控感。

---

① 李靖：《淡中作乐：心态的最佳“落点”：漫谈“欲望管理”之二》，载《中外管理》2009年第3期。

二、家族教育的实现路径——家族教育制度

家族教育的最终目的不仅是要培养一个合格的家族接班人，更是要培养出一个学识渊博、独立自主、积极自律的人，使家族后代成员拥有适应社会生活、实现自我价值的能力。除了日常生活中的言传身教、陪伴指导之外，良好的家族教育的实现，还需要方法和制度的保障。对于有条件的高净值家族来说，建立一套符合自己家族发展需要的家族教育制度，不失为一种良好的选择。

在中国古代，家族或者宗族对后代的培养，一般也是通过完善的家族教育制度，即族学来实现的。很多名门望族都有自己的私塾章程，族学中往往包括家族教育的方法、课程的设置，对违反学规的成员的惩罚，对优秀学生和私塾先生的奖励等。例如，安阳马氏家族的《祠堂小学塾规》就规定了学塾所教的课程，即《三字经》、《二语摘读》、《弟子规》、《朱柏庐治家格言》、《四字鉴略》、《小学集解》以及四书。[①] 除了课程内容之外，有些家族还会将聘任什么样的私塾先生、给予先生多少费用、书本如何管理、上课的时间、家长考核的方法、逃学孩子的惩罚等，都写在自己家族的《家塾章程》或类似文件之中。[②]

---

① 《安阳马氏祠堂条规》，光绪十六年本，《祠堂小学塾规》。

② 费成康主编：《中国的家法族规》，上海社会科学出版社2016年版，第75页。

（一）建立家族接班人培养制度

家族接班人培养制度一般可写在“家族宪法”里，包括接班人的选任、培养、任职和退休等。比如，有的家族会在年龄上对接班人作出限制，规定其任职的年龄和退休的年龄等。例如，穆里耶兹家族的家族宪法规定，最高领导人要在75岁之前退休。同时，应明确上一代退休之后的交接班制度，尤其是对下一代接班人的培养和接班条件要作出硬性规定，以使接班人能够胜任未来的角色，进一步推动家族企业的发展。①

除了家族宪法的明确规定之外，家族还要持续不断地为接班人给予保障。家族可以通过设立家族职业咨询委员会的方式，为有志于成为家族企业接班人的家族成员制定职业发展规划，并且定时监督其执行情况。通过轮岗制度、基层锻炼年限等强制性规定，来培养接班人的综合素质等。这样的职业化发展轨道对每一个家族成员都是一笔宝贵的财富，对整个家族传承也具有重要意义。

（二）设立家族教育部门

家族教育系统的良好运作需要家族的有力支持与积极配合，

---

①　周子人：《基业再造：新常态下企业转型升级之道》，新世界出版社2016年版，第125页。

这意味着受影响的各方（利益相关者）都作出了承诺，而家族的领导人往往会是家族教育系统的最大支持者。

设立一个专门的教育委员会，有利于对整个家族的教育进行统筹安排。家族委员会可以根据家族发展的需要，定期对家族后代成员们开展关于家族文化、家族族产、家族管理、家族祭祀、家族信仰等内容的教育；也可以引入家族外部的教育专家，针对家族未成年成员进行定期评测，并制订有针对性的教育方案，全面提升家族后代的能力。如何能够科学地、有针对性地组织对家族后代的教育活动，将家族后代培养成对社会有用的人，是家族教育委员会需要解决的主要问题。

1. 定期外部培训制度

家族教育委员会可以根据成员的具体需求以及家族发展的方向，组织相关的外部培训活动。一个成熟的高净值家族接班人一般需要具备广博的见识，因此，从小培养孩子的兴趣爱好并在将来着重发展一两项技能就显得很重要。除此之外，家族接班人还需要具备基础的社会科学知识，对法律规则、财务制度、金融产品等有一定的认知。家族教育委员会可以视情况自行或者联合其他家族，定制长期的、稳定的外部培训规划，弥补学校教育的不足，为家族内部的教育提供专业的指导和帮助。

2. 稳定的内部分享机制

借助外部专业人士的力量固然重要，但家族内部的沟通、交流也必不可少。较为年长的家族成员有丰富的阅历和经验，一般比年轻的成员更了解如何辨别局势、应对困难；年轻一代的成员，对于新鲜事物、时代脉搏的把握以及创新开拓等方面，又一般比年长的成员反应迅速。因此，可以通过在家族内部定期举行例会的方式，让前辈和后辈互相分享所见所得，以情景化、问题化的方式建立家庭内部的分享、学习机制。这样一来，不仅加强了家族成员内部的沟通、交流，维护且加强了家族成员的团结和稳定，而且实现了家族精神和教育理念的传递，实现了家族教育的目的。

第四部分

家族治理

治理一个家庭比统治一个王国更难。

——［法］蒙田

俗话说，清官难断家务事。在中国，很多人认为家就不是说理的地方。管理好一个家族，处理好家族成员之间的关系，带领整个家族向上向好发展，确实是一件非常有难度的事情。自古以来，中国人就非常重视对大家族的管理，用家法族规等规范族人的行为，维系族人之间的关系。时至今日，家法族规在大部分家族已经销声匿迹，取而代之的，是一套符合现代家族发展需要的、建立在平等基础上的家族治理规则。

家族治理既不是制定一套纸面上的规则就能解决的，也不是成立一个家族委员会、开一场家族会议就能实现的，它是一种综合的、动态的、在家族内部时时发生的活动。家族治理的目的是通过统一的价值观，对家族成员、家族财产和集体事务等进行管理，实现家族的长治久安和永续发展。家族治理是一件繁杂琐碎的事情，小到安排一场集体聚餐、旅游，大到家族成员的培养和教育、家族财产的统一调度和分配等，都属于家族治理的范围。

第一节
家族治理概述

一、治理家族，治理的究竟是什么

家族事务琐碎庞杂，治理家族究竟要从何处入手呢？简单来说，可以从人、钱、事三个层面入手。

（一）对人——家族成员的治理

对家族成员的治理，可以从思想与行为两个层面进行。

1. 对家族成员思想的治理

思想主导家族成员如何认识、思考家族相关事务等。在家族传承过程中，无形家族财富的传承主要体现为对家族成员思考方式、共同价值观的塑造。思想层面的治理能保障家族成员之间的凝聚力与一致的文化内核，对家族成员思想方面的治理是家族治理的核心与最终目的。从长远来看，家族治理是一个动态的过程。思想层面的治理更有益于家族的长远发展：继承了共同价值观、文化等无形家族财富的当代家族成员，行为处事更加符合家族与家族企业的发展路径，并且能在所继承的无形家族财富的基础上补充个人思考与认知，一并传递给下一代。思想上的治理还有利于实现对未来家族成员的行为管理。

如何实现家族成员思想的高度一致性，这是一个有难度的问题，而家族教育是较好的解决途径之一。只有从小在家族环境中耳濡目染，接受家人关于家族观念、家族事务、家族发展等内容的熏陶，后代接班人才有可能形成以家族为重的价值观，将家族发展传承作为己任。

对家族成员的治理，仅有思想上的治理还不够，还需要在行为层面对家族成员进行适当的管理。举个有趣的例子，《红楼梦》中，王熙凤不到二十岁就掌握了管家实权，针对“家人豪纵，有脸者不能服钤束，无脸者不能上进”的情况，采取了划分职位、精细考核、赏罚分明等一系列措施对府上各个家族成员进行行为上的治理，才使府上一片秩序井然。

康氏家族：对家族成员进行思想与行为的统一治理

河南巩义的“康百万”是中国历史上绝无仅有的横跨明朝、清朝、民国三个时期四百余年，且实现十二代富裕的家族。康氏家族自明朝中期开始从事小买卖，抓住漕运、土地收购等机会不断发展，到清朝中期已成为中原地区首屈一指的大家族。清朝末年，慈禧赐予康氏家族“富家康百万”的金匾，“康百万”的名头因此传遍天下。

康氏家族对家族成员思想层面的治理可透过其家训《留余》一探究竟。《留余》是康氏家族第十五代康道平在总结家族前人思想后所作的感悟，其中写道：“留有余，不尽之巧以还造化；留有余，不尽之禄以还朝廷；留有余，不尽之财以还百姓；留有余，不尽之福以还子孙。”“留余”的意思是将自己用不完的智慧用于造福社会，将自己用不完的俸禄还给朝廷，将自己用不完的财物还给百姓，将自己用不完的福祉留给后代。“留余”的核心思想是对社会与后代家族成员的尊重。作为康氏家族的核心价值观，“留余”为康氏家族的发展留下了统一的价值观，同时也指导了家族成员的行为。在遭遇灾难时，如1843年黄河洪灾、1845年至1846年河南巩县旱灾与1913年全国旱灾，康氏家族大散财产与囤粮救济百姓，因此与政府建立了良好关系，这正是对“留余”思想的践行。康氏家族将“留余”思想发扬光大，实现了对家族成员在思想与行为上的统一治理，助力了家族的百年发展。

2. 对家族成员行为的治理

对家族成员行为的治理，可以通过正面清单和负面清单的形式进行。正面清单即鼓励家族成员从事什么行为，负面清单即不允许家族成员做出什么行为。

正面清单可以包括：孝敬父母、友爱弟兄、敏而好学、求得正业、自食其力、勤俭节约、廉洁正直、诚实守信、遵纪守法、敬业爱国等。这些都是家族治理规则中通常会包含的内容。除了这些共性的内容之外，每个家族还会围绕自己的核心家族精神给家族成员的行为设计关键词。如有的企业家经过了反复多次创业，屡战屡败、屡败屡战，最终才积累了来之不易的家业。在这种情况下，企业家倾向于把家族精神定位为“坚韧不拔、艰苦奋斗”或者类似的精神内核，告诫后代困难是暂时的，不要被眼前的困难打败，要相信未来一定能够实现目标等。再如，有的企业家认为，自己之所以能够成功，是因为在经营过程中不局限于眼前的小得小失，而是始终以客户为上，诚恳待人，自愿让利。在这种情况下，企业家可能会把家族精神内核界定为“诚信为本”，并重点在诚信待人层面对后代行为进行规制，如不能轻易许诺、许诺后要严格遵守、与客户开会要守时等。

负面清单一般包括：赌博、嫖娼、吸毒，不务正业，盗窃、强奸、抢劫，手足相残、亲属之间争讼，欺压孤弱、凌人傲物等。对于违反禁令的家族成员，可以施加惩罚。不同家族的负面清单，也具有较强的相似性，但是偶尔也会体现较强的家族印记。比如，如果家族内部曾经出现过赌徒，输掉了很多家财，屡禁不止，那么在家规之中，制定者往往会对此作出特别要求，如严禁家族经营赌场、严禁家族成员参与赌博等。

对家族成员思想和行为的管理，是家族治理中首先要解决的问题。只有把家族的每个成员都管理、教育和培养好了，家族才可能实现长久的发展和传承。

（二）对钱——家族财产的管理

作为家族治理的重要一环，家族财产管理在其中具有打通各个环节的作用。良好的家族财产的管理和分配能为家族成员在教育、投资等方面的开支提供更加坚实的经济基础。可以说，没有对家族财产的妥善管理，就很难把家族治理得井然有序。从家族稳步发展所依靠的各种投资，到维持家族成员不同程度的需求，再到聘请专业的外部团队为家族未来建言献策等，这些事务都需要一定的成本与财产管理的参与。从家族治理的角度来说，家族财产管理包含赚钱、花钱与分钱三个维度。而这三个维度，也是家族治理中最容易出现问题的地方。

1. 赚钱

赚钱，即增加家族的财产。家族财产一般通过两种方式产生。第一，家族大家长的赠与，也即大家长的遗产。很多家族大家长在垂暮之际，不希望后代直接分家，而是希望家族继续以整体的形式发展下去，因此把自己个人名下的财产都捐赠给家族，由此增加了家族财产。第二，家族原始财产的增值。大家长捐赠的家族财产并不是一成不变的，家族往往会进行一些稳健的投资，以实现族产的增值。

家族财产的存在，主要有两种形式：一种是代持，另一种是家族信托。代持形式下，家族财产基本都分散在不同的家族成员名下，但是家族成员之间有明示或者默示的代持协议，即个人名下的财产都是代替家族代持的，不能简单地视为个人财产。这种安排并不违法，但是问题比较多，容易产生争端。家族信托形式下，家族信托可由大家长设立，家族信托中的财产是独立存在的，由信托公司进行运作，往往能够实现高于银行一般理财产品的收益，实现家族财产的增值。家族的后代成员，均可以合法地成为信托财产的受益人，享受到家族持久的帮扶。目前来讲，家族信托是一种合法的、能够在最大程度上保障家族财产安全的安排，非常适合有家族财产统一调度安排需求的高净值人士。

当然，想要实现家族资产的稳定增值并不容易，稍有不慎就容易掉入投资陷阱。因此，在做家族财产的投资管理时，也需要非常谨慎才行。

2. 花钱

花钱，即支出家族的财产。家族财产的支出，一般包括以下四个层面：

第一，满足全部家族成员的日常生活开支。这往往包括日常生活费（用于满足吃穿等需要）、教育专项费用、医疗专项费用、保险费用、置业专项费用（用于购买房、车等）、司机保姆等辅助人员开支等。

第二，支持家族成员发展自己事业的开支。高净值家族的后代进入社会之后，无论是创业还是投资，往往都需要家族的资金支持，这部分支持就来自家族财产。家族给予后代创业资金的行为，在法律层面有多重选择，既可以是无条件的赠与，也可以是无息贷款，还可以是股权投资。支持家族后辈发展自己的事业，是家族财产有意义的去处之一。

第三，家族事务开支。所谓家族事务，往往包括家族的教育培训、游学、聚会、集体旅游、丧葬嫁娶事宜。这些家族事宜的存在，往往能够在很大程度上拉近家族成员的关系，增进家族成员的感情，因此也是维系一个家族所必需的支出。

第四，社会慈善开支。现在很多家族，在满足自身的生活需求之后，也会在力所能及的范围内做一些慈善，为社会做贡献。慈善资金往往也都是从家族财产中来的，比如将某个慈善基金会设成家族信托的受益人，或者用家族的资金设立慈善信托等。

3. 分钱

分钱，即在家族想要分家时，分配家族的财产。如何把家产在各个家族后代中分明白、分公平，也是家族的大家长需要考虑的重要内容。

（三）对事——家族事务的管理

家族事务的管理重点涵盖以下三个方面：家族集体活动的安

排，家族成员矛盾的协调处理，家族形象的塑造。

1. 家族集体活动的安排

家族集体活动是形成与保持凝聚力的关键。相对于个人而言，家族具有群策群力的显著优势。而群策群力的前提，是各个家族成员劲往一处使。定期的家族活动，不仅使家族成员有机会与其他家族成员沟通、培养感情，还可在无形中增强家族成员对家族或家族企业的责任感，同时为长辈考察晚辈提供相对正式的窗口。此外，家族旅行、共同学习等活动也可以为家族培养浓厚的集体氛围。如果每个家族成员都能体会到自己在人生的各个阶段都受到家族的深刻关怀，那么家族成员将更有动力为族人福祉尽心尽力。

家族合葬、祭祀

在中国人的传统观念里，家族祖墓是个重要场所，因此选择墓地、家族成员合葬、扫墓祭祀等都是家族的大事。每逢清明节、中元节或者春节等重要节日，家族成员往往会聚集在一起，除了吃饭交流感情之外，最重要的事情莫过于集体祭祀先祖，以表缅怀之情。

除了上述非正式的家族活动之外，现在很多人数较多的家族都会有正式的家族例会，如月度例会、季度例会或者年度例会等，例会时间往往根据管理家族和家族企业的需要确定。在例会上，家族成员会就与家族、家族企业相关的重要事项进行商讨和表决，很多事关家族百年大计的决策，其实都是在家族会议上做出来的。

2. 家族成员矛盾的协调处理

家族成员矛盾的调处是家族治理机制构建的目的之一。家族成员之间难免会产生矛盾，前后一致、符合家族核心价值观的矛盾调处，能增强家族成员对家族的信心，而矛盾调处不当的家族则容易陷入内斗。

构建良好的家族治理制度，首先要从根本上建立平等的议事制度，减少家族成员之间的矛盾。在家族成员有不同意见时，可以通过有效的表决制度避免“公说公有理、婆说婆有理”的现象。构建良好的家族治理机制最深层次的原因在于，一个需要发展壮大的家族将面临许多需要调处的矛盾，成熟的家族治理制度可系统化降低调处成本，保证家族向心力。良好的矛盾调处背后往往是相对成熟的家族治理机制。

3. 家族形象的塑造

家族事务的管理不仅体现在对内如何管理家族事务和家族成员，还体现在对外如何塑造、保持理想的形象。家族形象是家族共同价值观等家族无形财富外化的表现，也是外界人士了解一个家族的首要途径，是家族的名片。当家族形象深入人心之后，带来的就是社会影响力了。

那么如何塑造家族的整体形象呢？一般而言，家族的形象往往与家族的事业相关，想要塑造家族的形象，首先需要结合自己家族的精神内核，给自己的家族找准关键词。找准关键词之后，则需要通过长期的坚持，向社会公众传递出正面的、积极的形象，慢慢地才能形成良好的口碑。

二、家族治理的价值

治理一个家族，就像法国思想家蒙田所说，其难度不亚于治理一个国家。家族治理得好，既可以延长家族的寿命，也可以延长家族企业的寿命。

（一）成熟的家族治理可延长家族寿命

治理良好的家族，可以帮助家族实现家业永续、基业长青，这是因为良好的家族治理可以从以下五个方面为家族持续“输血”：

第一，良好的家族治理可促进家族成员的团结。持续有效的家族管理，可以增进家族成员彼此间的感情，促进家族团结。以家族会议等集体活动为例，其为家族成员提供了相互了解近况、分享观点的机会；以家族成员矛盾调处为例，其有利于形成家族成员的集体认知，家族成员得以由此了解什么应当做、什么不应该做。

第二，良好的家族治理可提高家族的整体稳定性。与孔子提倡的长幼有序相对应，一个经过治理的家族往往较少出现目无尊长的情形。此外，未来有资格担任家族掌门人或负责人的家庭成员，应当是在家族中享有一定地位、拥有过人能力的成员。家族治理过程中确定的接班人遴选机制，可实现权力的平稳过渡并减少传承过程中的内耗与内斗。

第三，良好的家族治理伴随着沟通、决策与争端解决机制的建立。在面对各种影响家族成员利益的议题时，家族会议可提供沟通与决策机制；在家族成员间彼此不和时，“家族宪章”让家族委员会有章可循，依据“家族宪章”的精神或规定对矛盾作出协调或处理。

第四，良好的家族治理可降低家族企业的治理成本。从效率的角度看，家族治理实质上为家族企业的治理提供了股东会、董事会以外的非正式沟通机制，降低了家族企业治理的成本。家族企业相关事务可在家族大会或家族会议中先行讨论、决定，然后再根据法律与企业章程作出具有最终效力的决定。

第五，良好的家族治理为家族企业改制起到指导、稳定的作用。从历史发展、法律规定演变的角度看，家族企业的形式总是处于变化中，但不变的是家族的核心内涵与家族控制企业的特征。从家族企业改制的角度看，家族企业的形式有可能会在合伙企业、有限责任公司与股份有限公司之间转变。与单凭信用、协议约定的改制不同，家族相对稳定的状态与家族成员间的血缘纽带可为家族企业的改制过程提供指导思想与更加稳定的框架，避免激进、不稳定的改变对家族企业造成危险。

穆里耶兹家族：大家族背景下成熟家族治理结构的功能与优势[①]

穆里耶兹家族掌控着全球最大的体育用品超市迪卡侬，世界第四、欧洲第二的跨国装饰建材零售集团乐华梅兰以及家族传统产业菲尔达等20多家公司。100年来，穆里耶兹家族一直人丁兴旺，整个家族目前传至第四代，有近800名继承人，制度化的家族治理机制保证了庞大商业帝国的有序运转。

穆里耶兹家族设有家族协会、家族协会顾问委员会、家族终极控股公司及家族私人股权投资公司四个成熟的机构。根据穆里耶兹家族的“家族宪法”，家族协会每隔4年举办一次会议选举顾问委员会成员，每年3月定期召开家族内部的股权转让会议。股权转让会议的设置允许家族成员在短时间内募集大量资金，为家族成员提供了退出机制。

① 赵国瑞：《法国式的家族宪法》，载《英才》2012年第10期。

（二）成熟的家族治理可延长家族企业寿命

家族的兴衰会直接影响家族企业的发展及决策。家族企业的核心控制人必须要明确传承理念，提早准备好应对之策，对于重要职位的传承安排要尽早进行，才能确保对家族企业长期的领导力和方向把控。①

沃尔玛公司与其背后家族在价值观上的高度一致性

沃尔玛公司背后的美国沃尔顿家族是当今世界商人家族中的翘楚。山姆·沃尔顿说过："我们的存在是为顾客提供价值，这意味着除了提供优质服务之外，我们还必须为他们省钱。如果沃尔玛公司愚蠢地浪费掉一美元，那都是出自我们顾客的钱包。每当我们为顾客节省了一美元时，那就使我们自己在竞争中领先了一步——这就是我们永远打算做的事情。"

在生活作风上，山姆·沃尔顿也很低调，受其影响，他的子女们虽然富甲一方，但生活并不奢华。也正是这样的生活理念，反过来滋润了沃尔玛公司的企业文化。②

---

① 福布斯中文网：《家族财富传承：家族治理必须先于企业治理》，2015年3月11日。

② 新浪财经综合：《揭秘沃尔顿家族：1632亿美元财富雄冠全球稳居榜首》，载新浪财经，http://finance.sina.com.cn/money/cfgs/2018-09-04/doc-ihiqtcan8012157.shtml，最后访问日期：2020年8月16日。

家族企业是脱胎于家族的，从上述案例可以直接看出，家族治理得好，家族企业会受到正面的、积极的影响。虽然家族有序治理不一定直接导致企业永续发展，但是家族治理不当，往往会导致企业逐渐败落。

“汾煌雪梅”：从行业巨头到轰然倒塌

汾煌食品工业有限公司于1986年由林顺和创办，是广东潮安的龙头企业。汾煌生产的“汾煌雪梅”曾被评为广东著名商标，2004年前以“汾煌”系列品牌的果脯蜜饯与可乐火爆全国，年销售额达数亿元。

汾煌属于典型的家族企业，汾煌董事会由创始人林顺和掌控，林顺和的两个弟弟负责执行董事会决议并管理汾煌名下十余个工厂，林顺和的妻子与妻子家人分别在企业中担任不同的管理职位。家族成员间无视家族整体利益，每个人都在为自己的利益博弈。例如，一旦林顺和高薪聘请外部工作人员，工资不及“外人”的家族成员就会到公司内大闹。终于，在盲目扩张、内耗过多与产品发生质量问题等背景下，曾经的行业龙头汾煌在2004年分崩瓦解。①

① 李伟铭：《家族企业破败之路——“汾煌雪梅”神话的破灭》，载《中国品牌》2006年第2期。

第二节

实现有序家族治理的关键

很多家族在规划家族长远发展时已经充分认识到了治理家族的重要性。概括来说，实现有序、高效家族治理的关键，可以总结为三点：第一，有专门的组织机构负责家族治理；第二，制定了完善、合理的家族治理规则；第三，家族治理机构能将家族治理规则落地执行。

一、家族治理机构的建立

（一）家族掌门人

家族的负责人其实有很多叫法，有些家族可能叫掌门人，也有的家族将其称为家族首领、大家长或者族长等。家族的负责人一般可以是一到两个人，在家族中一般充当实际控制人的角色，对家族的大事小情拥有一定的决策权。家族掌门人对重大事项的控制权，一般可以通过对家族事务的一票否决权来实现。对于族产分配、企业出售、家族亿元以上的投资或支出等重大事项，将一票否决权赋予家族掌门人，相当于赋予其最终决策权。家族的掌门人，往往同时也是家族企业的实际控制人，对家族和家族企业的发展会起到至关重要的作用。

（二）家族委员会

家族委员会也可称作“家族管委会”“家族理事会”等，是指通过家族会议选举产生的，或者家族成员共同推举产生的，在家族内部具有一定决策权、负责商议部分家族与家族企业事务的正式常设机构。实践中，一般大家族人数较多、需要选派部分家族成员作为代表时，才会产生家族委员会。

1. 职责

家族委员会的首要职责，是讨论、决定家族内各种事务，并在家族成员范围内进行公示，使所有家族成员及时了解家族事务与家族企业的动态。家族委员会的职责与权力来自家族所有人员的授权。事实上，事关家族发展的大多数事务，都是由常设的家族委员会决定和执行的。例如，家族委员会可就家族成员的变动、家族财产使用和投资、家族活动的组织、家族奖励或者惩罚的执行、家族突发事件的处理、家族慈善的运作、家族企业经营情况及是否分配利润等事项进行决策。

2. 构成

家族委员会的成员一般由家族所有成员选举产生，具体因各个家族人数、观念等的不同而存在不同安排。值得注意的是，家族委员会成员的选举，涉及家族内部身份地位、争端解决倾向与潜在接班人的确定。

在人员组成方面，不同家族的要求一般也有所不同，但大致都会对成员的血缘关系、是否认同家族文化作出一定要求。为提高决策质量与效率，部分家族可能还会进一步要求成员在家族企业具有一定工作年限方面或达到一定考核成绩。

需要提醒的是，鉴于家族委员会对家族许多细致事务具有决定权，家族委员会成员的任命会对家族发展产生重要影响。若任人不慎，则家族委员会在一些具体事务的决策上可能会出现纰漏，甚至因能力或认知问题在投资、财税或法律等专业领域出现系统性错误。因此，家族委员会成员的确定应当慎重。在预算允许的情况下，还可聘请专业外部顾问团队参与议事以减少在专业性问题上的失误。

著名果酱制造商思马克家族的考核机制

已有115年历史的美国著名果酱、果冻及花生酱制造商思马克公司目前由第四代家族成员理查德·思马克与蒂姆·思马克掌控大局。两人使公司取得较之以往五倍的业绩，进而使思马克公司成为著名的食品业巨人。

为培养家族成员，第四代家族成员们早早将第五代家族成员提拔至管理层进行历练。64 岁的理查德·思马克表示："公司的业务模式是策略 + 执行 + 文化 = 成功，再加上对家族事务的管理责任，因为他们是一个家族企业。在思马克公司，家族成员的身份可以帮你得到第一份工作，但是接下来的绩效考核就与所有员工一样。家族成员必须记得同事们会比对其他人更仔细地观察他们的行为。一个好的家族企业就像一段好的婚姻，有时候你得好好下功夫。"

（三）家族大会

家族大会是全体家族成员都需要参与的、对涉及全体家族成员利益的家族事务进行讨论和决策的会议，一般用于讨论、决定家族内需要由全体家族成员表决通过的议题。家族大会的举办条件、频率、通知方式、议事规则、最低参与人数或比例等可通过家族宪章或家族议事规则加以规定。由于家族大会参与者为全体家族成员，实践中家族大会也被用于在家族范围内进行重要事项的宣告。

一般来讲，家族大会在大家族和小家族中可以发挥出不同的作用。

对庞大的家族来说，组织一次所有家族成员均出席的家族会议并非易事，家族大会的作用更多停留在增进家族成员之间感情层面，以及决策必须要由所有家族成员参与才能决策的事，如家族掌门人或者家族委员会成员的选举。其余家族事务，往往都是由前述家族委员会决定的。家族大会的召开频率也会比较低，一年一至两次就可以了。家族内部各种日常事务的决策、执行等，一般交由家族委员会负责。

如果家族成员人数较少、不需要设置家族委员会，那么可以通过家族大会决议所有事项，约定每个人都有表决权，都可以参与家族事务的管理和决策。

除了家族掌门人、家族委员会、家族大会之外，有些家族还会在家族委员会下面设立执行委员会，用来执行家族委员会的各项决策，但大多数情况下执行委员会和家族委员会的角色是合一的。每个家族都是不一样的，有独特的奋斗历史、文化、价值观和人员构成，虽然治理家族基本上都是为了实现家族和睦、基业长青，但是采取的治理方式则多种多样。家族可以根据自己的需求，选择适合自己家族的治理机构，不需要盲目照搬其他家族的安排。

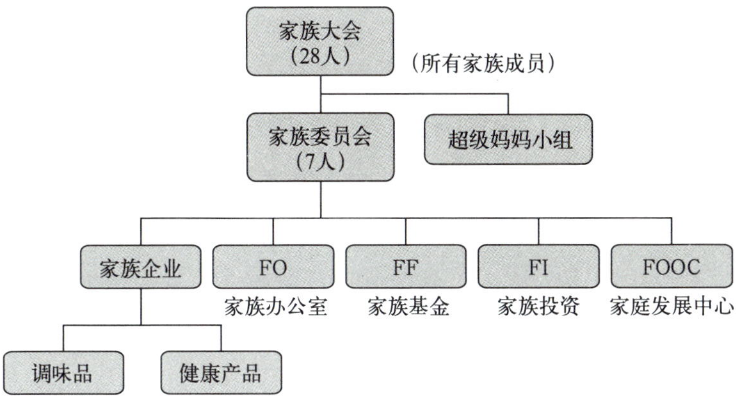

图4－1　李锦记家族治理结构[1]

二、家族治理规则

家族治理规则已经开始被一些高净值家族所接受，成为这些家族治家的良方。

（一）何时制定家族治理规则

家族治理规则的订立，往往需要一些“契机”，这些契机点主要包括：

第一，在家族的大家长年老之际。一些大家长在年老之际就想设定一套规则，规范后代的言行举止、规劝后代积极奋斗，由

① 龚乐凡：《私人财富管理与传承》，中信出版社2016年版，第497页。

此家族治理规则应运而生。

第二，在家族成员越来越多的时候。对于以经营企业为主的高净值家族来说，兄弟姐妹一起打拼的现象比较常见。当有两三个小家庭参与到家族事业中后，就需要家族治理规则约定好不同家族成员之间的权、责、利。

第三，当家庭合族、制定族谱的时候。一些来自同一个地区、拥有同一个姓氏的人，会尝试着开展“寻根活动”，组建起家族甚至是宗族，在重要的节日举行宗族活动，因此便需要制定家族或者宗族的治理规则。

（二）由谁制定家族治理规则

家族治理规则如果想顺利出台，往往需要一个强有力的推动者。这个推动者，也就是家族治理规则的制定者。根据我们的经验，家族治理规则的制定往往有以下几种情况：

第一，由大家长、企业家本人主导制定。家族企业的实际控制人、家族的大家长，在家庭甚至家族中往往拥有较高的权威和领导力，由其主导制定家族治理规则，往往能够获得家族全体成员的同意。

第二，家族主要成员协商一致，共同制定家族治理规则。在父子、夫妻或兄弟姐妹共同打理家族企业且每人的话语权不相上下的时候，往往一个人无法推动制定治理家族企业规则。这时候，通常需要几个主要的家族成员协商一致，共同推动制定家族治理规则。

第三，由外部律师或专业咨询机构主导制定。对于制定家族治理规则这件事，其实很多家族在内部并不能达成一致意见，这时候，往往就需要借助“外人”的力量推动。律师或者其他专业人士介入后，不仅可以从形式上让其他家庭成员知道，制定家族治理规则不只是部分家庭成员心血来潮说说而已，还可以对其他家族成员进行思想观念的教育。很多时候，“外人”的意见和想法往往比家人的意见更容易让人接受。专业律师往往逻辑较为缜密、经验较为丰富，且精通法律制度，能够制定出较为合适的家族治理规则。

（三）家族治理规则的效力

家族成员在“家族宪章”、家族委员会议事规则等文件上签字认可后，根据我国《合同法》的相关规定，这些文件就有了类似于协议的法律效力，只要不存在违反法律法规强制性规定的内容，一般就可以受到法律的保护。只不过，家族内部的相关治理文件，往往仅在家族内部具有法律效力，无法对未在家族治理文件中签字的人产生约束力。

（四）“家族宪章”

1. “家族宪章”概述

“家族宪章”是指由全体家族成员签署表示愿意受其约束，

对家族精神、家族成员行为准则、家族教育、家族传承、家族财产使用、家族发展规划等家族事务作出正式约定的文件。“家族宪章”以较为成熟规范的形式来落实家族治理各个层面的内容，亦可称作“家族宪法”“家族章程”等。

“家族宪章”一般会载明家族的历史、精神文化及发展目标，这些宣誓性质的内容一般放在“家族宪章”的序言或者开篇处。“家族宪章”的核心内容是关于家族如何治理的原则性规定，一般具有可操作性，主要包括鼓励措施、禁止行为、家族委员会的产生、家族财产的使用与分配、家族慈善如何开展等内容，一般放在“家族宪章”的中后部。

2. “家族宪章”的具体内容

“家族宪章”通常包括以下内容：

（1）对家族历史的梳理。在“家族宪章”开头梳理家族发展轨迹，有助于家族成员了解家族历史与家族精神的来源，从而更加认同家族的价值观。

（2）家族精神与家族发展目标。相较于家训家规，“家族宪章”中的家族精神历经讨论、总结与签署，更加具有约束力。一般来说，家族企业发展目标与家族精神一致或直接来源于家族精神。

（3）家族成员的确定。家族成员确定的实质是将家谱转移到固定的正式文件，即“家族宪章”上。通过家族成员的确定，每个人对自己血缘来自何处会有更深刻的认识。同时，家族成员的确定也可在另一个角度确立一定的退出机制。例如，对不认同家族精神、采取对家族不利行为或“家族宪章”中规定的禁止行为的人，可取消其家族成员资格，以增加家族凝聚力、塑造统一的对外形象。

（4）家训。作为家族精神更为具体的应用与延伸，家训不仅可以规定家族共同价值观，还可以对家族成员作出禁止性规定。例如，对有赌博、吸毒等行为的人，可规定取消其家族成员资格，以免个别家族成员损害家族整体利益。

（5）家族大会、家族委员会或家族议会的相关规定。“家族宪章”为家族治理机制或机构的设立与运作提供了一个更加正式的平台。例如，“家族宪章”可规定家族委员会成员的产生、权限、组成、表决方式、任期、报酬等细节。

（6）家族的传承。家族传承也是“家族宪章”非常重要的一部分内容，一般包含无形资产和有形资产传承两部分内容。无形财富的传承，一般包含鼓励后代求学以增加家族人力资本的价值，家族接班人的遴选、培养机制等规定；有形财富的传承，一般包括对家族财产分配的原则性规定等。

（7）家族的教育。有的家族特别看重家族教育的价值，除了规定给予全部家族成员教育资金支持、奖励之外，还会单独约定由外聘专业人员对家族后代进行授课、各方面能力的培养等，以补充学校教育的不足。

（8）家族企业管理事项。家族企业脱胎于家族，有赖于家族坚持不懈的经营，因此“家族宪章”有理由也有必要对家族企业负责人、家族成员在家族企业的任职、家族企业股权管理、利润分配等具体经营事项作出明确约定，以保证家族企业与家族一同发展壮大。

（9）“家族宪章”的生效及修订。“家族宪章”可以全体家族成员的签署为生效条件，或者约定对不签署者不生效。

胡氏家族的“家族宪章”：为家族企业两百余年的传承保驾护航[①]

胡开文墨业的创始人胡天注年少时在墨店当伙计，因忠厚实干被墨店老板招为女婿。后来，胡天注先是租赁了别人的墨店试水经营，而后继承了岳父的墨店。胡天注共有八子，在面临分家、分产与继承问题时有更多选择也有更多风险。

为保护家族企业，胡家的胡天注、胡余德先后订立阄书用以分家和维系产业并流传至今。阄书是中国过去分家分产的契约，胡家在阄书中规定了分家分产的原则，实质上将“家族宪章”注入其中。胡家阄书中的原则可总结为“分家不分店，分店不起桌，起桌要更名”。具体而言，分家原则

① 周生春、陈倩倩：《家族商号传承与治理制度的演变——以胡开文墨业“分产不分业”为例》，载《浙江大学学报（人文社会科学版）》2014年第3期。

上“诸子均分”；分产上“不分业”且“分店不起桌（制墨），起桌要更名”。即，家产由每个继承人平均继承，但家族企业不均分，只由个别家族成员继承并掌握经营权；如果其他家族成员也想从事墨业，必须另起炉灶，不能用胡开文的名号。

首先，“分家”的规定有效避免了家族内斗。作为财产的“大头”，几十年甚至几代人积累下的家产远比墨店的产业宝贵。将家产平均分配，可避免因家产分配不均导致被继承人身故后各个继承人之间彼此不服，陷入危及家业的内斗。

其次，阄书中的规定实质上体现了家族财产所有权与家族企业经营权的分离，客观上对家族商号起到了良好的保护作用。在指定家族企业继承人的情况下，被指定者一般是对家族企业有一定了解与规划的接班人。如果任凭所有或大部分继承人共同享有企业的经营权，或任其随意开设分号，那么家族成员个人的经营理念可能会影响家族企业的名声、产品质量。

最后，由于继承人有限，胡氏家族采用了聘用外部经理人协助经营家族企业的模式。胡氏家族不仅在外地分号聘请非家族成员的职业经理人，在徽州本地也采取如此做法。

在胡氏先祖的祖训指导下，加上胡氏家族一向对产品质量的严格要求与高效管理，胡开文墨业在经历一定时间的发展后在徽州墨业四大名家中独占鳌头。

（五）家族议事规则

家族议事规则是“家族宪章”的配套文件，是对“家族宪章”的细化，辅助“家族宪章”的落地和家族事务的执行。家族议事规则一般也需要家族成员投票通过或签署同意，具有程序上的正当性与合法性。家族议事规则规定的主要内容就是家族成员如何开会，包括何人有权列席会议并作出表决、开会的基本程序、议决哪些事项、需要的表决权比例是多少、决议如何执行、谁负责执行等。家族会议之于家族的重要性，不亚于公司的股东会、董事会会议之于公司的重要性。

在家族大会上，一般全体家族成员均需要列席和参与，被取消家族成员资格者无权参加家族大会。在家族委员会会议上，一般只有家族委员会中的人才有权出席和表决，家族议事规则可更加细致地规定最低出席人数、家族委员会成员当选的最低票数、任职期限、何种情况下可以剥夺其家族委员会成员的身份等，以提高决议的专业性，并保证决议与家族利益一致。

此外，无论是家族大会还是家族委员会，它们决议的具体事项、通过一项决议应达到的表决权比例，一般也是在家族议事规则中明确的。

需要由 X 家族委员会决策的事项有：

(1) 家族财产的管理、运营和引入投资顾问。

(2) 组织家族聚会，安排家族各项集体活动，包括旅游、为家族成员购买医疗保险等。

(3) 协助调和家族成员之间的矛盾、处理家族成员的民事诉讼纠纷，处理纠纷时可以委托律师参与。

(4) 家族成员的教育金、生育金及其他费用的拨付。

(5) 家族成员婚丧事务安排、年满59周岁成员的寿宴的安排及对老弱病残的帮扶等。

(6) 决定家族成员的奖励和处罚。

(7) 家族成员创业资金支持。

(8) 家族慈善工作的立项及拨款。

……

以上家族事务，由二分之一以上家族委员会成员表决同意方可通过。

作为议事规则的辅助部分，家族会议的流程和程序也是需要规定的内容。例如，何时何地定期召开家族会议、在何种情形下可临时召开、议题包含哪些内容、如何提出新的议题、会议召开通知、召开方式、表决权计算、是否能弃票以及何种情况下应当弃票或回避、会议记录与议事规则的效力、议事规则的修订和解释权，等等。作为“家族宪章”的重要辅助文件，家族议事规则一般都是与“家族宪章”同时制定和生效的。

三、家族治理制度的落地与执行

一般来说，家族掌门人无法通过一个人的力量去执行所有的家族决议，因此，在有家族委员会的情况下，家族委员会中的成员要协助家族掌门人执行家族决议。对于特别大的家族来说，还可以在家族委员会下面设立执行委员会，专门负责执行家族决议。

假设家族委员会中有五个人，那么每个人都需要从“家族宪章”中认领自己负责执行的板块：比如，有专门的家族资产管理负责人，来执行家族的财产调度方案；有专门的家族教育计划负责人，负责家族培训的开展、讲师及授课内容的选择、授课时间地点的安排等；还有专门的家族慈善捐赠负责人，负责对接慈善机构、捐出家族或企业的财产等。

此外，家族事务异常繁杂的，还可以考虑聘请专门的工作人员负责日常联络。比如，掌门人可以聘请私人秘书，家族可以聘请财务顾问、保险顾问、法律顾问等，以辅助家族事务的开展。每一项家族决议，最终都必须落实到专人身上执行，执行不到位的话，家族的治理规往往会沦为一纸空文。

对于希望家业永续、基业长青的高净值家族，以及其他有传家需求的家族来说，家族治理是一个家族不得不修习的基础本领。家族治理得好，家族企业才拥有稳健、长久发展的基础，家族才可能代代相传。

第五部分

家族传承的道与术

中国的企业家，特别是民营企业家，

对待传承的问题关注的并不仅仅是财富的传承。

更重要的是，自己辛辛苦苦打下的基业和事业需要有人去接手，

而其中重要的就是精神的传承。

——易中天

近些年来，中国的企业家在积累了一定的财富后，不再将目光局限于如何赚更多的钱，而是开始关注如何把自己积累的财富传给下一代。家族传承不仅指物质财富的传承，还包括文化等精神层面的传承，其中精神的传承甚至远重于物质。

第一节
家族传承之道

很多人谈家族传承，认为只要把家族的财产给到下一代，就完成了传承。其实不然，传承之所以区别于继承，成为近些年来企业家群体高度关注的家族事务，就在于如果仅是完成财产的传递，并不等于完成了家族的传承。家族的传承，最重要的在于家族的精神、文化和价值观的传承，家族的精神、意志的延续才是家族传承繁衍的脊梁。而财产传递只是家族传承中的一个侧面，也是最容易实现的侧面。家族精神层面的传承，往往需要通过长时间、不间断的家族教育、言传身教等来实现。这也是为什么家族传承的落脚点，首先在于上一辈人的“传”，其次才在于下一辈人的“承”。

一、破解传承的密码

家族是一个静态概念还是一个动态概念？如果只单纯考虑当

代家族成员的眼前利益，而且不对未来作任何的规划，那么家族就是一个静态概念。一旦以整个家族为单位，以历史和发展的眼光看待家族，那么家族就是一个动态概念。这是因为长期来看，家族成员的组成、家族事业和家族资产的管理总是处在动态变化中。家族繁衍过程中，必然涉及家族财富、家族精神的传承，这始终是一个无法绕开的话题。

（一）传承是传统的延续

事实上，“传承”这一词汇古已有之，并不是现代人的发明。甚至可以说，自有人类社会以来，传承就一直存在，人类通过传承实现繁衍进化。毫不夸张地说，我们今天拥有的一切都是传承的功劳。国学大师季羡林曾说，“如果人生真有意义与价值的话，其意义与价值就在于对人类发展的承上启下、承前启后的责任感”。

中华民族上下五千年的优秀传统文化，能够被后人所学习和景仰，都要归功于传承。如果没有良好的传承，这些世世代代形成的优秀文化就无以延续，这些宝贵精神财富的流失对家族、对社会无疑都是损失。

以孔氏家族文化的传承为例，孔氏家族创始于先祖孔子，其后代恪守家学，著书立说，传承了孔子的思想和行为，形成了世代相传的家族文化，为中华民族传统文化的传承与发展做出了卓越的贡献。孔氏家族重视教育，创办私学，首开私家讲学之风，将《诗》《书》《礼》《乐》的知识传授给弟子和后代子孙。后世以孔子思想为代表的儒家思想更是成为古代社会的正统思想，影响了千千万万的普通百姓和中国家庭。礼乐制度和孝道文化等内容因而在中国文化史上占据了重要地位。

事实上，从孔子初创儒家学说，到儒家思想被汉武帝独尊，成为封建社会统治者大力推崇的文化传统，前后经历了三百多年。如果没有孔子后人及弟子长达几百年的坚持，没有孔子的后人积极传承孔子思想、家族遗志，儒家学说很可能无法成为中国古代的主流文化思想并延绵至今。

（二）传承凝聚家庭和社会

在中国这个有着悠久“家文化”历史的国家，家国观念十分浓厚，无论伦理纲常、风俗习惯，还是社会组织、治业兴邦都是以家庭为基础的。家庭是社会的细胞，实现家族后代美好生活的努力是社会良性发展的基础。保障家人的幸福生活及后代的良好教育，激励后代自立自强、造福社会，是家族发挥社会价值的重要体现，是每个家庭共创美好社会的基础。①

家族传承是一个内化、传递家族精神与财富的过程，也是塑造家庭与社会凝聚力的过程。从家庭层面来看，在家族传承过程中，家庭成员之间慢慢形成了统一的价值观和人生追求，逐渐凝聚共识。从社会层面来看，被代代相传的优质家族精神在小范围

① 泓涓、周芷涵：《家族传承的使命》，载《银行家》2018年第12期。

内得到推崇，在大范围内为人所知，对整个社会有一定的积极作用。以前文所述的孔氏家族为例，其富有影响力的家族精神可作为社会层面的典型与模范，成为更大范围内不同家庭学习的对象，从而形成社会凝聚力。

对于大名鼎鼎的洛克菲勒家族，其家族精神已成为社会范围内的共识，成为塑造社会凝聚力的强有力推手。洛克菲勒家族的家族精神中非常重要的一点是对慈善事业的投入。老洛克菲勒做了很多慈善：他从做售货员时起，一直保持着捐赠10%的收入的习惯。在他建立起商业帝国后，更是创建了著名的洛克菲勒基金会，旨在促进全世界人类的幸福。他的儿子小洛克菲勒更是认为家族财富与社会责任之间存在联系，认为自己的家族在获得财产的同时，也应担当更多的社会职责。最终，老洛克菲勒的想法与实际行动成为他们家族的家族精神并延续至今，现在许多医院、学校、研究机构和残疾人基金会等机构仍受到洛克菲勒家族的捐赠。洛克菲勒家族伟大之处就在于，他们家族坚持慈善捐赠的行为，让更多的人意识到并且认同富裕家族对社会负有责任，在美国乃至世界范围内推动形成了富豪从事慈善的共识。比尔·盖茨也认为，“剩余财富最好的用途就是回馈社会”。①

① 张淼：《比尔·盖茨：从科技企业家到慈善家》，载新华网，http://www.xinhuanet.com/tech/2018-02/13/c_1122415956.htm。

（三）传承实现家业长青

无论是为了企业的长期发展，还是为了家族的持续繁荣，在日新月异的全球经济环境下，企业发展需进行长期、代际与超前的规划。以汽车行业为例，从20世纪初汽车问世起至今，汽车行业经历了许多技术革命，距今最近的一次革命为新能源汽车革命。如果汽车企业不提前二三十年作出研究某项技术的规划，就会在发展中落后于竞争对手。但是，一位企业的管理者能控制企业的时间总是有限的，而且管理者能强有力地带动企业发展的时间也是有限的。在这种情况下，如果管理者的意志与政策无法传承给继承人，企业的长期发展与繁荣就会失去一致性的基础。因此，家业往往依赖一代又一代的传承，尤其是在需要长期规划的实体行业。

传承对家族来说更是至关重要。一个家族要想基业永久、世代不衰必须通过传承来实现。只有通过世世代代的传承，家族与家族企业才能实现长远、持续的发展与壮大。

1. 传承促进家族发展

2020年5月23日，在记叙钟南山院士直面新型冠状病毒肺炎（以下简称新冠肺炎）与非典型肺炎（以下简称“非典”）的新书《还是钟南山》的发布现场，钟南山院士的儿子、广州市第一人民医院教授、主任医师钟惟德出席活动介绍了他眼中的钟南山。在钟惟德眼中，“他既是普通的人，也是严格律己的科学家。我们是普通的医学家庭。他的付出使得他对我们的病人、群众有更高的信任，这是我们作为家人值得骄傲的”。① 而在这个新闻背后，是一个医学世家跨越三代的不懈努力。

其实，钟南山出生在医学世家。钟南山的母亲廖月琴毕业于协和护校，是广东省肿瘤医院的创始人之一。钟南山的父亲钟世藩是知名的儿童医学专家，于1930年毕业于北京协和医学院，之后又取得美国纽约州立大学医学博士学位，曾任世界卫生组织医学顾问。钟南山的舅舅廖永廉也是医学博士、厦门医学界的翘楚，1957年，他首先在厦门发现福建省第一例钩端螺旋体病……

钟南山承继了医学世家的传统、救死扶伤的使命和医者仁心的价值观，长期从事呼吸内科的医疗、教学、科研工作。2003年“非典”暴发后，钟南山的治疗方法得到了世卫组织的采纳，他开创性地使用了非侵入性通气技术。2020年，一场波及全球的新冠肺炎疫情，使80多岁的钟南山再次走进普通百姓的视野，成为千家万户敬佩的英雄。从“非典”到新冠肺炎，钟南山一直站在抗疫一线，促成了国家多项政策法规的制定，更成为突发公共卫生事件中稳定民心的

---

① 《钟南山儿子谈父亲》，载微信公众号“钱江晚报”，https://www.wxnmh.com/thread-7072823.htm，最后访问日期：2020年5月26日。

科学家代表。

钟南山能有如此成就，与家族的教育和培养密切相关。可以说，钟南山是站在了家族的肩膀上，家族成就了他，他也使家族发扬光大。受到家族传承影响，钟惟德亦走上了医学道路，并取得了一系列成绩。其实，很多时候，父母的职业选择也会对孩子产生影响。比如，父亲是老师，孩子也是老师；母亲是法官，孩子是律师等。这种现象之所以普遍存在，就是因为“子承父业”传承的是家族的事业。

从工作性质的角度来看，传承意味着下一代人从事与上一代人相同或相似的工作。在一代人获得一定成功后，其可将对行业的洞察、人脉资源与工作技巧作为一笔巨额隐形财富交给下一代。如果下一代愿意拾起上一代留下的隐形财富，即可获得他人无法比拟的优势。更好的是，如果下一代在人生规划过程中一开始就懂得珍惜、利用这些财富，此家族就可在特定领域作为“世家”长久发展，将财富一代又一代地传递、不断扩大。因此，实现家族的长久繁荣与发展需要用传承来巩固，通过一代代人的努力来扩大优势。如果下一代能继承上一代创造或积累的财富、知识、人脉等资源，则更容易在相关领域获得成功，从而促进家族在相关领域的深耕。

2. 传承激发家族成员的责任感

对于每一个家族成员来讲，传承既是一种荣誉，也是其义不容辞的责任。在任何组织中，每个人都要找准自己的角色定位。只有每个人都清楚知道自己的角色和职责，恪守本分，各尽其责，组织才能有效运转。家族也是这样，只有家族成员有了清晰的定位，扮演好自己的角色，才能最大限度地发挥家族的力量，使家族有序、长远发展。

对新一代来说，老一代建立的基业、创造的家族名誉似乎是一项沉重的负担。如果其接手并做好了，在外界看来这也只是自然而然的“子承父业”；如果其没有接受或做得不好，外界难免会产生“家道中落”或“败家”的想法。既然家族发展与企业发展相互缠绕，那么新一代就至少有责任、有道义保证家族资产在自己手中平稳发展。传承能激发家族成员的责任感。在一位家庭成员认同自己是家族一分子后，他看待自己、看待家族的角度会与之前有所不同。

在优秀的家族传承案例中，家族成员都将传承作为自身的光荣的使命。洛克菲勒家族从老洛克菲勒开始，一直非常重视家族传承。老洛克菲勒知道富裕家庭孩子受到的诱惑比普通人家孩子更多，富人家庭的财富败起来也更快。在他看来，无论是家族的创业者还是守业者，要想拥有巨大财富且保持其总量不缩水，都必须具有高度的责任感。洛克菲勒家族的前两代老洛克菲勒和小洛克菲勒都有意识地培养后代们这种责任感。洛克菲勒家族的第三代尼尔森和劳伦斯在青春期曾每天出入于上层社会的宴会社交活动。一次，二人宿醉未归被老洛克菲勒抓住现行，老洛克菲勒十分生气，取消了二人连续7个星期的零花钱，使二人最后只能通过为爷爷工作来赚取零花钱。两人在劳动中从相互埋怨和推卸责任一步步走到了通力合作，最终在爷爷的教育下意识到了自己所承担的家族使命，成为合格的财富管理者与传承者。老洛克菲勒的妻子劳拉培养了小洛克菲勒正直无私的强烈道德感，并告诉他要肩负掌管家族巨额财富的重任。这些理念后来被小洛克菲勒整理出来，成为著名的洛克菲勒家族十大信条。①

传承是一份使命，是一种信念。如果每一个家族成员都将传承看作自身的一份责任、一项使命，将自己的命运和家族的命运紧密结合在一起，那么家族必将生生不息、代代传承。

二、家族无形财富的传承

家族精神、文化和价值观等无形财富，作为家族传承的重要载体，是家族延续的重要支撑，是一个家族的脊梁。家族精神及与之相关的无形财富是一种深沉而持久的力量，为家族及其成员提供了源源不断的内生动力。

① 纵横：《洛克菲勒家族的商业传承秘籍》，载《商业文化》2018年第27期。

香港李锦记集团第四代掌门人李惠森曾说："李锦记传承100多年，我们的家族传承的不仅仅是财富，更传承了理念。我们运用思利及人的理念，实现了家族治理'我们大于我'的局面，把家族治理得很好，如今已经传承五代，打破了富不过三代的谶语。"

当前，家族传承亟须由"物质财富"进入"精神财富"的新阶段。有调查显示，高净值家族都逐渐认识到精神财富、无形资产传承的重要性，意识到单纯的物质财富传承并不能破解富不过三代的魔咒，开始站在家族治理的新高度全盘考量物质财富、家族企业和精神财富的传承。企业核心价值、政商人脉关系、管理领导方式、家族慈善等被纳入家族传承的视野。[①]

（一）家族精神

许多传承多代的家族有家族格言，而这格言事实上就是家族精神的化身。所以，有人将家族精神比作"传承之魂"一点都不过分。中国有古训："道德传家，十代以上，耕读传家次之，富贵传家，不过三代。"若没有道德等无形财富，只传给后代金钱，则家族传承难以超过三代。可见，家族精神是支撑家族世代传承的重要力量，家族精神是家族之根、传承之魂。甚至可以说，家族传承的根本是家族精神的传承。

① 郭党怀：《家族传承业务助推民营经济》，载《中国金融》2019年第3期。

家族要想找到优秀的接班人，第一步就是要培养出与家族思想、价值观等高度一致的家族后代，使家族历代坚守的精神品质在后代的身上得以延续。对于一个家族来说，家族精神是生生不息、一代一代传承下去的。每一个家族都会流传下来一些精神财富或者家族传统，有的会用文字将其记录在家族历史上，有的会通过言传身教一代一代往下传。家族精神的传承不仅对家族自身的延续和发展至关重要，也对整个社会的进步产生了巨大的推动力。

1. 精神传承是家族传承的必修课

台塑集团与海鑫集团的精神传承差异

台塑集团创始人王永庆出身贫寒，读到小学三年级便辍学，15 岁借钱开米店创业，凭借细心、节俭的经营策略一路奋斗，最终成为身价 68 亿美元的企业家。王永庆不仅在企业经营上奉行节俭的经营策略，在生活上也奉行节俭的作风。在子女教育上，王永庆将其奉行、重视的节俭作为家族精神传递给自己的儿女。[①] 王永庆的女儿、HTC 集团创始人王雪红早年于美国求学时，家里寄来的生活费总是刚刚好。王雪红不得不量入为出，住在图书馆里，这样既降低了生活

① 《富二代、首富和基督徒，王雪红的终场结语》，载微信公众号“互联网圈内事”，2018年12月27日。

费，又能通过阅读学习英文。按照王永庆的要求，王雪红必须写信报告自己的生活状态以及支出细节，“连买支牙膏也要写上去”，不然没有生活费。[①] 在父亲的教诲下，王雪红继承了家族的节俭精神、奋斗精神，创办了HTC集团。

海鑫集团曾为山西省资产规模超过40亿元的地方支柱企业。2003年年初，企业负责人李海仓在办公室遭枪杀。在爷爷的主持下，年仅22岁的李兆会在没有丝毫准备的情况下接替被枪杀的父亲成为海鑫集团的董事长，掌管家族巨额资产。与父亲布局钢铁实业的思路不同，李兆会大举进入投资领域。2014年春节后，疏于打理的海鑫集团爆发了危机：资金链断裂、负债累累、拖欠工人工资、炼铁炉陆续停产。随之而来的是海鑫工厂全面停产，对外负债与担保约为104.59亿元，企业负债率超过100%；李兆会本人亦面临10亿元左右的债务纠纷。在面临巨额债务压力的情况下，李兆会消失在公众视野中。[②]

与财富传承相比，更重要的是家族精神传承。王永庆将一生奋斗、打磨企业的精神抽象概括为对节俭、不铺张的精神要求，

① 韩宇：《私人财富保障与传承实务全书》，中国法制出版社2018年版，第346～347页。

② 彭彬：《山西前首富李兆会的14年：从身家百亿到债务缠身》，载《新京报》2017年12月18日，第B01版。

并传递给王雪红。这种量入为出的家族精神深深刻在了王雪红心中，影响了后来她创办、发展 HTC 集团的过程。虽然王永庆去世后，王雪红未继承王永庆的巨额财富，但她传承了来自父亲的一系列关于企业发展的家族精神。这些精神甚至比王永庆的物质遗产更加珍贵。

公允而论，李兆会改变家族企业的发展模式也许没错，但罔顾家族历史、一头扎进自己感兴趣却不熟悉的领域对家族发展造成了不容忽视的危险。这一问题的根源在于，李兆会仅接手了家族资产，未接受家族精神的传承。海鑫李家的优势部分在于其在钢铁产业的精耕细作，部分在于李兆会父亲关于家族企业发展的经验、想法。对未经思想传承的李兆会来说，“父亲留下的海鑫钢铁是负担，但最终还是选择了接班”。他选择按照自己的意愿与想法处理这些“负担”，最终造成了海鑫集团破产、李兆会个人失联的结局。因此，单纯的家族资产管理权或所有权的交接不足以保障家族长期发展，甚至有可能将家族命运推向深不可测的悬崖边。比财富继承更重要的，是思想、价值观等家族精神层面的传承，这也是财富继承的前提。

2. 以德传家的精神传承

品德是精神传承的基本内容，决定着一个人能走多远。对于家族来讲，品德即品行，影响着家族未来的发展道路。日本大阪寺庙建筑企业金刚组现已传到第 40 代，有 1400 多年的历史，成为胡润全球最古老的家族企业榜第一名。肯尼迪、福特、洛克菲勒、福布斯等家族，也都没有三代而衰。这些名门世家都有家族精神传承下来，成为一个家族的家训。这些家训基本上都是以德为基调。

在中国，很多家族的家训都离不开传统文化中“德”的教育。从历史上的孔孟之家到现代的伟人名人，无不以道德作为家训传承。“三代才能培养一个贵族”，这里的“贵族”不仅意味着一定的经济地位，更是指一个人身上体现的气度和修为。这种气度和修为通过一代又一代的道德教育，体现在门风家风中，成为一个家族的符号和象征。

华贸集团的慈善道德精神

长三角地区著名的华茂集团创立于 1971 年，创始人为徐万茂。华茂集团以竹编工艺品起家，20 世纪 80 年代开始接触教学用具生产，90 年代一脚迈入办学大门。目前，华茂集团已发展为以生产教学器具为基础，以办学为增长点，同时兼营国际贸易、房地产与金融业务的综合性企业，资产超百亿元。关于家族实业的继承，徐万茂公开表示，是否将集团交给儿子徐立勋不取决于自己的想法，而是取决于儿子徐立勋是否能学会一些做人的基本道理，“至于他下一步是否来继承华茂这个事业并不重要”。从 2000 年为救场开始涉足企业经营管理起，徐立勋克服了一系列困难。徐立勋提出，

> “华茂是属于社会的，我们就是社会资产的保管员的来源，华茂是属于社会的，我们只是为社会做事情”。2008年，徐氏家族成员共同签订了《徐氏家族共同协议》，设立了华茂教育基金以管理家族财富。徐家父子及其他家族成员一致同意，徐万茂持有的华茂集团82%的股份仅作慈善用途，而不由徐立勋或其他家族成员继承。①

的确，德是做人的根本。一个人只有德正了，身才能正，身正了，行才能端。以德传家才能兴家，把美好的道德作为家训传承下来，让这种美德成为家族的魂。后辈子孙的内心根植了家族中前辈的人生智慧和处世艺术，在以后的为人处世中秉承祖辈的训诫，做人做事的时候就不会出格。

（二）家族文化和价值观

人若没有正确的价值观引领，面对各种诱惑就非常容易误入歧途，对于家族来说亦是如此。家族的荣耀，实际上并不仅仅取决于家族的财富，还取决于家族的口碑、形象，而家族文化恰恰是培育家族形象的关键。一个家族要想基业永续、传承万代，良好的文化建设必不可少。

---

① 徐立勋：《家族企业就是家族文化的传承》，载哈佛商业评论，https://www.hbrchina.org/2015-10-23/3512.html。

1. 文化和价值观是家族的特色

家族就其愿景、价值观和基本的行为准则所达成的共识，是管理家族的基本准则。成功的家族都以成熟的家族价值观来约束家族成员行为、管理家族成员关系。罗斯柴尔德家族之所以能够做到基业长青，是因为老罗斯柴尔德的根本价值信条——团结被传承下来。李锦记家族传承一百多年，成为华人世界成功传承的典范，要归功于从第三代开始确立的“思利及人”的家族价值观，以及关于家族事务的各项准则与政策。

每个家族的文化和价值观不尽相同，不同的家族孕育和传递不同的价值观。文化和价值观传递的是每个家族的特色，也是每个家族的独特标识。

雅诗兰黛家族传承美的文化①

发轫于20世纪的美国化妆品界的众多家族企业，大多已在竞争中消亡，仅存的几家企业也都曾几易其主，只有雅诗兰黛家族至今还牢牢掌控着公司。这与雅诗兰黛家族传承美的文化和价值观分不开。

一个时尚品牌的艺术性，是维系其持续发展的重要基因。其艺术表现的精湛与否往往决定品牌的实际影响力。雅

① 程良越：《雅诗兰黛家族传承的锚定效应》，载《经理人》2020年第2期。

诗兰黛公司除了在产品模式上谋求标新立异、颠覆传统，在创意表现的艺术感染力和精神价值方面同样独树一帜。这种对品牌核心价值的“锚定”，离不开公司创始人雅诗兰黛夫人的“初心”。在美国，雅诗兰黛夫人是一个标志性的企业家。她生活在纪梵希、香奈儿、迪奥、巴黎世家和全球无数个设计师塑造最新时尚的时代，从自己居住的城市——精致和充满活力的纽约中汲取灵感，并通过与法国南部、英国伦敦和棕榈滩等地区的时尚生活保持链接，以及参观世界各地的博物馆和美术馆、参加时装秀等各种形式的探索活动，在了解市场顾客及其各自的文化特征的基础上，创立了以自己名字命名的品牌。今天的雅诗兰黛绝非只是一个时尚的代名词，更代表了现代女性的一种精神气质：每一位女性都可以由衷地表现出自信的一面，成为自己想要成为的人，成就自己想要实现的梦想。

就像雅诗兰黛夫人所说的：“每一个女人都可以拥有美丽。”凭借与生俱来的美丽天赋与敏锐的洞察力，怀抱着将美丽带给无数女性的执着信念，雅诗兰黛夫人建立起了全球化的化妆品帝国。至今，雅诗兰黛集团已成为世界领先的护肤品、化妆品、香水和护发产品制造商和营销商，产品销往150多个国家和地区，旗下的知名品牌包括雅诗兰黛、阿拉米斯、倩碧、悦木之源、魅可、芭比波朗、海蓝之谜和艾凡达。

> 雅诗兰黛夫人曾说，她的蓝色美容帝国将永远是一个拥有爱和灵魂的公司，“我的家族将继续致力于传承美的信念与使命”。雅诗兰黛家族三代掌门人始终如一，坚守并传承着雅诗兰黛品牌关于美的信念与使命。一路走来，雅诗兰黛已成为全球顶级美妆品牌的领导者。雅诗兰黛家族的三代掌门人，用这种方式完成了雅诗兰黛家族企业传承美的信念与使命。

雅诗兰黛家族正是在美的文化和价值观的熏陶下不断壮大，最终成为行业的佼佼者。

2. 价值观支撑家族的长远发展

家族的价值观也是支撑家族长远发展的重要力量。那些一开始就将代代相传作为目标和使命的家族都比较长寿。有人在研究长寿企业的过程中，发现了不少表面上看似非常安于现状却能够长期生存的企业。国际上长寿家族企业有许多来自两类行业，一类是手工艺品制作，另一类是从家庭酿酒发展而来的各种特色酒类制造。它们属于工匠型家族企业，一般由工匠创立，规模较小，代代相传。这两类行业充斥着大量秘密配方和工艺，因此，防止这些秘密泄露出去就显得尤为重要。防止工匠跳槽和技术外泄的一个绝佳方法是把那些核心技术秘密仅传授给子孙后代，这就使代代相传成为此类家族企业的本质特征之一。在维护技术和商业秘密方面的先天优势，使家族企业易于在这两类行业得以建立和传承，因此也造就了一大批长寿的家族企业。

这些企业的规模和影响可能有限，但是其能长期坚持，乃至代代相传。这些企业背后的家族不为暂时的诱惑所动摇，在小企业中追求永恒。虽然这些企业规模不大，传承的财富并不那么多，但是这些企业的精神传承内敛而持久。成功持久的家族企业往往会花大力气来定义和培养家族和家族企业的使命感，这些家族企业经常讨论的问题有：为什么我们要做这个产品或服务？为什么我们要如此辛苦地工作？我们依靠什么来获得顾客和社区的尊重？我们的接班人理解和认同这一使命吗？如果自己孩子不认同企业的使命，是否还要把企业交给他呢？[①] 也正是在这样的价值观追求之下，企业提供的服务不断进步，支撑企业不断发展壮大。

美诺家族追求极致的价值观

美诺是一家来自德国的家族企业，经过100多年的发展，秉承着“追求极致，永不妥协”的价值观，已成为世界上质量最佳、最精密可靠、最值得信赖品牌的代名词，是唯一遍布世界五大洲的顶级家电品牌。

最令人充满敬意的是美诺两个创始人家族长达100多年

① 陈凌：《家族企业传承从培养使命感开始》，载《经理人》2018年第10期。

的友谊及持续的共同经营，这被称为“永不离婚式的合作”。1899年，卡尔·米勒和莱因哈德·辛肯创立了美诺。作为一家家族企业，直至100多年后的今日，美诺依然由两个创始人的家族共同经营。第一代米勒负责技术，辛肯负责营销。到了第三代，则由米勒负责市场，辛肯负责技术。现在到了第四代继承人，辛肯回归市场领域，研发则由米勒牵头。即使身份轮换，两个家族始终坚持的是产品的高端和品质，力争做出全世界最好的电器。①

“我觉得两人合作就像结婚，我们有共同的目标，追求最好的产品，并做到永不离婚。”莱因哈德·辛肯如此形容家族化合作。两个家族有个不成文的约定，如果遇到无法协调的分歧便开“家族会议”，由两个家族共同决定。但从第四代接班人接手至今，从未开过“家族会议”。这两个家族共同治理的模式堪称家族企业的典范，其中最为重要的无疑是他们持续追求、长期坚持的企业价值观和使命，而且，这种价值观对他们而言已经成为一种信仰。这种信仰在两个家族之间不断传递，在家族世代之间传承，成为家族传承的核心。

（三）家族品牌

家族品牌的延续也是家族传承的重要内容，许多传承成功的

---

① 韩宇：《私人财富保障与传承实务全书》，中国法制出版社2018年版，第293页。

家族都有家族品牌。一个好的家族品牌对家族甚至整个社会来说，都是一笔宝贵的财富。家族品牌传承得好，除了能塑造良好的家族形象和企业形象，还会为家族和企业带来附加价值。许多传承至今的老字号，都是依靠家族品牌的传承实现了持续发展。

雷允上的家族品牌传承

“雷允上”是著名的中医药中华老字号品牌之一，到过或者生活在江浙沪一带的人都听过这个品牌，现在苏州和上海的许多医药公司都在使用“雷允上”的字号。素有“南有雷允上，北有同仁堂”之说。“雷允上”通过树立和打造老字号品牌，专注于中医药领域三百多年，成为行业的先行者。

“雷允上”创始人雷大升，字允上，是中国中医药代表门派“吴门医派”的重要成员。1736年清朝乾隆年间，雷允上开始挂牌行医，设诊所于诵芬堂内。雷允上用尽毕生精力经营诵芬堂达45年之久，在其行医卖药的生涯中，民众把“雷允上”医名和“诵芬堂”铺名连称。之后，民众大多只知“雷允上”，而不知“诵芬堂”。至此，“雷允上”的品牌就算树立起来了。雷允上逝世后，雷氏家族继续开设“雷诵芬堂申号”药铺，还开设了许多分店。

“允执其信，上品为宗”是“雷允上”一直以来坚持的品牌文化。对于品牌的传承与发展，雷氏家族始终坚持以

“基于三百年吴门医派传承，让当代大众活出真健康”的品牌使命为导向。在品牌信念传承上，雷氏家族表现出以下特点：第一，“雷允上”坚持行业领导，通过举办中医药学术交流和传播活动，让大众了解“雷允上”所属的吴医的疗效和精神，提升中医药对大众的感召力，进一步促进了行业的发展。第二，不忘本。“雷允上”秉承传统，专门研究中医医学和药理，始终在中医药领域发光发热。第三，持续创新。“雷允上”在对中国人体质了解的基础上，针对消费者的生活习惯和体质需求，不断创新药物和服务。第四，惠及大众。“雷允上”制作的是百姓药，坚持弘扬“以人为本”的精神，以专业的服务践行“聚百草，泽万民”的承诺。

正是在这样的信念之下，雷氏家族的“雷允上”品牌历经300多年而不衰，在国家大力发展中医药的今天，更是与时俱进，在中医药领域焕发出新的生机和活力。

简言之，家族品牌犹如一个家族的“面子”，家族要传承得好还需要依靠家族精神、产品质量、服务品质等“里子”。只有“面子”和“里子”相辅相成，才能共同支撑起家族的传承。

（四）政商关系

政商关系作为重要的无形财富，现在越来越受到企业家的重视。马云曾经在一次大会上形象地论述到，“新型的政商关系既要清清白白，又要亲亲热热”。冯仑也曾经说“企业家要想荣耀一生，政商关系是必须得处理好的”。从中，我们不难体会到政商关系的重要性。

在中国经济市场化转型过程中，政府部门在资源分配过程中处于优势地位。对于透明公开的优惠政策，与当地政府部门沟通良好的企业家，更有可能正确领会优惠政策的含义，从而做出符合政府导向的决策。因此，政商关系等非正式沟通制度通常成为正式制度的重要替代机制。①

以霍英东家族为例，霍英东家族在传承的过程就很重视政商关系这一环，借助家族和政界的良好关系，促进了家族的发展壮大。

> 霍英东的一生努力拓展他的社会网络，累积起充沛的政治资本，并广受社会各界尊重。对于政治资本的跨代传承，霍英东早已有了全盘计划。对于长子霍震霆，他早在20世纪70年代协助新中国政府重返国际体育舞台的过程中，要求霍震霆从旁参与，令霍震霆对从事体育事业工作产生兴趣。他又利用香港足球总会的舞台，推动霍震霆继承自己的体育事业，成为香港足球总会会长。1997年，霍震霆开始担任中国香港体育协会暨奥林匹克委员会会长，并成为香港临

① 周立新：《家族企业国际化与企业绩效——家族传承意愿与政治关系的调节效应》，载《管理评论》2019年第9期。

时立法会议员；1998年，霍震霆循体育、演艺、文化及出版界别成为香港立法会议员至今。霍震霆任内积极协助北京申办及主办2008年奥运会，以及主导香港申办亚运会及主办东亚运动会等工作，成绩有目共睹，不负父望。这些努力，外人看起来不经意，然而，霍英东、霍震霆和他的家族却付上一辈子努力为中国体育界和整个社会争取，这些付出，实在难能可贵。作为霍英东的长子嫡孙，霍启刚不但被家族企业霍英东集团聘任为副总裁，亦成为中国香港体操总会会长及中国香港体育协会暨奥林匹克委员会义务副秘书长，颇有传承父辈体育事业的影子。

作为家族企业CEO的霍震寰，当霍英东在任香港中华总商会会长期间，他已要求霍震寰加入其中，从事青年及培训委员会等工作，协助内地经贸管理人员来港实地考察、了解香港经济情况，借以获得市场经济运作的宝贵经验。香港回归后，霍震寰更由司库晋升成为最年轻的会长。霍震寰在位期间，因应社会政治环境的转变，积极扩大香港中华总商会的会员来源，由过去的买卖国货、在内地有紧密贸易来往的商人为主，扩大为本地传统华资及与华人世界均有生意往来，而且是年轻、爱国，并且受过高等教育的商人。他又推动香港中华总商会接任世界华商大会秘书处的责任，使香港中华总商会成为世界华商联络的中枢，可见霍震寰在继承父业之余，亦见更新制度。霍震寰今时今日在政府内的职位，不仅依循其父的发展轨迹，更能出任只有个别香港人能担任的中华全国工商业联合会副主席，这在很大程度上与霍震寰在香港中华总商会和培华教育基金会的贡献有关。

霍英东以霍震霆传承他的体育事业、以霍震寰传承他的教育培训事业和商业人脉关系，这都是他一生的重要政治资本，分工非常清晰。再配合家族企业的股权分配来看，霍英东的确在财产分配之外，同时亦进行权威的传承，目的在于确保个人的目标和理想得以延续之余，亦希望家庭资源传递得以稳定，以避免出现财产和权威进行异质传递时出现效果上的落差。霍英东的深思熟虑，值得他的后人学习。①

相信无论在哪一个国家，企业家都不会忽视政府作为一个信息渠道、资源分配者的角色，并与之保持良好关系。

首先，也是最重要的，针对企业家的信任，不代表无条件对企业家继承人的信任。政府部门之所以相信某位企业家，是因为政府部门相信该企业家有良好经营企业、带动当地经济发展的优秀能力。这种能力往往与背景经历、韧劲、知识水平等个人化因素相关，难以单凭血缘传递。从这个侧面亦可知建立与传承家族文化的重要性。

其次，相对于家族企业，政府工作人员流动性较大。在存在

① 郑宏泰、周文港编：《家族企业治理：华人家族企业传承研究》，东方出版社2013年版，第235页。

职位纵向或横向调动的情况下，企业家与当地官员建立的纽带在稳固之际就有可能被扯断或淡化。

但是，传承政商关系亦非不可能：企业家可通过开拓新一代的政商关系为主、传承老一代的政商关系为辅，同时以家族精神作为保护新一代在商海航线道路上的罗盘。企业及父辈可带继承人认识从政的亲朋好友，这相当于为继承人建立属于自己的政商关系打开一扇大门，获得建立沟通机制的基础。从维系政商关系的角度来看，这也属于“传承”，传承的是建立良好合规政商关系的方式和方法，这才是更加可靠和持久的政商关系发展之道。当然，就新一代能否建立良好政府关系，具有一定的不确定性。家族精神或家族文化可为继承人在能力、性格等个人特质的延续性上提供一定的基础。

概言之，政商关系的重要性不言而喻，传递的困难度显而易见。目前企业家能为下一代做的，首要的是为下一代开拓属于他们自己的政商关系，其次才是传递自己已有的政商关系。

（五）家族成员认同感

家族成员认同感是家族在长期发展的过程中积累的重要财富。一般来讲，家族成员的认同感越强，家族的凝聚力也越强，越能约束和激励家族成员。在不同历史背景下，家族成员产生认同感的方式也不尽相同。有些家族通过领导人的权威自然而然地形成认同感，有些家族则是通过世代相传而形成的荣誉感来获得认同感和归属感。

1. 家族领导人的权威

家族成员认同感很大一方面来自家族领导人的权威。权威或威望指的是下级对上级的自觉服从以及自愿支持。面对令人心服口服的领导人，员工们往往乐于认同其权威。对于家族企业的企业主而言，权威指的是他对企业上下的控制和驾驭的能力，威望越高，则其调动员工和调度资本的能力就越强。一般而言，权威有三类：传统权威、合法权威和超凡魅力权威。传统权威是指建立在传统文化和默认惯例之上的权威；合法权威是指建立在法律、制度以及理性等之上的权威；超凡魅力权威是指建立在个人超绝的才能、高尚的品格和树立的榜样等之上的权威。我国家族企业的企业主一般都将这三者集于一身。首先，企业主通常是整个家族中的大家长，具有传统权威；其次，企业主是企业合法的所有人与管理人，具备了法律所赋予的合法权威；最后，领导人促进了企业的发展进步，其在领导岗位上所体现出的非凡的管理能力和独特的个人魅力深入人心，自然也就具备了超凡魅力权威。①

通常情况下，第一代创业的家族领导者在打拼的过程中与家族成员建立了紧密的关系，再加上其个人魅力就比较容易令家族

---

① 戴文哲：《论家族企业的代际传承与企业发展的关系》，载《现代营销》2019年第8期。

成员产生认同感。但是，当他们的子女从父辈手中继受权力时，就需要考虑如何将家族成员对父辈的认同感一并继受过来。换句话说，“创二代”如何培养自己作为领导者的权威，直接关系着家族成员能否对其产生认同感。

2. 家族的历史和荣誉

认同感的重要性在于，其能消除不同家族成员之间的误解或偏见。例如，有的新一代认为，老一代所从事的实业“落伍”了，对于这样的家族资产没有继承的必要；有的老一代认为，新一代在能力、阅历或想法上总是有不足或“不着边际”的地方，不能将家族资产交由新一代来打理。产生此类分歧的原因是家族中的不同群体没有共同的想法。其实无论是小家庭还是庞大的家族，各成员想法一致、消除分歧都是一件非常重要的事。一旦家族的历史和荣誉为每个家族成员所接受、传承，家族成员在思考逻辑上就能够相互理解，就可以达到认同对方、消弥误解的目的。

在现代许多著名的家族企业中，家族企业员工对企业拥有强烈的认同感。大名鼎鼎的爱马仕家族的所有员工对爱马仕这一家族企业都有强烈的认同感和自豪感。比如，在医院看病被问及职业时，其他病人会说他们是秘书、工程师等，但爱马仕的员工只会说：“我是爱马仕人。”这简短的话语恰恰透露着爱马仕员工对家族企业强烈的归属感，而这强烈的归属感正是通过对爱马仕家族荣誉和精神的传承来实现的。

日本成功的家族企业也是如此，企业员工将自己与公司的事业和荣誉融为一体。比如，一个三菱公司的清洁工，若有人问他的职业，他并不会回答是清洁工，而是会说“我在为三菱公司服务”。员工这种服务奉献精神是强烈认同感的体现，在这种文化下，家族企业和其员工之间结成命运共同体。员工以企业为家，对企业忠诚。无论企业遇到何种困境，员工都会齐心协力抵御困难，这也是企业能够在竞争中立于不败之地的重要原因。

三、家族传承的主体——人

人作为传承的主体，在家族传承中发挥着核心作用。不管是对于家族的传承还是家族企业的传承来说，人都不可或缺。没有了“人”这一核心要素，传承就无从谈起。

回归传承的本意，有“传”才有“承”。简单地讲，父辈将基业传给下一代的过程才叫传承。在这个过程中，始终离不开家族成员这一角色。

（一）家族成员：最重要的人力资本

家族是由一个个家族成员及其他参与者共同建构起来的一个集体，这个集体共同为家族创造价值。因此，人力资本毫无疑问是所有其他家族财富的基础，也是家族持续兴盛的关键。

而家族成员尤其是家族后代在所有的家族人力资本中处于核心地位，他们是整个家族最大的财富。尽管其他参与者如家族顾问能够帮助家族成员培养他们的学识和技能，给出一些自己的专业建议，但是家族成员始终还是要凭借自己的判断来运用家族资源，并在家族面临挑战时作出重要决定。甚至可以说，家族成员的眼界和能力直接决定了家族未来的发展轨迹和方向。

除了家族成员之外，家族成员的社会关系对家族来说也是一笔重要的财富。家族成员的朋友、导师、生意伙伴等都是家族成员的社会关系，家族成员通过自身的努力建立和发展起来的这些关系，虽然并不一定处于家族之内，但是能够在一定程度上影响和帮助家族成员，从而以直接或间接的方式为家族带来财富、创造价值。①

因此，家族的传承不仅是家族成员的延续，更是家族成员社会关系的延续和传承。

（二）成员为本，工具为用

传承工具仅仅是家族财富传承的手段；家族成员拥有一致目标，团结进取，实现家族的永续发展才是传承的目的。随着家族信托、保险等传承工具的不断发展，越来越多的高净值家族选择

① 蒋松丞编著：《家族办公室与财富管理：家族财富保护、管理与传承》，广东人民出版社2014年版，第26页。

通过传承工具实现财富的妥善安排。但是，无论传承工具对财富如何安排，传承最终都要回归到家族成员这一主体的身上。只有家族成员团结一心，才能有效地促进传承工具的运用。如果家族成员出了问题，那么任何安全、周到、有效的传承工具都会失去作用。

梅艳芳信托传承的失败

梅艳芳出生于中国香港地区，是香港地区著名乐坛歌后及著名演员，平生获奖无数，声名遍布整个华人世界。她自幼丧父，由母亲抚养长大。她童年为贴补家用，被迫辍学，在歌厅和街头献唱，常常受人白眼和欺负。即便在长大之后，由于母亲好赌，哥哥又经商失败，她仍然不得不经常帮家人还债。2001 年，梅艳芳被诊断身患癌症。2003 年年底，在其生命的最后一个月里，考虑到梅母不善理财且有挥霍的习惯，而家中兄长均没有理财能力，梅艳芳设立了一个家族信托。

在梅艳芳设立的家族信托中，香港汇丰国际信托有限公司为受托人，梅艳芳的母亲和侄子、侄女为受益人。信托财产主要为现金，也包括一些不动产、股票和金融资产。梅艳芳遗产的具体分配方案是：梅艳芳母亲覃美金每月获 7 万港元生活费并安排一名司机和两名佣人，胞姐梅爱芳的两个儿子及兄长梅德明的两个女儿共获 170 万港元读书基金，好友刘培基获赠香港跑马地毓秀大厦及伦敦的两处物业，余下财产在覃美金百年后捐给妙境佛学会有限公司。同时，梅艳芳还要求家族信托的条款必须对所有受益人保密。

照理来说，这样的安排既能保证家人生活和教育所需，又能防止家族成员对财产的挥霍浪费，已经很周全合理。但是，让梅艳芳始料未及的是，梅母并没有如她所愿安享晚年，而是与家族信托受托人打了十多年的官司。她先后控告遗嘱执行人、主诊医师、遗产受益人等，不断控告信托公司，挑战信托安排的有效性，前后共打了十多场官司。

2012 年，梅母因无力支付高昂的诉讼费用，被法庭宣布破产。此时，她拖欠的租金已超过 20 万港元。2013 年，遗产管理人以 1.47 亿港元的价格出售梅艳芳位于南区寿山村道的故居，出售房产所得一大部分将用于支付梅母多年累积的巨额法院诉讼费及律师费。2011 年，终审法院裁判梅母败诉，此时梅母累积的律师费已高达 200 多万港元。

梅艳芳的信托传承安排不可谓不周到，但是却没有得到好的结果。究其原因，在于家族成员思想观念本身出了问题。梅艳芳母亲作为梅艳芳家族信托资产的受益人之一，没有理性看待传承安排，最终落得“两手空空”的下场。由此可见，传承工具要实现其预期效果还需要家族成员的配合。

（三）家族成员的教育

对后代从小进行家族传承教育不仅可以避免其长大后成为财富的奴隶，还可以助推家族文化的延续，这也是成功传承的家族都十分重视家族教育的原因。

一些家族企业主们缺乏居安思危的忧患意识和长远眼光，在其身体状况尚可之时，并不注重对于候选继承人的挑选和培养，任由子女们挥金如土，认为只需要提供充足丰裕的物质生活即可。但接班过程并不是他们所想象的一帆风顺，而是一个充满不稳定因素的长期进程，忽视教育的结局很可能是一败涂地。因此，高净值家族必须重视对家族成员的传承教育。

罗斯柴尔德家族的传承教育①

在世界金融史上有很多声名显赫的大家族、大财团，其中罗斯柴尔德家族是最为特别的一个：低调、神秘，经历传奇，对西欧乃至整个欧洲的政治、经济产生了深远影响。罗斯柴尔德家族的辉煌延续了两个多世纪，与普通家族"富不过三代"形成了鲜明的对比。在家族企业创始人梅耶·罗斯柴尔德的言传身教下，家族的第二代依托兴趣启蒙，培育商

① 蔡玉冼：《罗斯柴尔德家族的领导力传承之道》，载《董事会》2018年第12期。

业技能，最终也成为时代翘楚。罗斯柴尔德家族从第三代开始向贵族教育模式靠拢，教育目的决定了教育内容，第三代所受教育的内容变得更加丰富。那么，罗斯柴尔德家族的领导力传承之道，有何可借鉴之处？

第一，树立正确的人生观、价值观。罗斯柴尔德家族善于经营，热衷公益，将很大一部分收益捐赠出来回馈社会。家族要求家族成员在建立职业目标后，要有坚守、持恒的能力和战胜挫折的意志力。罗斯柴尔德家族也遇到过重大挫折，但其百折不挠，坚持目标，具有强烈的战胜挫折和灾难的意志，最终东山再起。

第二，洞察社会，知行合一。罗斯柴尔德家族的子女除了接受家庭教育之外，还要接受正规的大学教育，不管选择什么行业，都必须对人情风俗和社会有深刻的了解，在理念、心理、知识结构以及实践能力等方面做好充分准备，成为一个适应社会发展趋势的人。

第三，尊重兴趣，因人施教。梅耶·罗斯柴尔德一直认为，兴趣是最好的老师。罗斯柴尔德家族的子女也有很多不从事金融业，如任职教授、从事艺术品收藏、投身红酒事业等。这与犹太人的教育方式密不可分——传授知识不是记住已有的东西，探索未知的新领域才是重点。

第四，注重家族团结。他们有这样的一句家训："只要你们团结一致，你们就所向无敌；你们分手的那天，将是你们失去繁荣的开始。”家族的力量来自团结。

正是在这样的传承教育下，罗斯柴尔德家族实现了基业长青，在世界家族史上留下了浓墨重彩的一笔，也为其他家族的传承和家族成员的教育提供了宝贵经验。

第二节

家族传承之术

家族传承之道，旨在从思想和精神层面阐释传承的内在逻辑。由于每个家族都有自己独特的历史和事业，相应地也会形成与之契合的思想和价值观，故家族的传承之道都是不同的，各有千秋。家族无形财富及有形财富的传承，需要很多技巧和工具作为辅助。对于物质层面的财富传承，则更需要通过传承之术来实现。相比于传承之道，传承之术更加“技术流”，是财富传承的具体操作方法。

如果说家族传承之道是看不见、摸不着的，那么，有形财产的传承之术则是有形的、可见的。有形财产的传承，要提前进行规划，对家族的财富进行统筹和梳理，厘清财产的边界，进一步运用传承工具，制定传承策略，力求家族财富得到有效安全的传承。

一、传承的时机

传承非一时之功，即使是直截了当地运用传承工具传递诸如资金、不动产等财富，也需要一定的时间来计划何时给、如何给这些事项。再加上咨询、设计并落实传承方案的时间，对于高净值人士及其家族来说，整个有形财富的传承起码需要 6 个月至 2 年的时间。因此，传承的时机相当重要。传承的时机在生意中可理解为商机，无论过早还是过晚都不合适。当然，无论是早早安排传承还是传承安排开始得比较晚，都比没有任何传承安排要好。

（一）规划传承的必要性

哈佛大学的数据表明：30% 的家族企业可以成功传承到第二代，传承到第三代的概率只有 12%，传承到第四代的家族企业就只有 3% 了。[①] 综观全球，家族企业成功世代传承的概率很低，家族成员的“人口匮乏”问题、接班人们对家族企业的继承意愿比较低以及追求开放自由的态度等因素，都加剧了家族在传承中面临的难题。在一项涉及亚洲 250 家企业的研究中发现：在新旧掌

① The Downsides：How Families Can Cause Troubles for Their Firms，Economist，2015.

门人交接前后的几年，家族企业的市值可以蒸发近60%。

从某种角度来说，不做财富传承规划是对后代和对家族的严重不负责。与普通家庭不同，高净值人群所掌握的财富体量较大，因此其更需要做出关于下一代乃至后面无数代财富传承的长期安排。虽然传承的时机因各个家族的计划、继承人的成长轨迹有所不同，但及早规划才能有备无患。规划做得越早，越能提前确定传承时机，也越能为传承留出充足的准备时间。

黄总是一位民营企业主，自改革开放以来一直从事房地产开发业务，家族企业规模虽然不大，但是经过二三十年的打拼，也积累了几亿元的资产。黄总45岁的时候，下定决心和妻子离婚，46岁再娶一位妻子，并在50岁孕育出了小儿子。

黄总对小儿子疼爱有加，经常说自己未来的家产都要由儿子继承。平日里，前妻生的大女儿虽然已经成年，跟随妈妈生活，但由于协助父亲打理公司，所以经常来父亲家里走动，对新出生的弟弟也疼爱有加。黄总一直觉得，离婚并没有影响与前妻和大女儿的关系，大家庭的生活也是幸福美满，就这样一晃十几年就过去了。

黄总62岁这一年，出差途中发生车祸，一直在医院抢救，时日无多。现任黄太太见状，或明或暗地提示了奄奄一息的黄总多次，建议其赶紧作一些安排，把家产如何分割的事情和大家交代明白，可是黄总对此从不予理睬，一直不愿意相信自己将不久于人世的事实，也对黄太太反复强调，前妻和大女儿人都很好，不会和儿子争的。

由于黄总伤情严重，从出车祸到去世不到一个月的时间。黄太太一边处理丧葬事宜，一边照顾年幼的儿子，难过至极。黄总去世两个月后，黄太太终于从悲伤的情绪中缓过来，想与大女儿商量一下遗产继承的事。谁知，大女儿早就已经将遗产“安排”好了。

原来，在黄总丧葬期间，大女儿先是利用自己经营管理公司的便利，解雇了原来的总经理，让自己的远房哥哥成为公司的董事长、总经理。接下来利用自己是家族企业股东的便利，将公司账户中几个亿的资金都转移分配至自己名下，公司瞬间没有了现金流，经营面临严重困难。①

对于家族财富的规划传承，不少人仍然存在一定的误区。

误区一：在身体健康或者年龄不大的情况下没有传承的必要

需要明确的是，传承与年龄、身体状况没有直接、过于紧密的联系。按照是否在“百年”之后发生，财富传承可分为生前传承与身后传承。按照标的划分，财富传承可分为无形财富传承（如家族精神、文化价值观等无法估值的内涵）与有形财富传承

① 此事例改编于笔者实际经办的真实案件。

（如货币、不动产等可作价资产）。其中，无形财富传承是一件越早越好的事，因为涉及对接班人的从小培养。因此，传承不取决于年龄、身体状态，应尽早规划。

误区二："传承"是身后事，提前规划不吉利

系统完善的传承规划，对个人与家族来说都是有益的。无论何时何地，"传承"的根本目的在于为家族的生生不息作出长远规划。作为传承的一部分，财富拥有者为接班人的生活提供保障、进行规划，对整个家族与接班人而言都是一件事关繁荣与稳定的好事，而非"不吉利"。对家族资产负责人来说，越早规划，越能放下心中的石头，越能减少因传承方案不确定带来的家族内斗。因此，传承规划本身从任何一方的角度来看都有利无弊。

大亚圣象连续的混乱与内耗

成立于1999年的大亚圣象为我国人造板和地板行业的龙头企业，创始人陈兴康对传承没有紧迫、提早的意识，到了70岁仍没有对家族资产的传承作出任何安排。

2015年4月28日，陈兴康因意外摔倒，经抢救无效而身故，享年70岁。他走后，由于其未作出任何关于家族资产的规划，大亚圣象50%的股份归陈兴康妻子所有，余下的50%由陈兴康妻子以及三个子女根据一致行动人协议"共有"。2018年，陈兴康妻子将自己持有的股份转让给大儿子陈建军，第二代人中持有股份的平衡因此被打破，大亚圣象

陷入连续的混乱与本可避免的内耗。陈建军立即公开宣布撤销小儿子陈晓龙在大亚圣象的所有权力，在陈晓龙仍保管公司证件牌照、公章与财务文件的情况下强行宣布自己为董事长。因家族成员内斗而无法潜心经营的大亚圣象逐渐走向更深层次的混乱，2018 年到 2019 年 1 月，大亚圣象股价跌幅为 61.58%。外界猜测，除了与 A 股市场整体有关外，股价严重下跌可能与高管频繁变动、家族企业管理方式与生产环节遭到当地居民投诉有关。① 此外，由于身陷担保官司，面临 3 亿元担保债务纠纷，大亚圣象于 2019 年发布公告，公司所持 700 万股股份被司法冻结。

没有提早规划的意识，混乱只会一次次重复。在公司陷入窘境 5 年后，2020 年，陈晓龙与陈建军兄弟冰释前嫌。陈晓龙被选为董事长，陈建军则担任非独立董事。然而，刚上任的陈晓龙没有作出任何涉及传承的安排。天有不测风云，在成为董事长十余天后，2020 年 5 月 31 日，陈晓龙突发疾病，因医治无效而去世，大亚圣象又一次陷入混乱。

误区三：立一份遗嘱就等于完美的财富传承方案

遗嘱无法解决财富传承涉及的所有问题，也不是解决财富传承所涉问题的最佳方案。首先，仅就财富传承工具而言，至少有

---

① 《大亚圣象近一年跌幅达六成　高管频繁变动产品屡遭投诉》，载新浪财经，http://finance.sina.com.cn/stock/s/2019-01-04/doc-ihqfskcn3939844.shtml。

20种，遗嘱传承只是其中的一种。其次，对于家族精神等无形财富的传承，遗嘱也爱莫能助。可以说，遗嘱不等于财富传承方案，详细的遗嘱也不等于完美的财富传承方案。最后，遗嘱继承须全部法定继承人的一致同意，很多时候在实践操作中难以实现。综合来看，遗嘱只是财富传承的工具之一，其实现也具有很大的不确定性。

那么，什么样的家族务必要尽早作完善的财富传承规划呢？

（1）有较大负债的家庭或者个人。根据我国《民法典》的相关规定，子女继承父母的遗产，首先要偿还父母所欠的债务。[①]很多企业家在经营企业过程中举债较多，继承人发现可继承的财产，刚好够偿还掉生前债务，或者全部的财产都不足以偿还生前债务，这时候无论他们是否自愿，可继承的财产都需要先用来还债。对于此种情况，高净值人士可通过大额保险/家族信托等方式事先规划，为子女预留出一部分干净、清洁的财产。

（2）子女较多，且矛盾初现的家庭、家族。根据我国《民法典》的相关规定，婚生子女、非婚生子女、养子女和有扶养关系的继子女等，都是合法的继承人。为了避免可能存在的家族内斗，造成家族企业股票贬值、企业一蹶不振等情况，一般需要提前对家族财产的分配和传承作提前安排。

（3）家族资产境内外均有分布的，或者继承人身份是外籍

① 《民法典》第1159条规定："分割遗产，应当清偿被继承人依法应当缴纳的税款和债务；但是，应当为缺乏劳动能力又没有生活来源的继承人保留必要的遗产。"

的。由于各国法律制度不同，相应的继承规定也不尽相同，而且有些国家还有非常高的遗产税。如果不提前将境外财产的传承安排好，一方面可能面临被征收高额遗产税的风险；另一方面子女去境外继承，继承流程漫长而复杂，其也会面临法律障碍。此外，有一些高净值人士的子女已经加入了其他国家国籍，回中国继承遗产的，其所需材料和手续也要比中国人继承烦琐很多。因此，对于存在家族资产种类较多且境内外均有分布的，或者继承人的身份为外籍的情形，一般建议提前做好系统的传承规划，对于可以适时生前传承的财产，可以考虑生前传承。传承方案的规划，最好由专业团队根据家族情况与个人意愿进行详细分析，通过不同的财富继承工具的搭配使用来实现家族财富的完美过渡。

（二）何时进行传承

在讨论何时适合传承前，在此先介绍有形财富传承与无形财富传承的概念。有形财富传承，是指如货币、房产、股权、车辆、艺术品、古董、金融产品等可作价估值的财产的传承，这些财产的传承属于家族资产管理者对家族资产的处分与安排，实现起来相对容易，不需要在家族中从小、长年累月的熏陶与教导。而无形财富的传承，是指如家族精神、文化价值观、成员认同感、接班人的能力和个人素养等前文提及的保障家族一脉相承的精神底蕴的传承。这些精神底蕴往往体现为抽象的精神与家族内共同的价值观或思维方式，作为家族财富的组成部分，具有更高的价值和更大的传承难度，同时也具有一定的不确定性。如果家族成员对无形财富的理解有所偏差，可能会改变或偏离家族奠基者设定的轨迹。所以，无形财富的提炼与解释与有形财富的传承规划具有相同的难度，值得谨慎对待。

从经验来看，50 岁左右应该是一个较为合适开始筹划传承安排的时间点。这主要基于以下两点因素考虑：

第一，一般一个完整的传承周期需要 10 年至 20 年。对于有形财富、物质财富的传承，从家族财产的整体梳理，到确定传承方案，再到生前的财产过户及妥善安排身后执行等，往往最少需要 5 年的时间。确定好传承方案之后，还需要接班人能够自愿接受并配合执行。根据中国民营经济研究会家族企业委员会编著的《中国家族企业传承报告（2015）》，年轻一代“愿意”与“非常愿意”接班家族企业的占比合计仅为 40%，31% 的年轻一代持“不愿意”态度，45% 持可有可无的“一般”态度。面对这种局面，用几年时间培养出后代的接班意愿，再逐渐培养其内在的接班人能力，则需要更久的时间。

李嘉诚商业帝国的传承安排

2018 年 3 月 16 日，长江集团于港交所发布称，年届 90 的李嘉诚即日起卸任董事会主席一职，李嘉诚的长子，54 岁的李泽钜接替该职位并担任董事、总经理。至此，李氏商业帝国的缔造者正式将家族企业的指挥棒交给其接班人。其实在2012年，李嘉诚已确定长江集团的接班人为李泽钜。即便如此，李嘉诚对传承的考量与进行仍十分谨慎：在确定接班人之前，李泽钜已在李嘉诚身边工作30年，而后，李嘉诚又花了6年时间逐步完成商业帝国的交接。在父亲的注视下，李泽钜在21岁时进入长江实业工作，25岁时担任执行董事，27岁时成为副董事总经理，30岁时做到副主席。其间，李泽钜主导多次成功的资本运作，如1990年的英国“兔子”电讯公司并购、1996年的长江基建拆分上市、“TOM”网域名购买等。在长达30余年的培养、考察与传承后，李嘉诚才放心地将长江集团的控制权完全交给李泽钜，“看着他工作数十年没有信心是假的”。[①]

从李嘉诚与李泽钜的例子来看，庞大的家族企业的接班人需要20年至30年时间的带教培养。虽然李嘉诚的商业帝国极其复杂，一般人的家族产业难以企及，但是其对待接班人培养的谨慎态度是可以借鉴的。

方太厨具的创始人茅理翔先生结合国内家族企业传承的实践，总结出了家族企业传承的五阶段论。他把传承过程分成准备期、导入期、变革期、掌控期和提升期五个阶段。这是他总结方太传承的“带三年、帮三年、看三年”的家族企业传承“三三

---

① 《90岁李嘉诚今日正式退休 长子李泽钜接任长和系主席》，载中国新闻网，http://www.fj.chinanews.com/news/fj_jsxw/2018/2018-05-10/409730.html。

制”后，对于家族企业传承提出的又一个重要的概念体系。[①] 因此，在家族企业规模相对较小、具体经商环境相对简单的情况下，传承时间可适度减少。总体来说，鉴于经验与成熟度等客观因素，越晚确定接班人并进行传承，家族企业与家族资产面临的风险与不确定性会越大。

第二，根据国家卫健委发布的《2018 年我国卫生健康事业发展统计公报》显示，我国居民人均预期寿命由 2017 年的 76.7 岁提高到 2018 年的 77.0 岁。按照中国人的平均寿命计算，扣减掉 10 年至 20 年的接班人培养周期，那么 50 岁基本上可以算作开始安排传承的最晚年龄。受年龄所限，70 岁以上的人身体健康状况、思维敏捷性等都会有所下降；而等父辈六七十岁的时候，孩子们的年龄往往已经三四十岁，其三观已经形成，如果那时候其拥有了自己的事业，不愿接班，再改变其意愿往往较为困难。因此，等到六七十岁才开始考虑作传承安排，为时较晚。有调查显示，从老一辈的传家意愿来看，老一辈年龄越大，希望企业在家族内传承的意愿就越高。

理念不一、仓促接班而走向倒闭的王安电脑公司

王安电脑公司的创始人美国华裔王安在商界获得过“华

① 陈凌：《家族企业传承的四原则三阶段论》，载世界经理人网站，2018年8月17日，http://www.ceconline.com/strategy/ma/8800094620/01/。

人首富”等一系列头衔，按王安的规划，他的公司预计在20世纪90年代中期打败IBM。然而，1986年，王安被检测出癌症。匆忙之下，他不顾董事与下属反对，直接任命没有经验的儿子王烈为总裁。此举的直接影响是高管离职，间接影响是导致公司经营方向的错误偏离与经营状况的急转直下。王烈认为个人电脑不值得研究，公司应当以商用计算机为主营业务，从而导致王安电脑公司直接错过个人电脑研究与发展的最好时机。从王烈接手王安电脑公司起不久，公司便出现了首次亏损与裁员；到1988年，王安电脑公司亏损达4.24亿美元，股票价格下跌90%，公司毁于一旦。

二、如何有步骤地安排家族传承

（一）梳理家族财富

绝大多数的高净值家族财产都具有高度的综合性和复杂性，主要表现在家族财产类型的多样化，如房产、股权、金融资产、知识产权、艺术品等，且在境内外都有分布。在进行传承安排之前，厘清家族财富的边界十分重要。对于家族拥有哪些财产、这些财产的状况如何都应当心知肚明。

1. 家族无形财富的梳理

无形财富梳理的重点在于提炼家族精神内涵。一个家族的奠基者，在长达几十年的商海沉浮中，其思维方式、商业判断、为人处世之道、专业能力等一系列宝贵的精神内涵，是其沉淀在家族中一笔不可多得的财富。对于家族传承来说，父辈人的这些宝贵精神财富才是下一代人首先需要吸收、消化并且凝练提升的。

对于无形财富的梳理，是提炼家族精神内核的过程，是最重要的，也是最难的。家族精神内核提炼出来了，才能系统地传递给家族后辈，形成家族共识，家族成员间才能拥有共同的价值取向、思维方式，才能让家族文化、精神价值观等一脉相承。

2. 家族有形财富的梳理

考虑到家族财产种类的复杂性，有形财富梳理的工作量大，因而很多家族都是请专门的财富传承律师来完成此项工作。出于方便统计、提高效率的考量，有形财富的梳理可按照不同的财产类型来进行，比如，将房产汇总到房产表格之中，列明相关财产信息，公司股权、车辆、银行账户、理财产品、珠宝字画及其他艺术品等也可以这样。相关类型的财产同一时间作清点或估值；不同类型的财产安排不同时间，依次进行并最后汇总，如表 5 - 1 所示。

表 5－1 家族物业/不动产统计表

编号	地址或方位	取得时间和方式	权属登记编号、登记权利人	不动产性质、建筑面积	取得时价值	有无按揭	自估现价
1							
2							
3							
4							
5							

（二）区分财产属性分别作财富传承安排

1. 需要生前传承的财富

需要生前传承的财富主要包括家族精神内涵与公司控制权。此类财富难以在老一辈家族成员身故后进行传承。

就家族精神内涵而言，精力充沛、思维活跃的企业家对其子女或其他家庭成员而言，就是一本行走的家族管理、家族企业经营教科书，也是一本为人处世的范本。无论是对内应该如何保持与其他家族成员的关系，还是对外如何处理与企业内部工作人员的关系，如何待人接物，家族成员，尤其是接班人都可以在企业家身边学习达到耳濡目染的效果。此外，由于此时企业家可以提供许多一手的资料，在专业团队的帮助下，对家族历史的梳理、对家族精神内涵的提炼可以更为准确、全面。

当然，从全面系统培养的角度来看，仅靠提炼家族精神内涵和让潜在的接班人耳濡目染显然是不够的。这项庞大系统性工程需要较为详细、全面的家族发展规划，还包括对子女接受教育的选取、接班人继承标准确立、家族委员会设立与“家族宪法”制定等工作。在缺乏专业团队保驾护航的情况下，家族与家族成员的长期规划难以实现。

就公司股权的传承而言，如果股权传承过于“公平”，如将股权平均分配给两位甚至更多的继承人，按照我国《公司法》的规定，若继承人之间不能达成一致，公司将缺少能决定公司经营发展重要事项的控股股东，甚至陷入无法达成修改章程、增资减资、合并分立、解散或改变公司的决议的境地，使公司在经营上陷入“僵局”。如果家族企业负责人生前没有进行企业控制权的规划，公司与家族可能会陷入更为不利的情况。因此，对公司控制权的规划应当在家族企业负责人生前就进行，且越早越好，以避免不必要的纠纷与内耗。简单来说，家族企业负责人可采取仅由一个子女继承、分立表决权与分红权、股权信托等方式尽早进行企业控制权传承，同时兼顾其他家族成员的利益，减少可能发生的不满。

除了以上两项财富之外，部分有形财富，也可在家族创一代在世时就逐步进行传承，尤其是像房产、车辆等这些必须通过登记确权后才能实现所有权变动的财产。

2. 可以身后传承的财产

这里所说的身后传承，指的不是在身故后才进行传承规划，而是指生前就作出传承规划、身故时才触发的财富传承安排。

身后传承可最大限度保证企业家在世时对家族资产的支配权，以使财富保值增值，以此持续保障创一代的话语权与权威。一般来讲，流动性较强、较难被征收传承税费的财产，可以考虑身后传承，比如，可自由存取的人民币、古董、珠宝、艺术品、有收藏价值的烟酒等。由于目前法定继承与遗赠适用的大多的税费都可以“免征”，仅遗赠须由受赠人缴纳房产市值的3%，且印花税较低，仅为0.05%，所以不动产、车辆或船只等特殊动产在现阶段也可以身后传承。值得提醒的是，若企业家选择遗嘱作为财富传承方案中的一种工具，则其身后传承可能面临一个重大难点：继承权公证。下文将在家族传承工具部分作更为细致的分析。

（三）妥善运用人寿保险、家族信托等传承的工具

1. 生前传承的工具

（1）赠与

赠与作为一种古老的财产转移方式，与买卖（以有偿为特征）、继承（以身份为特征）共同组成了人类财产的三种基本流通方式。在如今的生活中，赠与也较为常见，在特定情况下，当事人也会为了实现某种目标将某项财产作为礼物赠送给受益人，而使该项财产不再出现在遗嘱条款中。例如，提前将股权送给孩子、以孩子名义买房、为孩子购买大额保单等。关于赠与的税

负，如果受赠人为赠与人的配偶、父母、子女、祖父母、外祖父母、孙子女、外孙子女、兄弟姐妹在内的亲属，除了须由受赠人缴纳房产市值3%～5%的契税外，其他税负与法定继承的待遇相同。如果受赠人不属于前述亲属，那么赠与环节将被征收20%的个人所得税与5.5%的营业税及附加税，税负相当沉重。

赠与的较为典型特征为可撤销性。一般来讲，在签订赠与合同之后，财产权利转移之前，财产所有人享有法定撤销权；除此之外，若签订赠与合同，双方还可以约定一些可撤销赠与的条款。如此一来，可以保护财产所有人的资产安全，以防赠与人因一时冲动而作出赠与行为。因此，赠与的决定与履行应当谨慎作出。

但这种方式也有缺点，那就是财产一旦在事实上送给其他人，赠与人就失去对该财产的控制，难以将其原样收回。如果家族长辈过早地放弃财产控制权就意味着其会在一定程度上失去话语权，不能排除未来存在权威锐减的可能性。而且，接班人如果没有运用大规模财富的能力，家庭成员过早拥有财产，或导致财产在短时间内挥霍一空，或导致继承人丧失斗志，坐吃山空。

从法律角度来看，如果被赠与的财产属于某个家族成员的个人财产，那么赠与亲属以外的人的财产其他家庭成员无法追回，因为赠与人对个人所有的财产拥有完全的处分权；若该财产属于夫妻共有财产或通过协议等方式确定的家族资产，由于涉嫌无权处分，其他家族成员有追回的可能性。考虑到诉讼环节的烦琐与漫长，家族成员间应当相互注意、监督，避免此类情形的发生以减少家族资产流失与精力耗费。

（2）分家析产协议

分家析产协议，是指在家庭成员都在世且具有完全民事行为能力的情况下，签订的明确约定家庭内财产所有权归各自所有、结束共同共有状态的协议。分家析产协议可兼具财产属性与人身属性，可同时涉及财产与权利义务和身份转变的约定。

分家析产协议有以下三个重要特征：

第一，家族财产分配的提前性。与遗嘱、遗嘱信托或终身寿险相比，分家析产协议为家族财产的分配留下了一定的提前量，允许各个家族成员在充分协商的情况下参与家族财产分配的规划，减少不必要的纠纷或内斗。

第二，分家析产协议的本质是合同。分家析产协议实质上属于所有家族成员对共同共有的财产或家族成员身份的约定，所以，分家析产协议的合法性与有效性以取得各个家族成员的一致同意为前提。从某一种角度来说，采用分家析产协议是对所有家族成员的尊重，因为任何人的不同意都会阻碍协议的生效；从另一种角度来说，分家析产协议极易“难产”，因为协议起草团队与家族负责人可能需要耗费大量精力对所有家庭成员进行逐个游说。

第三，分家析产协议具有不可撤销性。与赠与不同，由于分家析产协议没有法定撤销权，即使其尚未履行，只要生效了，就无法撤销。如果有家庭成员对协议内容不满，除非存在极为特殊的可撤销情形，否则在生效后只能向法院申请认定其无效，而且举证难度颇大。在家族传承的环境下，如果老一辈已经确定接班人，有可能会出现将绝大多数甚至所有资产归一人所有的分家析产协议。此类约定虽然对其他非接班人不公平，但按照法律规定，各个家庭成员仍应按照约定履行。① 从提前规划与稳定性的角度来看，生效的分家析产协议在传承上具有不可比拟的优势。

（3）年金保险

根据《人身保险公司保险条款和保险费率管理办法》第 9 条的规定，年金保险是指以被保险人生存为给付保险金条件，并按约定的时间间隔分期给付生存保险金的人身保险。实践中具有养老、储蓄子女教育功能的保险一般属于年金保险。根据前述管理办法第 7 条的规定，年金保险与人寿保险、健康保险和意外伤害保险同属人身保险。

年金保险最为显著的特征是，它的保险标的是被保险人的生存，而不是被保险人的死亡。年金保险存在四个当事人，即投保人、被保险人、年金受益人和身故受益人。在被保险人在世的情况下，年金受益人可获得生存年金；在被保险人不在世的情况下，身故受益人可获得身故保险金。这也是年金保险与终身寿险不同之处：终身寿险只给付身故保险金。因年金保险可提供身故

① 北京市第二中级人民法院（2011）二中民终字第05513号：王金荣诉王金成、王金祥、王金龙分家析产纠纷案。

保险金外的年金，根据年金性质，年金保险具有以下功能：

一是养老。投保人以本人为被保险人、年金受益人，可利用年金保险保障自己定期持续收到一笔钱直至身故，这笔钱到自己年老后可作为养老金。年金保险利率一般略高于银行定期存款利率，更加实惠，因此，一定数额的存款在计划用于养老后，更适合用来购买年金保险，而不是存在银行。

二是保障子女教育。投保人以子女为被保险人、年金受益人，可以使子女在成长、求学等特定阶段收到一笔可作为学费的资助，即提前为子女教育作出投资。

三是实现生前传承。投保人可以子女为被保险人、年金受益人，以孙子女为身故受益人配置年金保险。按照前述配置，投保人生前即可将计划用于传承的财富每年或每月传承一部分给子女。如此一来，既可以实现生前传承，又可以避免子女因一次性获得过多财产而挥霍一空。

值得注意的是，年金保险具有强烈的人身属性。人身保险以被保险人在世为支付前提，一旦被保险人死亡，身故受益人在获得一笔高额的保险金后就无法获得定期保险金了。因此，即使精心设计了一套家族内的年金保险方案，最多也只能惠及两代人。当然，后辈成员也可以通过再次购买年金保险的形式，惠及他的下一代。综合来看，在保障现有家族成员福祉的范围内，年金保险是一个不错的选择。

2. 进行身后传承的工具

（1）遗嘱

遗嘱是最常见也是最常用的财富继承的方式。简单来说，遗嘱就是遗嘱订立人根据自己的意愿，在法律允许范围内，决定自己身故时对遗产与其他事务如何分配的法律行为。因为遗嘱在订立者身故时触发、生效，适合作为身后传承工具。一般情况下，遗嘱的内容应将遗产的范围列明，再指定继承人或受赠人。形式上，立遗嘱人可以选择公证遗嘱、口头遗嘱、自书遗嘱、代书遗嘱、录音遗嘱、打印遗嘱等方式。

《继承法》第 20 条规定了公证遗嘱具有优先性，自书、代书、“录音、口头遗嘱，不得撤销、变更公证遗嘱”。作为补充的是《最高人民法院关于贯彻执行〈中华人民共和国继承法〉若干问题的意见》，按照其第 42 条的精神，如果遗嘱人以不同形式订立了不止一份内容相互抵触的遗嘱，其中有公证遗嘱的，以公证遗嘱为准；如果公证遗嘱不止一份，以最后订立的为准。然而，新颁布的《民法典》删除了上述规定。因此，在 2021 年 1 月 1 日《民法典》生效后各种形式的遗嘱效力相同，其他形式的遗嘱可以撤销、变更公证遗嘱；出现数份内容相互抵触的遗嘱时直接以最后一份遗嘱为准，不拘泥于形式。

一般而言，遗嘱具有以下特征：

第一，遗嘱是单方面法律行为。用通俗的话来说，就是财产所有人一个人即可以决定家族财富如何分配，无须征求继承人的意见，适合于有形财产的传承。从订立者的角度来看，这种财富传承工具效率较高，不会出现被其他家族成员阻碍的情况。但是，如果继承人不同意父辈遗嘱中的财产分配方案，便有可能引起诉讼，一旦遗嘱效力受到质疑，则立遗嘱人的意愿不一定能实现。

第二，遗嘱对遗嘱订立者有一定要求。设立遗嘱的当事人必须具备完全民事行为能力，限制行为能力人和无民事行为能力人不具有遗嘱能力，不能设立遗嘱。如果家庭成员对家族财产分配或接班人选择产生不满，可能会根据遗嘱对遗嘱订立者的民事行为能力要求而向法院申请遗嘱无效。

第三，遗嘱可经常性修改。遗嘱以遗嘱人的死亡作为生效的条件，遗嘱人死亡时才发生法律效力。由于遗嘱是遗嘱人生前以遗嘱方式对其死亡后的财产归属问题所作的处分，故在其死亡前的任何时间都可以加以变更、撤销。

综合来看，相较于分家析产协议，遗嘱更为高效、灵活。然而，遗嘱的执行力仍然堪忧：遗嘱的执行绕不开“继承权公证”这座大山。

继承权公证是公证机关依据当事人的申请，作出对继承人享有继承权、继承行为真实且合法的证明。继承权的办理难点在于它要求所有处于第一顺位的继承人对遗嘱效力或真实性存在一致认同，只要被继承人的配偶、父母、子女中有人提出质疑，继承这件事会被直接卡住，甚至会诉诸法院。总而言之，遗嘱的执行力存在巨大的不确定性，如果将其作为唯一的家族财富继承方式，可能会让家族企业负责人对家族未来苦心经营作为的长期规划毁于一旦。

（2）遗嘱信托

遗嘱信托是遗嘱和信托的结合，是指委托人通过遗嘱设立信托、决定信托内容的一种遗产处理方式。遗嘱信托分为遗嘱的订立到执行、信托的设立到执行两个过程，其合规性应同时满足《民法典》与《信托法》相关规定。在克服双重合规性的困难后，遗嘱信托可发挥出遗嘱与信托的双重优点。例如，遗嘱信托可避免受益人因年幼或莽撞而不善处置家族资产，可对家族未来作出更长远的规划、在更大的空间内灵活处置家族资产，可实现信托的风险隔离功能，保证家族资产增值等。

目前，由于遗嘱信托可参照的案例较少，故根据现有判例采取实质主义的标准，遗嘱信托成立与否存在一定的风险。[①] 除此之外，遗嘱信托还可能面临一系列不利，比如作为前提的遗嘱有效性，遗嘱订立人对受托人的控制与受托人对遗嘱的理解问题等，因遗嘱必须经过继承权公证而丧失信托的保密性等。

不过，随着《民法典》继承编第 1133 条第 4 款对遗嘱信托作出明确规定，肯定了遗嘱信托在中国的法律地位，遗嘱信托未

① 上海市第二中级人民法院（2019）沪02民终1307号李1、钦某某等遗嘱继承纠纷二审民事判决书。

来将会得到良好发展。①

然而，即使有了《民法典》的支持，遗嘱信托的效力可能还是会受到继承人的挑战。（2019）沪02民终1307号案作为国内遗嘱信托领域的典型判例，进一步揭示了国内司法体系对遗嘱信托的部分官方态度，例如，遗嘱信托成立的有效性采取实质主义，表达有误或未明确使用“信托”的遗嘱，只要满足遗嘱信托的实质，也会被认定为“遗嘱”；遗嘱未处分的遗产按照法定继承处理，不影响遗嘱信托的成立；非现金的实物资产可通过折抵成为信托财产；信托成立与否属于整体概念，部分遗嘱信托财产的不实不影响信托成立等。实际上，国内涉及遗嘱信托的案件已经开始逐渐走入公众视野，如（2015）抚民一终字第266号，同样涉及遗嘱信托设立有效性认定的（2017）豫15民终4342号案件等。随着《民法典》的明确规定，相信接下来无论在学术层面作为话题还是实务层面作为其中一种传承工具，遗嘱信托都会得到更多的“聚光灯”。

（3）终身寿险

终身寿险是人寿保险的其中一种，简单来说，是指以被保险人的死亡为给付保险金条件的人寿保险。换句话说，一旦投保人

---

① 《民法典》第1133条规定：“自然人可以依照本法规定立遗嘱处分个人财产，并可以指定遗嘱执行人。自然人可以立遗嘱将个人财产指定由法定继承人中的一人或者数人继承。自然人可以立遗嘱将个人财产赠与国家、集体或者法定继承人以外的组织、个人。自然人可以依法设立遗嘱信托。”

投保，保险公司就会一直承保，在被保险人身故时，保险金给付条件触发，保险公司向受益人支付保险金。

传统的人寿保险包括定期寿险、终身寿险、两全保险三类。其中，定期寿险以被保险人在固定年限身故为给付条件，在被保险人于固定年限外身故的情况下不进行给付，因而无法保证受益人在被保险人身故后能获得一笔财产，不适合身后传承。根据《人身保险公司保险条款和保险费率管理办法》第 8 条第 4 款的规定，两全保险是指既包含以被保险人死亡为给付保险金条件，又包含以被保险人生存为给付保险金条件的人寿保险。即，被保险人在保险合同约定的保险期间内死亡，或在保险期间届满仍生存时，保险人均应按照保险合同约定承担给付保险金责任。由于在两全保险项下，保险公司给付保险金的义务是确定的，因此两全保险的杠杆率往往较低，不适合用来作传承安排。因此，终身寿险相较之下仍是保障身后传承的最佳工具，具有身故时触发给付的必然性。

第一，从保险金给付条件来看，因死亡无法避免，所以终身寿险的第一个特征和益处是保险金理赔的必然性。第二，因为终身寿险给付条件较为苛刻、时隔较久，终身寿险的收益率较年金保险要高，即“杠杆率较高”。从投资回报率角度来看，终身寿险不仅“保底”而且“包赚”。第三，终身寿险具有隔离债务风险的作用。在投保人生前仍未偿还巨额债务的情况下，继承人若想继承遗产，根据《民法典》第 1161 条的规定，应当一并承担被继承人的税负与债务。[①] 而终身寿险的保险金，在符合一定法律规定的条件下，可以不视为遗产，继承人取得后无须用来偿还债务，因此终身寿险具有良好的债务隔离的功能。

但是作为一次性给付的保险，终身寿险仍存在不少弊端，比如：一次性留给家族成员的资产过多而可能导致资金被一次性挥霍一空、指定的受益人限于有限的家族成员而难以一次性对家族资产的传承作长远规划、资金流动性较低等。若想实现更为长远、安全与灵活的规划，可在终身寿险的基础上设计保险金信托，即结合保险金与家族信托的优势对家族传承作出规划。

3. 将生前和身后传承融为一体的金融工具——家族信托

马云通过家族信托满足家族传承需求

根据胡润研究院发布的《2019 胡润套现企业家 30 强》，马云家族自 2018 年 7 月 1 日至 2019 年 9 月 30 日通过减持美股上市公司阿里巴巴的部分股权，套现 40 亿元。马云的财产主要来自对阿里巴巴的持股，持有方式中除占其持股总数的 0.2% 属于个人持股外，其余 99.8% 为通过离岸家族信托等海外实体持有。而在马云用于持股的海外实体中，离岸家

① 《民法典》第1161条规定："继承人以所得遗产实际价值为限清偿被继承人依法应当缴纳的税款和债务。超过遗产实际价值部分，继承人自愿偿还的不在此限。"

族信托持股占总持股的64.4%，接近2/3。[①] 马云为何选择家族信托为财富传承的主要方式呢？

主要原因可能为家族信托具有高度契合马云个人需求的功能：第一，隔离风险。根据马云家族的信托安排，马云为家族信托的委托人，马云及其家人为家族信托的受益人，家族信托通过两个位于英属维京群岛的壳公司持有阿里巴巴股票。经过如此安排，马云所控制的阿里巴巴股票的所有权与受益权分开，阿里巴巴股票由家族信托所有，马云保留从中受益的权利。鉴于该部分股票价值在1300亿元上下波动，任何风险都意味着巨额损失。假设马云在经商或企业运营过程中遭遇意想不到的风险而背负债务，由于信托财产独立于马云个人财产，不属于马云，马云所控制的阿里巴巴股票不会因此面临任何风险。另外，由于马云个人与股票进行风险隔离，马云个人经历对阿里巴巴的股价的影响会更小，对阿里巴巴来说也会更加安全。第二，实现个性化定制。通过家族信托的设立安排与阿里巴巴合伙人协议，马云可在不持有的情况下行使家族信托持有的阿里巴巴股权的控制权。换句话说，马云根据家族信托可个性化定制的功能，可实现名下不持有阿里巴巴股票但却能依法控制阿里巴巴的状态。综合来看，家族信托具有天然优势与巨大潜力，个性化需求越

---

① 《又套现？马云2000亿离岸家族信托和海外慈善基金会揭秘》，载微信公众号“Amy 姐的跨境金融圈”，2019年3月17日。

强，家族信托的优势越发明显。

目前，信托作为对家族财富增长的长期规划和风险隔离的重要工具，受到越来越多的高净值人士的追捧。作为成熟的财富传承工具，海外家族信托已经运作上百年，诺贝尔基金会、洛克菲勒基金会等皆是其中的佼佼者。如今，香港四大家族均已经设置家族信托。

根据《关于加强规范资产管理业务过渡期内信托监管工作的通知》（信托函〔2018〕37 号）的规定，家族信托是指信托公司接受单一个人或者家庭的委托，以家庭财富的保护、传承和管理为主要信托目的，提供财产规划、风险隔离、资产配置、子女教育、家族治理、公益（慈善）事业等定制化事务管理和金融服务的信托业务。家族信托财产金额或价值不低于 1000 万元，受益人包括委托人在内的家庭成员，但委托人不得为唯一受益人，单纯以追求信托财产保值增值为主要信托目的，具有专户理财性质和资产管理属性的信托业务不属于家族信托。家族信托从家族信托设立者生前到后续的每代家族成员生活时始终有效，兼容了生前与身后两个时间段。

与海外家族信托琳琅满目的受托资产相比，国内家族信托中的财产通常以现金和金融理财产品的形式为主，房产或股权若想转入家族信托，需要采取过户交易的方式，税费成本较高；受托人只能由 68 家持牌信托公司担任，银行、三方财富管理公司、证券公司等若想开展家族信托业务，必须与信托公司合作。虽然灵活性不足，但是国内家族信托赋予了委托人更大的权力，如可以变更受益方案和投资方案，甚至协商终止。国内家族信托的方案和资产在经过信托公司的审核之后，还需要向监管部门报备。国内家族信托可以让更多有产阶层享受到家族信托服务，家族财富的有序传承也有利于社会稳定。①

（1）家族信托的优点

第一，家族信托最受高净值人士青睐的原因之一是其具有隐秘性，注重保护委托人的隐私。一般情况下，当家族信托设立后，信托财产的管理和运用都将以受托人的名义进行，受托人没有权力向外界披露信托财产的相关情况。换句话说，通过家族信托安排，信托成立人和受益人都隐藏在信托背后，外界无从知晓受益人名单和分配比例，有时甚至可以做到对受益人的保密。比如，高净值人士为其子女设立一个信托，并对子女获得信托收益的年龄进行约定，那么，子女在未满约定年龄前，其本人对该信托的存在也是不知情的。

第二，信托财产具备的独立性，能确保家族财产的安全。根据我国《信托法》第 15 条和第 16 条的规定，信托财产具有独立性，信托财产不仅独立于委托人未设立信托的其他财产，而且独立于受托人的自有财产以及受托人受托管理的其他委托人的信托

① 耿强、武跃强：《家族信托：财富传承的好帮手》，载《新华日报》2019年12月23日，第11版。

财产。信托财产的独立性决定了其可以起到隔离保护的作用。信托设立后，无论是委托人还是受托人发生债权债务上的纠纷或者其他变故，都不会影响到已经放入信托的财产的安全。基于此，通过家族信托不仅可以确保放入的信托财产的安全，而且可以防止发生家族成员婚变、继承或发生其他变故时，因家庭财产分割导致家族成员之间的纠纷、因股权分割影响家族企业的存续与经营等。

信托制度的灵活性可以满足家族企业多样化需求。现代信托法之父斯考特（Scott）关于“信托的应用范围可以与人类的想象力相媲美”的总结，是对信托制度功能高度凝练且贴切的概括。家族企业的类型千差万别，但几乎都会涉及二代接班与否、财富是否分割、企业是否转型等问题。信托制度的灵活性可以根据家族企业的不同诉求，进行信托结构设计，并引入相关的参与主体，为家族企业的管理与传承保驾护航。①

（2）家族信托的功能

①隔离风险

家族信托成立后，信托财产不仅独立于委托人的财产，还独立于受托人的财产，这种安排有利于确保财富的安全，免于受外界债务的干扰。而且，在家族企业经营状况良好的时候，可以通过设立家族信托，指定家族成员为受益人，对家族成员以及后代

---

① 陈进：《家族信托对家族企业管理与传承的意义与作用》，2019年信托行业研究报告，第3页。

的生活进行安排和照顾。由于信托财产具有独立性，该家族信托财产相当于被保护起来，不会受到企业经营状况变化的影响。现在，在作婚前财产规划时，越来越多的高净值人士考虑将财产装入家族信托，以大大降低未来因婚姻问题面临财产被平分的风险。

传媒巨亨默多克在与第二任妻子安娜·托芙离婚时支付了17亿美元，损失惨重。因此在与第三任妻子结婚前，默多克把名下的主要资产，特别是新闻集团股权都装入家族信托进行隔离保护。也因为这样，邓文迪离婚后分得的财产不足默多克全部财产的1%，但二人的女儿则可以从专门为她们设立的家族信托中获得收益，其母亲不能干涉。

家族信托的风险隔离功能受到多种因素的影响，并不是所有的家族信托都能绝对地避免债务风险。信托财产能否独立，能否不受强制执行的影响，一般要结合以下几点因素综合考虑：第一，是否是他益型信托（受益人不包含委托人），或者至少受益人中既有委托人，也有其他人。第二，信托的设立时间，要尽可能地早于债务发生的时间。如果委托人马上面临债务危机，临时去设立家族信托，那么不管是不是他益型信托，都有被撤销、执行的风险。根据《信托法》第12条的规定，“委托人设立信托损害其债权人利益的，债权人有权申请人民法院撤销该信托”。若债权人依据《信托法》规定向法院申请撤销信托，且法院认定该信托的设立满足损害债权人利益的实质，则该信托将面临被撤销的风险，其中的信托财产可能因失去信托风险隔离保护而被执行。第三，委托人保留权利的多少。概括来讲，委托人保留权利越多，信托被击穿的风险也就越大，尤其是委托人保留了家族信托的撤销权。每一种因素都可能不能单独直接引起家族信托财产被强制执行，但是如果综合作用到一起，也可能会导致家族信托避债功能失灵的后果。

②延续控制

与遗嘱和赠与相比，信托不是将巨额财产一次性地给予后代，而是将信托管理的资产收益分期限、分阶段地分配给后代，防止后代挥霍无度。此外，信托通过指定信托受益人的方式也可以降低子女婚变给家族财富带来减少的风险。

③保值增值

家族信托除了保证资产安全及后代收益稳定之外，保值增值也是重要的功能。家族信托的受托人都是由专业人士组成的团队，包括金融、法律、投资、税收等各个领域的专业人士，他们按照科学合理的方式进行运作，保障受托财产的保值、增值和安全。

④个性化定制

高净值客户可以将其名下全部或部分财产设立信托，受托人根据委托人实际需求设置灵活的信托条款，包括但不限于信托期限、信托利益分配条件及方式、信托财产的处置方式等。比如，委托人可以指定其子女作为受益权人，并设定子女领取信托利益的条件，在保障子女的生活水平和教育水平的前提下，又可以防止子女对家族财富的挥霍。又如，委托人为了防止其离婚或者去世后配偶再婚而使得家族财产为家族外成员受益，可以将家族财产设立信托，以保证家族财产的受益人只能为其子女或其家族成员。①

尽管信托在海外已经被普遍运用到财富传承的过程中，信托财产除了金融资产外，甚至还包括房地产、艺术品等实物资产，但不得不承认的是，当前我国信托方面的法律制度还并不完善，国内信托业务还处于不成熟的阶段。国内关于涉及信托财产的登记、转移等配套制度也不完善，信托业务也比较局限于资金信托，这在一定程度上给高净值家族使用信托业务带来了障碍。

（3）信托与保险的结合

通过对比可以发现，家族信托与年金保险在内的保险在关于家族财富的保护、管理和传承的功能部分是重叠的，但各有不同，保险的功能总体不如家族信托强大。例如，保险惠及的家族成员有限，无法代代相传；通过保险获得的收益虽然稳定，但与信托对比相对有限；保险难以实现保障福利意外的目的等。但是，保险的保障功能和财富杠杆效应又是家族信托无法提供的。

---

① 张同庆编著：《信托业务风险管理与案例分析》，中国法制出版社2016年版，第504页。

因此，在家族及家族财富保护、管理与传承过程中，家族信托与保险的综合运用已经成为一种标准的配置。具体可以由家族信托为家族信托的成立人及受益人购买保险而由家族信托作为受益人；也可以将保险受益人设置为家族信托，将保险的意向受益人作为家族信托的受益人。这样既可以发挥家族信托及保险的双重优势，又避免了保险的先天不足，相对而言是一种较完美的选择。①

近些年保险金信托模式逐渐发展起来，在这种模式下，投保人在投保时，将其在保险合同下的权益，主要是保险金请求权设立信托。一旦发生理赔，信托公司将按照投保人事先对保险理赔金的处分和分配意志进行管理、运用，并于信托期间或者终止时将信托利益分配给信托受益人。简单地讲，就是将保险的受益人变为信托公司，财富并不直接交给下一代。一方面，该保险金不属于投保人和受益人，如果投保人对外欠债，债权人也无法要求清偿或者申请法院强制执行，以此实现债务风险隔离的效果。另一方面，这种模式可以约定对受益人保密，大大避免为取得保险金而危害被保险人的道德风险发生，还可以让受益人永久享受信托利益，达到一举多得的理想效果。②

---

① 蒋松丞编著：《家族办公室与财富管理：家族财富保护、管理与传承》，广东人民出版社2014年版，第289页。

② 韩宇：《私人财富保障与传承实务全书》，中国法制出版社2018年版，第264页。

需要说明的是，没有一个工具能够全面涵盖高净值家族财富传承的全部需求，具体的传承计划的制订与执行还应当遵照创始人的意愿、家族成员的特质，并根据法律和制度环境由创始人决定。传承工具的运用并非单一，高净值家族需要综合运用传承工具对家族财富进行布局。财富传承需要根据个人和家庭的长远目标，采用遗嘱、赠与、保险、信托等多种工具进行个性化组合，把家族有形财富妥善传承下去。

第六部分

家族企业

对家族企业不能全盘否定，但也不能发扬光大；
正确的道路是淡化其家族色彩，引入科学的管理机制，
走一条传统与现代管理相结合的路。

——茅理翔

沙苑子

第一节
揭开家族企业的面纱

家族企业是历史上最早出现并活跃在当今世界经济舞台上的企业组织形式，在市场经济中所发挥的经济功能远远超出了一般人的想象。在美国，家族企业占注册企业总数的75%～85%，贡献了总就业量的60%；在意大利，家族企业占注册企业总数的99%，英国为75%，加拿大为80%，而在拉丁美洲和东亚等一些新兴的市场经济国家中，家族企业在国民经济中的主导作用则更加显著。[①] 东亚的上市企业中有2/3是由家族财团控制的，我国香港特别行政区和韩国前十位的家族财团控制所控制的股票数量占股票总市值的1/3。[②] 我国的家族企业更是为经济发展作出了巨

① 参见［美］克林·盖尔西克等：《家族企业的繁衍：家族企业的生命周期》，贺敏译，经济日报出版社1998年版。

② 郎咸平：《从大历史动荡看中国今天需要怎样的公司治理》，载《新财富》2002年第11期。

大贡献，我国75%的私营企业中存在家族式组织或家族式管理。①

如今提到家族企业，人们联想到的已经不再是原始的经营方式、微小的企业规模、落后的技术等，人们看到的更多的是诸多成功的家族企业日渐成为市场的主力军，为经济的发展和科技的进步添砖加瓦。

然而，直到现在，学界对什么是“家族企业”仍没有统一的说法。我国学者潘必胜认为，当一个家族或数个具有紧密联盟关系的家族拥有企业全部或部分所有权，并直接或间接掌握企业的经营权时，这个企业就是家族企业。② 企业历史学家钱德勒认为，企业创始者及其家族要一直掌握企业的大部分股权，并且保留高级管理层的主要决策权，尤其在财务、资源分配和人员任用等方面。哈佛大学唐纳利教授提出，家族企业要满足以下一个或几个条件：家族成员正式参与企业的管理；家族信誉会通过家族成员的行为表现出来；企业与家族的整体价值合而为一；成员在企业的职务影响他在家族中的地位。③

通俗地讲，家族企业兼具家族和企业的特点，是由家族创建的，家族成员能够掌握企业的财产权，并且能够对企业的经营决

---

① 韩良主编：《家族信托法理与案例精析》，中国法制出版社2018年版，第141页。

② 余立智：《家族企业的成长机理与变迁路径》，浙江大学2004年博士学位论文，第26页。

③ Jill Thomas，Freeing the Shackles of Family Business Ownership，Family Business Review，2002.

策权施加重要影响的企业组织形式，家族成员之间以血缘、亲缘为纽带，共同为实现家族企业整体利益和世代传承而奋斗。中国人对血脉、亲情的重视，对共同利益的不懈追求，使家族企业迸发出巨大凝聚力，使其能迅速地发展并在企业中占据重要的一席之地。

无论在哪个国家，家族企业都有悠久的历史，企业制度的发展经历了从古典企业到现代企业的演进过程。

一、西方家族企业的发展史

在17～18世纪，作为英国工业革命发源地的曼彻斯特、利兹等城市，“一个住所，几部纺车，妻子和女儿管纺车，儿子刷羊毛，而丈夫则使用织梭编织，就是一个纺织作坊，这就是家族制下的工业状态的典型画面”。[①] 家庭手工作坊是当时毛纺织工业最为普遍的企业组织形式。在美国经济开始从传统农业国向现代工业国转型的时期，在制造业、商业和金融业等领域，私人企业的数量以惊人的速度增长，而这些企业大多是由创始家族所有的小型家族制企业。“因为可靠和诚实比商业的聪敏更为重要，即使是比较专业化的商人也更倾向于挑选他们的儿子或女婿充当代

① 参见［法］保尔·芒图：《十八世纪产业革命》，杨人楩等译，商务印书馆1997年版。

理人，处理远方城市的生意。”①

然而，19 世纪下半叶以后，“垄断竞争市场”到来，由于新技术革命催生出的铁路、电力、汽车、石油等新兴工业部门需要大规模资金投入和专业化、精细化管理，英国和美国一批家族经营企业逐渐演变为大型现代股份公司。也正是因为上述的工业和企业的变革，以“两权分离”为特征的企业被普遍视为“现代企业”的标准模式，而以“两权合一”为特征的“家族控制型”企业则被视为一种效率低下且日渐衰微的古典企业组织形态。

在这样的时代背景下，许多的家族企业很快就完成了制度创新，将生产经营管理权移交给经理管理层，成功地摆脱了新的条件下家族制对企业扩张的制约。虽然在当今的成熟市场经济里，的确不乏从“家族经营企业”完全转变为“大型公众公司”的成功案例，如杜邦、通用等。但也大量存在类似沃尔玛、百威、玛氏这样的主要由创业家族所控制的“百年老店”。资本主义经济经历了数百年，家族企业公司化是非常普遍现象，甚至很多家族企业已经成为上市公众公司。对于家族企业来说，成为上市公司是其扩大规模、增强实力的首选途径。

① 参见［美］钱德勒：《看得见的手：美国企业的管理革命》，重武译，商务印书馆1987年版。

不安于现状的糖果帝国——玛氏[1]

玛氏公司的第一代掌门人是法兰克·玛氏，他自幼家庭贫寒，从小喜欢吃巧克力的他常常缠着母亲做巧克力，耳濡目染中就逐渐学会了制作巧克力的本领。在他19岁时，迫于生计的他开始靠着这个本领谋生，创立了玛氏公司，但生意并不景气。后来在儿子弗瑞斯特的启发下，他开始尝试在糖果外面包裹巧克力——这在当时被叫作“银河棒”，这种巧克力糖果成本低，便于储存又非常美味，一推出就大受欢迎。法兰克后来将“银河棒”进行了改良，取名叫“玛氏棒”，继而推出了士力架，更加受到了消费者的广泛追捧，收获了人生的第一桶金，并逐渐成为全美第二大糖果制造商。事业上获得了极大成功的法兰克开始安于现状，而他的儿子弗瑞斯特，却不愿意一辈子守着父辈打下的江山，这个野心勃勃的青年人拿着5万美元的创业基金，去到糖果业更发达的欧洲，在雀巢公司偷偷学习手艺。“二战”爆发之后，他回到美国并留意到战场上的士兵会携带巧克力补充能量，于是他研发出了一种“只融于口，不融于手”的便携式的巧克力——m & m巧克力豆，这种包裹着酥脆外衣的巧克力豆大受好评，风头一时无两。

---

① 《扒一扒，那些你不知道的“食品帝国”家族企业！》，载搜狐网，https://www.sohu.com/a/111283750_475882，最后访问日期：2016年8月19日。

在弗瑞斯特69岁时，他决定将玛氏的接力棒传递给他的儿子和女儿——玛氏兄妹，玛氏兄妹继承了父辈的商业天赋又更加具有开拓的精神，他们先后买下了德芙公司、法国皇家宠物食品公司等，2008年还联手巴菲特，收购了美国最大的口香糖制造商箭牌，从而使玛氏公司成为全球糖果行业的老大。到如今，玛氏家族的财富位列美国富豪家族的第三位，在最近的胡润富豪榜中，玛氏兄妹的财富更是达到马云身价的两倍之多。

很多西方的家族企业，都经历了从家庭小作坊发展成为跨国公司的过程，部分家族企业转型成了现代股份公司，虽然时代风云变幻，但这些企业随着家族一起顽强地生存了下来，保持着旺盛的生命力，在现代市场经济中独树一帜，发挥着越来越重要的作用。

二、家族企业在中国的发展

对中国商人来说，家族企业也并不陌生。可以说，中国家族企业的历史源远流长。明清时期著名的商帮晋商和徽商采取的都是家族经营模式。民国时期的蒋、宋、孔、陈四大家族也具有一定的家族经济组织特征，是资本、实业与官僚政治相结合的产物。而民间实力较为雄厚的家族企业有张謇的大生系统，旗下企业超过20个；荣宗敬、荣德生的荣氏系统，拥有的企业多达40个以上；刘鸿生的刘氏系统，兴建的企业也有40多个。中华人民共和国成立以后，对私营经济进行了改造、利用、限制和取缔。①

在改革开放的大背景下，农村家庭联产承包责任制逐步在全国范围内推广，这使第一批离开土地的农民有机会创立第一批乡镇企业。② 这些乡镇企业普遍由家族经营，自此，新中国家族企业的发展雏形初现。此外，改革开放后，率先投身商海的部分企业家开始将家族成员安排进企业内，使企业逐渐呈现出“家族化”的特征。这两股力量共同作用，使家族企业成为中国民营企业最为重要的企业组织形态之一。

（一）明清时期晋商和徽商的家族式经营

纵观明清时期的晋商，不难发现，其涉及的各行各业商号中的相当大的一部分分别属于某一家族所有。当时山西的商业绝大部分被控制在晋商家族手中：祁县乔家的“复”字号，在街市上共有19个门面；太谷曹家商号总数达640个；

① 赵永杰：《家族企业转型探究：基于动态能力生成机理与路径》，中国时代经济出版社2017年版，第13页。

② 李南鸿：《我国家族企业发展历史与制度变迁》，载《商场现代化》2010年第10期。

介休侯氏的“蔚”字号在全国30多个地区设有分庄；范式家族垄断对日贩铜贸易长达70余年……这些都可以证实，晋商发展到鼎盛时期已呈现出“家族集中控制”的现象。[①]这种现象与家族经营制度是分不开的。

晋商的家族经营制度，在父权制度、继承制度、婚姻制度、教育制度等皆有所表现，在一定程度上促进了家族商业的发展和壮大。晋商是以“地缘”关系为基础建立的商帮组织制度，是通过会馆、公所等组成的以地域乡人为主的商帮集团，形成了一种以“拟家族”式的忠诚意识和集体主义观念，并在此基础上，形成重义务、重责任、牢固和谐的商帮内部关系，极大地增强了晋商的对外竞争力。

徽商，是明清时期活跃于全国商界的一支劲旅。徽商的宗族特征十分明显，他们利用宗族和乡党势力，扩大资本，立足两淮盐业，实行“月折”制度，建立商业会馆，使这支劲旅活跃商界数百年而不衰。徽州地处万山丛中，宗族制度一直十分稳固。这种稳固传承的宗族关系在徽人的商业活动中发挥了积极的作用。其主要作用表现在：

一是借助宗族势力，建立商业垄断。徽商建立区域性垄断时，联合宗族势力，取得人力、财力上的优势。这一点在他们经营的典当业中表现得尤为明显。他们的竞争策略是族

① 刘建生、刘鹏生、燕红忠等：《明清晋商制度变迁研究》，山西人民出版社2005年版，第240页。

人乡党从事同一行业，凭恃雄厚的资本，采取一致行动，降低典利，取得巨大的竞争优势。徽商的宗族弟子在上海等地扩大典当业地盘，到了19世纪80年代，上海有大典当商69户，徽州人占一半以上，这是徽人借助宗族势力，垄断商业市场的典型之一。

二是借助宗族力量，扩大商业资本。由于从事规模巨大的商品贩运活动，即使是拥有巨资的富商大贾也会感到力不从心，偶尔难免借贷资金以逐利。当时徽商借贷资金大多是在同乡同族的范围内进行的。债权人往往念及乡族之谊，给债务人的贷款通常都带有资助与接济的性质，贷款的利息率一般都较低。因此，徽商往往能够扩大商业利润率与利息率的差额，通过贷资经商的途径而使自己发财致富。随着商业经营规模的扩大，商业竞争的加剧，合资经商的现象便应运而生。在徽商中，兄弟叔侄间合资经商的现象最为普遍。

明清时期的徽州商人采取不同形式把资本组合起来，形成了一个庞大的网络，几乎每个人都处于这个网络之中。在绝大多数的场合下，徽商的这种资本组合关系都是在同乡同族的范围内建立起来的。他们之间因是同乡同族，足以互相信赖，互相支持，所以他们能把资本组合起来从事商业活动。这种资本的结合，又反过来强化了他们之间地缘与血缘联系的天然纽带，二者交互作用，使徽州商帮内部的结合更为牢固。徽州商帮之所以能够成为称雄于全国商界的一支劲旅，与其内部结合的这种牢固性是分不开的。①

（二）现代民营经济的支柱

《中国民营经济发展报告（2006）》指出，340万家私营民营企业中90%以上是家族企业。2010年私营企业抽样调查显示，广义的家族企业占私营企业总数的85.4%，超过560万户；狭义的家族企业占私营企业的55.5%，超过365万户，而私营企业已占我国内资企业总数的70%以上。② 也就是说，家族企业在数量上已经拥有了大半壁江山。

家族企业不仅数量多，规模也相当可观。2010年年底，中国的2063家A股上市公司中，36.9%属于家族企业，其中包括刘氏兄弟的希望集团、茅理翔的方太集团、徐文荣的横店集团等。近些年，家族企业占A股市场上市的所有私营企业的比例从2016年的48.9%增加到2017年的55.7%，截至2017年4月，有累计多达1112家家族企业在国内股票交易所上市。③ 由于家族企业发展旺盛，有学者称其为中国经济的"隐形发动机"，日益成为中

---

① 姚贤涛、王连娟编著：《中国家族企业：现状、问题与对策》，企业管理出版社2002年版，第69页。

② 在此处，广义的家族企业指的是个人或家族拥有股权50%以上的企业，狭义的家族企业指的是在此基础上个人或家族参与管理的企业。

③ 普华永道：《2018年中国家族企业调研报告》，第8页。

国经济和政治生活中的一支重要力量。[①]

（三）未来的发展潜力巨大

家族企业的蓬勃发展，预示着未来家族企业仍有无穷的发展潜力。美国《新闻周刊》报道，家族企业上市之后，10 年内业绩成长远高于非家族企业。德国汤姆逊金融公司统计了 30 家家族企业的增长数据，家族企业在 10 年内出现了 206% 的增长，而非家族企业只有 47% 的增长。在法国，家族企业的这项指数为 203%，而非家族企业的指数为 76%。在英国、意大利、西班牙等地，家族企业的表现同样优于非家族企业。[②] 不可忽视的是，作为民营经济主体的民营家族企业，为社会提供了大量的就业岗位，在保障社会稳定方面有着不可磨灭的贡献。因此，只要国家要发展经济，就离不开家族企业。

三、中国家族企业的特点

（一）重视亲缘和家族利益

中国的“家文化”观念非常浓厚，在这种观念下，家庭成员

---

① 高路：《孝道第一课》，中国国际广播出版社2017年版，第218页。

② 茅理翔：《百年传承：探索中国特色现代家族企业传承之道》，浙江人民出版社2013年版，第3页。

几乎都追求家族的兴旺、发达和荣耀。“家文化”主导下的家族企业在创业初期，家族成员在追求家族利益的感召下，不怕苦、不怕累、不计个人得失，拧成一股绳，共谋企业的发展。“打虎亲兄弟，上阵父子兵”就是对这种关系的真实写照。在“家文化”的熏陶下，民营企业由家族管理是再自然不过的事了。显然，“家文化”观念正是民营企业采取家族化管理模式的肥沃“土壤”。①

由于亲缘关系的存在，家族企业经营者之间具有天然的信任基础。中国私营企业研究会课题组调查显示，在私营家族企业中，已婚企业主的配偶有60.3%在企业工作。在所有管理人员中，26.7%由投资者担任，16.8%由企业主或投资者的亲属担任，5%是其邻居或同乡，如果将范围扩大到同学、朋友、战友等，所占的比重还要更大。② 可以看出，管理者的构成中，很大一部分是投资人信任的亲戚和熟人。这是中国家族企业最大的特点之一。

（二）决策高度集权化

家族企业的股权一般都集中在家族大家长或创业家长手

---

① 吴申元主编：《现代企业制度概论》，首都经济贸易大学出版社2016年版，第163页。

② 王德培：《中国经济2017：寻找经济“新大陆”》，中国友谊出版公司2016年版，第224页。

中。如果企业规模比较大，则家族的主要成员也会掌握一部分控制权和股权，企业其他的主要职位也基本上由家族成员占据。

实际上，无论是管理决策，还是经营决策，85%以上是由企业主直接作出的，管理权和决策权高度集中在企业主手中。[①] 家长的能力、作风很大程度上影响着企业的发展和生存。家族企业的集权、对家族的依赖导致企业的发展及未来掌握在家长一个人的手里。如果大家长远见卓识、管理能力超群，这对于家族企业来说是好事；但是，一旦大家长能力不足，或者决策失误，那么家族企业也会面临一朝陨落的危险。

（三）产权的封闭性

尽管越来越多的家族企业采用现代化的公司形式经营，但是家族还是会占有公司的绝大多数股份，不愿意将企业的经营控制权转交给他人。一项对2010—2018年沪深两市上市的民营企业股权结构分析显示，我国民营企业股权集中度较高。可见，即使在上市民营公司中，股权集中的现象也较为普遍。另有研究指出，企业的核心领导层和管理层大多由家族成员组成或控制，所有权和经营权都牢牢控制在家族成员手中。[②]

---

① 胡石其编：《中国家族企业治理模式研究》，中国经济出版社2013年版，第23页。

② 朱成全主编：《企业文化概论》，东北财经大学出版社2010年版，第180页。

这种模式的核心就是企业所有权和经营权的两权合一，主要有以下几种表现：一是企业的初始所有权由单一创业者拥有，当创业者退休后，企业的所有权传递给子女，由其子女单独或共同拥有；二是企业的所有权由合资创业具有血缘、亲缘和姻缘的家族成员共同控制，然后顺延传递给创业者第二代或第三代的家族成员，并由他们共同控制；三是一些原来处于封闭状态的家族企业，把企业的部分股权转让给家族外的其他人或企业，或把企业进行改制后公开上市，从而形成家族企业股权多元化的格局，但这些股权多元化的家族企业的大部分所有权仍然主要由家族成员控制。①

这种两权合一的产权制度，既有优势，也有不足。由于产权高度集中于少数几个人，客观上使所有者参与企业生产经营的程度很深，所有者有足够的动机和条件确保企业是在为自己的最大利益运作。在这种产权关系下，出资者与经理的工作统一于雇主式企业家一人身上。因而不存在对经理的激励和监督问题，也不存在出资者与经理在企业目标上的冲突，有效地节约了企业的组织管理费用；再加上家族制企业强调下属对上级的服从，决策的执行更加快速而富有效率，能快速和灵活地适应市场的需求。②但是从长远角度来说，产权的封闭性也对家族企业的进一步发展

① 刘巨钦等：《中国家族企业治理研究》，中国经济出版社2007年版，第46页。

② 吴申元主编：《现代企业制度概论》，首都经济贸易大学出版社2009年版，第136页。

壮大造成了障碍。一方面企业很难迅速筹集社会资本，另一方面产权的封闭化也不利于调动在企业任职的非家族成员的积极性。这也就是有些家族企业“长不大”的原因。

第二节

家族企业的特有风险及防范

企业家柳传志说过："作为公司的法人代表，我的工作是艰难的，最难的地方在于冒风险，冒商业风险和政策风险。"中国高净值人士大多是民营企业主，他们在全身心投入企业的经营管理中时，往往容易忽略一个重要问题，那就是家庭财富与企业经营之间需要设立一道"防火墙"。如果转型失败或者突发意外事故，本该只是企业破产，企业家却可能会因为没有事先做好风险隔离，个人资产被无限卷入，甚至连配偶子女也被牵连，一家背上债务，东山再起的资本也耗完，最后连最基本的家庭生活都失去保障。①

因此，对于企业主家庭来说，树立风险隔离意识至关重要。只有识别风险并有效地隔离风险，才能防止辛辛苦苦积攒的产业被"一夜回到解放前"。从整体上看，家族企业面临的风险包括

① 郭菊娥等：《家族企业财富管理理论与实践》，西安交通大学出版社2015年版，第32页。

但不限于以下几个方面。

一、家企不分，人格混同

很多企业主信奉“公司是我们家开的，所有事情都得我说了算”的“一言堂”模式，实际经营过程中存在企业财产与家庭用度混为一谈的情况。这种现象，在法律层面可能会被认定为“人格混同”，导致企业主需要对公司的经营风险承担连带责任。最高人民法院2019年11月印发的《全国法院民商事审判工作会议纪要》中关于公司人格否认制度规定：

> 认定公司人格与股东人格是否存在混同，最根本的判断标准是公司是否具有独立意思和独立财产，最主要的表现是公司的财产与股东的财产是否混同且无法区分。在认定是否构成人格混同时，应当综合考虑以下因素：(1) 股东无偿使用公司资金或者财产，不作财务记载的；(2) 股东用公司的资金偿还股东的债务，或者将公司的资金供关联公司无偿使用，不作财务记载的；(3) 公司账簿与股东账簿不分，致使公司财产与股东财产无法区分的；(4) 股东自身收益与公司盈利不加区分，致使双方利益不清的；(5) 公司的财产记载于股东名下，由股东占有、使用的；(6) 人格混同的其他情形。在出现人格混同的情况下，往往同时出现以下混同：公

司业务和股东业务混同；公司员工与股东员工混同，特别是财务人员混同；公司住所与股东住所混同。人民法院在审理案件时，关键要审查是否构成人格混同，而不要求同时具备其他方面的混同，其他方面的混同往往只是人格混同的补强。

（一）人格混同的法律后果

1. 对企业债务承担连带责任

我国《公司法》第20条中规定，“公司股东滥用公司法人独立地位和股东有限责任，逃避债务，严重损害债权人利益的，应当对公司债务承担连带责任”。

深圳市中级人民法院裁判的一起合同纠纷案①中，法院认为，被告李某虽然以公司名义与原告签署了《代理协议》，但是却用私人账户替公司收取了订车款，上诉人（原告）已经初步举证证明，李某与被告公司之间可能存在财产混同的情形，被告李某和被告公司没有提交任何反驳证据，未能证明被告公司财务与李某相独立，应承担举证不能的不利后果。被告李某与被告公司财务混同的行为损害了公司的偿债能力，李某应当对被告公司的债务承担连带责任。

---

① 深圳市中级人民法院（2019）粤03民终14328号佛山中能东道新能源科技有限公司、深圳君达新能源科技有限公司合同纠纷二审民事判决书。

2. 被认定为偷税漏税

公司在运营当中，两个税种是不得不面对的：一是商品在流转过程中产生的增值税；二是因企业产生利润而需要缴纳的企业所得税。除此之外，企业家要想将公司经营的利润装入自己的口袋，还需要合法的分红方式，并缴纳个人所得税。然而，在企业经营过程中，很多人直接让合作伙伴将合同款打到个人账户，或者直接由公司出钱为家庭购置大额资产，或者直接从公司中提款却不归还。这些款项往往都未缴纳个人所得税，可能会涉嫌偷税漏税。

偷税，是指纳税人以不缴或者少缴税款为目的，采取各种不公开的手段，隐瞒真实情况，欺骗税务机关的行为。漏税，是由于纳税人不熟悉税法的相关规定和财务制度，或者由于工作粗心大意等造成的，如错用税率、漏报应税项目、少计应税数额、错算销售金额和经营利润等。在家企不分的情况下，企业或者企业主个人很可能涉嫌偷税漏税，从而面临行政责任或刑事责任。对于行政责任，《税收征收管理法》对企业偷逃税款的行为进行了明确规定[①]，企业家因为企业逃税的问题最高面临未缴纳税款5倍的罚款，而且要未因缴税的事宜承担滞纳金。对于刑事责任，如果未缴税收部分超过了应纳税金额10%以上，且金额巨大，应当承担刑事责任。[②]

3. 挪用资金罪

实际控制人挪用公司资金的情况，在公司经营过程中并不罕见，而且，挪用资金可能会给企业家自身带来刑事责任。《刑法》第272条规定，挪用资金罪，是指公司、企业或者其他单位的工作人员利用职务上的便利，挪用本单位资金归个人使用或者借贷

---

① 《税收征收管理法》第62条规定："纳税人未按照规定的期限办理纳税申报和报送纳税资料的，或者扣缴义务人未按照规定的期限向税务机关报送代扣代缴、代收代缴税款报告表和有关资料的，由税务机关责令限期改正，可以处二千元以下的罚款；情节严重的，可以处二千元以上一万元以下的罚款。"第63条规定："纳税人伪造、变造、隐匿、擅自销毁帐簿、记帐凭证，或者在帐簿上多列支出或者不列、少列收入，或者经税务机关通知申报而拒不申报或者进行虚假的纳税申报，不缴或者少缴应纳税款的，是偷税。对纳税人偷税的，由税务机关追缴其不缴或者少缴的税款、滞纳金，并处不缴或者少缴的税款百分之五十以上五倍以下的罚款；构成犯罪的，依法追究刑事责任。扣缴义务人采取前款所列手段，不缴或者少缴已扣、已收税款，由税务机关追缴其不缴或者少缴的税款、滞纳金，并处不缴或者少缴的税款百分之五十以上五倍以下的罚款；构成犯罪的，依法追究刑事责任。"

② 《刑法》第201条第1款规定："纳税人采取欺骗、隐瞒手段进行虚假纳税申报或者不申报，逃避缴纳税款数额较大并且占应纳税额百分之十以上的，处三年以下有期徒刑或者拘役，并处罚金；数额巨大并且占应纳税额百分之三十以上的，处三年以上七年以下有期徒刑，并处罚金。"

给他人，数额较大、超过3个月未还的，或者虽未超过3个月，但数额较大、进行营利活动的，或者进行非法活动的行为。

据媒体报道，2009年9月，真功夫原董事长蔡达标利用职务之便，指使洪人刚等人，虚构厨具开发等项目支出，以预付款的方式，挪用广州、深圳真功夫公司共800万元，再由李跃义套取现金后将780万元存入蔡达标的私人账号供其使用，其余被李跃义用于偿还银行贷款利息。该笔款项于次年12月被退回，占用时间超过3个月。2009年9月至2010年1月，蔡达标故技重施，指使洪人刚等人，再次挪用广州、深圳真功夫公司共1000万元，后由李跃义经手转到蔡达标的私人账户，占用时间超过3个月。[①] 2012年8月31日，蔡达标因职务侵占罪、挪用资金罪、抽逃出资罪三项罪名被广州市天河区人民检察院提起公诉。最终，广州市天河区法院认定蔡达标职务侵占和挪用资金两项罪名成立，判处其有期徒刑14年、没收个人财产100万元。

可见，家族企业领导者在经营的过程中，如果滥用手中权力，造成“人企不分”“家企不分”的状况，情节严重的，还有可能遭受牢狱之灾。

① 《真功夫总裁蔡达标被控挪用资金3000万》，载新浪财经，http://finance.sina.com.cn/roll/20120903/100313028150.shtml。

（二）避免人格混同的有效措施

家族企业与家族成员个人之间的风险隔离，一方面要防止家庭的风险传递给家族企业，避免因家族成员的婚姻、债务、死亡等个人风险引起家族企业的动荡和争端；另一方面也要防止家族企业风险传递给家族，影响家族及每位成员既有的财富安全与生活水平。

从家族与企业的关系来看，风险隔离的核心是区分家族风险和企业风险。不能让企业的有限责任变成家族的无限责任，其中最重要的一项任务就是在家族资产和公司资产之间作出清晰的划分。首先，企业资金入企业账户，个人资金入个人账户，尽量避免家族成员与企业账户之间的资金频繁往来，避免公司资金直接入个人账户，避免用公司款项为家庭成员的个人消费埋单。其次，为家庭服务的人，不要从公司签署聘用合同，如保姆、司机等；也尽量避免让公司员工为家庭个人提供服务。最后，不同事业板块的所有权结构、商业模式、风险程度均有所差异，避免不同事业板块之间交叉持股也是很重要的。

当然，对家族企业进行规范化治理，才是系统化解混同风险的最终途径。规范治理要求公司完善法人治理结构，让董事会、监事会和经理层发挥职能，建立健全股东会决策制度、财务管理制度、人员聘用制度等，从根源上避免混同风险的发生。

二、为获融资，不计后果

民营企业的融资困境众所周知，尤其是新冠肺炎疫情以来，家族企业融资难问题越来越突出。从国家政策层面来看，货币政策收紧时，对于家族企业的影响往往十分直接；当货币政策放松时，对家族企业而言，滞后效应十分明显。激烈变动的货币政策的直接结果，是家族企业得到融资的机会在不断被压缩。家族企业融资难不但受制于金融机构的资源，而且受制于担保和抵押环节。①

家族企业的融资难，主要表现为通过资本市场或者金融信贷的外源性融资难。虽然个别家族企业形成了规模化经营，与银行建立了相当深厚的合作关系，但对于中小型的家族企业来讲，金融信贷机构的倾斜有限，往往在企业出现资金困境时“袖手旁观”。除少数上市公司以外，家族企业发展的资金基本是自有的。有关数据表明，家族企业的融资构成中，自有资金约占65%，银行贷款占10%左右，民间借贷占15%左右，其余10%主要是商业信用或者债务拖欠。②

---

① 谢守祥、王雅芬、王呈斌：《民营家族企业代际传承影响因素与传承制度研究》，中国矿业大学出版社2017年版，第54页。

② 张彦宁、王基洛主编，中国企业联合会、中国企业家协会编：《中国企业发展报告（2007）》，企业管理出版社2007年版，第67页。

在这样的大环境下，很多企业家为了获得融资，不得不小心翼翼，有时不得不抵押上自己全部的家当；甚至稍有不慎，还会陷入“套路贷”陷阱。融资过程中的风险，不得不防。

（一）企业链式担保风险

1. 常见问题

民营企业为了从银行获得贷款，往往需要提供担保，在缺乏实物资产的时候，就需要找担保人进行担保了。一来二去，就形成了 A 企业为 B 企业担保，B 企业为 C 企业担保，C 企业为 A 企业担保的这种链条式的互相担保的情况，也可以称为企业链式互保。企业链式互保风险很大，只要链条中的一家企业出现了偿债危机，为其提供担保的企业往往也会跟着遭殃，进而整个链条上的企业基本都会受到波及，由此引发一损俱损的巨额债务风险。西王集团为齐星集团担保的案例，就充分说明了企业之间互保存在着风险。

齐星集团 2002 年由邹平电力集团改制而来，巅峰时期旗下拥有 28 家子公司，员工 12,000 余人。然而，由于过度分散投资、自身经营管理方面存在问题，齐星集团的发展局面终于在 2017 年彻底失控，不得不向山东省邹平县人民法院申请破产重整。

齐星集团破产时，债务高达上百亿元，涉及金融机构 30

多家，外部担保隐忧重重。为齐星集团进行担保的企业多数是当地的骨干大型企业，这其中就有西王集团。西王集团对齐星集团及下属子公司提供担保金额达 29.073 亿元，为最大担保方。2018 年 2 月，因为齐星集团的重整计划一拖再拖，西王集团的代偿风险极大，西王集团的公司主体信用等级下调，2018 年第一期短融债也因迫于市场原因暂时取消。眼看着就要波及西王集团，在当地政府干预下，法院裁定解除了西王集团与齐星集团的担保关系，西王集团只需要按照担保金额的 10% 承担担保责任。当时，西王集团董事长曾称：从泥潭里拔出腿儿了。

遗憾的是，一波未平，一波又起。在本次“齐星互保”事件中，邹平县供电公司也是齐星集团的担保人，担保金额为 10.275 亿元，西王集团也是邹平县供电公司对外贷款的担保人。西王集团再次被担保拖了后腿。2019 年，西王集团因此先后被两家法院列为被执行人。由于对外担保被列为失信被执行人，严重影响了市场对西王集团的信心。2019 年 9 月，西王集团原计划公开发行 6 亿元的债券，结果最终市场认购额仅为 1.5 亿元。①

2. 规避方案

首先，尽可能选择一般保证，回避连带责任保证。根据《民

① 《被互保拖垮的西王集团，可能不是最后一位受害者》，载腾讯新闻，https://xw.qq.com/c/finance/20191025008523000。

法典》第687条的规定，当事人在保证合同中约定，债务人不能履行债务时，由保证人承担保证责任的，为一般保证。一般保证中，保证人在主合同纠纷未经审判或者仲裁、债务人财产依法强制执行仍不能履行债务前，有权拒绝向债权人承担保证责任。而如果是连带责任保证，根据《民法典》第688条第2款的规定，债权人可同时向债务人和保证人主张权利，这会增加保证人讼累。所以，如果要为其他企业债务提供保证责任，在有选择的前提下，应该尽量选择一般保证责任，避免选择连带保证责任。

其次，在存在多笔借款的情况下，保证人需要尽可能设定一个最高限额。最高额保证是指保证人对一定期间内连续发生的不特定债权，在最高限额内承担保证责任的保证方式。债权人与保证人，可以协商确定一个最高限额，由保证人在此限额内对债务人履行债务作保证。企业经营过程中，往往需要反复贷款。如果保证人不为自己设定一个上限的话，那么担保的金额很可能很高，一旦需要实际承担保证责任，保证人很可能因此而被拖垮。要切记承担保证责任要在自己力所能及的范围内，万不可存在侥幸心理，认为担保只是走个形式。

最后，企业要不断提升自身抗风险能力。企业应建立专门的法律风险评估机构和科学的对外担保决策机制，完善担保风险评估，严格审查担保风险，改变传统的“一言堂”决策模式，重大担保事项须由董事会或股东大会决议，杜绝随意性对外担保。

总之，企业之间互保存在较大法律风险，还可能会对本企业的经营带来困境，企业应当尽可能地避免这种担保形式，以免产生“多米诺骨牌”效应。

（二）被对赌协议拖垮的风险

1. 常见风险、问题

对赌协议是指投资方与融资方在达成融资协议时，为解决交易双方对目标公司未来发展的不确定性、信息不对称等而设计的包含股权回购、金钱补偿等对未来目标公司的估值进行调整的协议。投资方可以选择在非财务性指标层面对融资方提出要求，如上市时间、用户数量、专利数量、网点数等；也可以选择在财务指标层面提出要求，如营业收入、利润总额、扣非净利润等。如果目标公司在约定的时限内未能实现对赌条件，则相应调整股权投资者在目标公司中的股权比例，或采取其他能达成与股权比例变化具有同等商业效果的替代方式，如股权回购、金钱补偿等。

2019 年 11 月，最高人民法院印发《全国法院民商事审判工作会议纪要》，该纪要第 5 条承认了回购型对赌协议的效力。[①] 对于迫切渴求投资款的融资方来说，对赌协议往往是一把“双刃

① 《全国法院民商事审判工作会议纪要》第5条规定：“投资方与目标公司订立的‘对赌协议’在不存在法定无效事由的情况下，目标公司仅以存在股权回购或者金钱补偿约定为由，主张‘对赌协议’无效的，人民法院不予支持，但投资方主张实际履行的，人民法院应当审查是否符合公司法关于‘股东不得抽逃出资’及股份回购的强制性规定，判决是否支持其诉讼请求。”

剑”，其也隐藏着不少风险。

对赌条款有时会放大企业本身不成熟的商业模式和发展战略，从而使企业发展方向发生扭曲。对赌协议很容易导致管理层为获取短期利润而采取短期行为，使企业潜力过度开发，将企业引向过度追求短期效益的非理性扩张。对赌协议还可能在一定程度上破坏公司内部治理，使企业重业绩、轻治理，重发展、轻规范，从长期来看对公司的发展同样有害。

此外，对赌不当可能造成股权旁落，丧失控制权。最为典型的是太子奶集团和摩根士丹利等投资机构的对赌。2007 年年初，太子奶集团的实控人李途纯与摩根士丹利投资机构签订对赌协议，约定的对赌目标是经营业绩增长要高于 30%，否则将让渡一部分太子奶集团的股权给投资机构。依靠投资机构的资金，太子奶集团开始高速扩张，但由于企业规模扩大后没有得到及时消化和控制，只是单纯规模的增加，并没有增强太子奶集团的核心实力。2008 年，该集团经营弊端开始凸显，在年底的时候其未完成对赌协议约定的经营目标，李途纯被迫将公司控制权让给他人。事实上，风险投资机构的目标并不在于经营企业，其获得太子奶集团的控制权后，也未能顺利解决处于困境中的太子奶的问题。①

① 参见孙明：《对赌协议的法律效力与法律风险研究》，江西师范大学2019年硕士学位论文。

2. 规避方案

第一，应仔细审查对赌协议中各个条款。对赌协议是专业的法律文件，其中的各个条款，对于投资方来说，都有存在的价值和必要性，但是对于融资方来说却并不是这样。在与投资方进行谈判过程中，融资方的话语权本就比较少，如果在对合同的每个条款不甚了解的情况下，为了获取融资而草率签署协议，很容易留下隐患。俏江南张兰与鼎晖对赌失败，被迫出让控制权的教训，值得每一位创业者警醒。对于融资方来说，设定对赌条款时，不仅要看到赌赢获得的丰厚收益，更要考虑赌输之后的结果是否在自己风险承受范围之内。必要时，融资方及实际控制人可以聘请专业的律师审查对赌协议，提示风险。

第二，应当着重保护实际控制人对企业的控制权。企业在发展的过程中，往往会经过多轮融资，每轮融资往往都涉及股权出让。如果不能精确预测公司未来的资金需求及实际控制人最低持股比例，或者事先不做好控制权保护措施，如 AB 股模式、一致行动协议等，实际控制人的股权经过多轮融资后，往往会被稀释掉很大一部分，最终很有可能无法按照自己的想法经营企业，甚至可能失去控制权。因此，融资方在和投资者磋商时，一定要坚持自己的原则，把握好控制权底线，避免被动“卖身”。

第三，应当配合投资人做好尽职调查。公开透明地向投资人开放信息，使投资人在经过认真的尽职调查，充分了解企业状况和存在的问题的情况下，作出客观的决定，这可以使双方对融资企业的未来发展预期较为相近。融资方应尽量避免投资方对企业预期过高，设定不切实际的上市条件或业绩目标，避免为对赌失败提供土壤。

（三）高利贷、“套路贷”陷阱

银行贷款门槛较高，让有贷款需求的中小民营企业“望而却步”。没有银行贷款支持，又无法获得投资者的青睐，一旦遇到资金周转困难，很多中小民营企业多转向不正规的小贷公司或个人借款，很可能陷入早已设置好的“圈套”中。

1. 常见套路

河北的一家民营房地产公司为了给总承建商及其他分包商支付施工费用，于2013年至2015年，先后将价值6000多万元的在建房屋作为“抵押物”，与放贷人刘某父子签订了6份“借款协议”，协议约定借款本金共计2350万元，年利率高达36%。但实际上，刘某父子仅向房地产公司汇款900余万元。后来，该房地产公司不仅向刘某父子偿还了4700万元的本息，而且价值6000多万元的“抵押房”一直被刘某父子控制。2017年刘某聚集一些人员来到该房地产公司，以卖掉“抵押房”为要挟，迫使该房地产公司负责人签下仍欠其1550万元本金的一份“说明”，欠款越还越多。意识到被

“套路”后，该房地产公司向公检法部门进行了举报……

事实上，该企业遇到的借贷“套路”并非孤例。近年来，一些贷款机构或个人趁机盯上这些急需资金周转的企业，使用种种“套路”，最终达到牟取财产的目的。这也就是人们常说的“套路贷”。“套路贷”并非一个独立的罪名，而是一个概括性的称谓。

最高人民法院、最高人民检察院、公安部、司法部联合印发的《关于办理“套路贷”刑事案件若干问题的意见》指出，“套路贷”是对以非法占有为目的，假借民间借贷之名，诱使或迫使被害人签订“借贷”或变相“借贷”“抵押”“担保”等相关协议，通过虚增借贷金额、恶意制造违约、肆意认定违约、毁匿还款证据等方式形成虚假债权债务，并借助诉讼、仲裁、公证或者采用暴力、威胁以及其他手段非法占有被害人财物的相关违法犯罪活动的概括性称谓。

实施“套路贷”的人会瞄准有经济实力并且亟须资金周转的企业，以“迅速放款”为诱饵吸引借款人，高息借款。到期后，如果借款人无力偿还，放贷人便使出手段侵吞借贷人财产，或者逼迫其将需要偿还的高利息转换为本金，并通过制造虚假转账借贷银行流水，从而拿到借款方“再次借贷”的证据，让借款利滚利，本金数额越来越大，利息越来越多。

2. 规避方案

企业在选择民间借贷时一定要选择正规贷款机构，避免通过资本掮客间接向金融机构借款，还要严格审阅融资合同条款，拒绝在没有填写内容的空白合同或借款金额虚高的阴阳合同上签字。一旦发现存在上述违法违规行为，应及时终止协议，造成损失的，应尽早收集证据，通过司法程序保护企业自身权益。识别和应对套路贷，应从以下几个方面着手：

第一，要加强管控、审核，对重大合同必须书面、细致审核，确定合同规范，没有漏洞，关键内容明确，排除后续被篡改的可能。避免口头约定，不能因为急于引入资金或者被优惠的条件所吸引而轻信允诺。确定融资借款后，既要防止对方通过印章共管妨害企业经营，还不能关闭融资借款渠道，防止对方断贷。

第二，要重视调查、分析。借款融资时，除关注借贷合同的金额、时间、利息外，还要重视对出借方情况的调查，比如，要调查出借企业的资质、业务领域、经营范围、人员组成等情况。另外，对于出借方的涉诉和纠纷情况，也要结合上述数据进行串并联分析。如果出借方涉及大量借贷纠纷甚至诉讼，就要高度警惕风险。实践中，如果存在“砍头息”严重、利息畸高（年息超过16%）、刻意要求/阻止偿还本息、通过违法方式催收、欠款本息越还越多等情况，应立刻警惕，可能是遇上了“套路贷”。

第三，注重证据，善于通过法律途径解决问题。融资借款时，不论是洽谈意向、签署合同还是收付款，均应注意保存证据。在实践案例中，大量民事诉讼案件的借款方认为出借方属于“套路贷”，但只有个别案件转入刑事程序，其余都未得到人民法院支持。关键在于，借款方证据意识不强，证据保存不全。如果发现被“套路贷”，应第一时间进行刑事举报，留存还款记录、对方的短信轰炸及非法催要等记录、强占借款方资产的证据等，维护自己的合法权益。

此外，企业在日常的经济活动除了作为借款一方可能遭遇“套路贷”，在作为出借一方时也应预防和警惕“套路贷”。当企业作为出借一方时，预防构成套路贷可以从以下几个方面做起：

第一，要谨防利率、金额、人数等超标。根据《刑法》第225条的规定，非法经营行为达到“情节严重的”，构成刑事犯罪，应当处5年以下有期徒刑或者拘役，并处或者单处违法所得1倍以上5倍以下罚金。关于何谓“情节严重”，《关于办理非法放贷刑事案件若干问题的意见》（以下简称《非法放贷意见》）第2条规定，超过36%的实际年利率，且具有以下情形之一的，属于“情节严重”：（1）个人非法放贷数额累计在200万元以上的，单位非法放贷数额累计在1000万元以上的；（2）个人违法所得数额累计在80万元以上的，单位违法所得数额累计在400万元以上的；（3）个人非法放贷对象累计在50人以上的，单位非法放贷对象累计在150人以上的；（4）造成借款人或者其近亲属自杀、死亡或者精神失常等严重后果的。此外，根据《非法放贷意见》第2条与第3条的综合规定，在放贷数额、人数、利率等方面进一步超标的，放贷行为存在被认定为“情节特别严重”的风险，出借人可能面临更加严峻的刑事处罚。因此，如果企业对外出借年利率超过36%，就一定要注意出借时间、次数、金额和出借对象，不要触碰法律红线。

第二，收取服务费、咨询费须提供实质服务。《非法放贷意见》第5条中规定，非法放贷行为人以介绍费、咨询费、管理费、逾期利息、违约金等名义和以从本金中预先扣除等方式收取利息的，相关数额在计算实际年利率时均应计入。所以，企业收取服务费、咨询费等费用时须提供对应的服务。如果事后发现未提供实质性服务，企业应将该费用计入利息重新核算利率，主动降息。否则，一旦被认定属于变相利息，企业在面临刑事犯罪风险的同时，除本金以外的所有财物都会被计入违法所得，予以没收。

第三，要谨慎选择项目和催收公司。企业委托催收公司时，应找正规公司，要求催收公司提供全程催收录音录像。针对个别“老赖”，不管是出借企业还是催收公司，坚决不能使用暴力或者软暴力方式催收。

三、突遭变故，应对失当

家族企业在发展和传承过程中，要面临的最特有的风险就是家庭变故，轻则可能引发企业人心不稳，业绩衰退，重则引发企业破产，再无东山再起之日。一般来讲，以下几种极端的家庭及个人变故，企业家需要事先防范。

（一）企业家人身健康风险

《2013至尚优品——中国千万富豪品牌倾向报告》的调查结果显示，中国高净值人群最想拥有的是健康，最担心的也是个人健康问题。高净值人士通常面临压力巨大、缺乏运动、饮食不规律、睡眠不足等问题，长期下来，健康就成了一大隐患。《中国企业家》杂志向252位企业家进行调查的结果显示，90.6%的企业家处于“过劳”状态。企业家的身体状况成为家族企业第一风险的说法并不为过。除疾病之外，无处不在的意外，如车祸、坠机、突发心肌梗塞等，也会成为企业永续发展的障碍。

二代仓促接班下的海鑫集团

2003年，海鑫集团创始人李海仓被枪杀于办公室，没有任何关于企业交接的安排，海鑫集团面临最高权力的真空状态。有着43亿元资产的海鑫公司突然面临多重问题：李海仓在企业的90%以上的股权由谁继承？怎么继承？高度集中在李海仓手中的企业经营权由谁接管？怎样接管？这些问题都亟待解决。

经过家族会议提议，海鑫集团最终选择了“少主继位，老臣辅佐”的模式。年仅22岁的李兆会仓促接班，承接全部资产，被全票推举为董事长。李兆会不喜欢实业而喜欢金融，频频活跃于资本市场，甚至存在涉嫌造假账、偷逃税款以及向关联公司输送利益、转移资产等行为。2012 年后，钢铁行业开始走下坡路，公司资金链断裂，2014 年，海鑫钢铁的危机彻底爆发。曾经辉煌的海鑫集团成了破产集团，就连银行都不愿意贷款给海鑫集团。

由此可见，家族企业无论何时都应该有一套应急处理制度，从董事会、管理层、接班人以及股权继承等多个角度，防范实控人骤然不在时的企业衰败风险。

（二）婚变风险

1. 婚姻危机引发的企业动荡

家族内部成员之间如果爆发婚姻危机，也会给家族企业带来经营动荡，甚至造成家族企业的终结。① 不管夫妻是否共同创业，一旦离婚，在财产分割时就会涉及股权的改变。股权重新分割所产生的影响，可能涉及股东持股比例的改变，股东位次的变化，还会发生股权稀释，进而影响到股价。

土豆网创始人王微与前妻杨蕾之间离婚纠纷对公司的影响就是典型的事例。2012 年 11 月，土豆网创始人王微向美

① 应焕红：《家族企业的传承风险及其防范机制创新》，载《学习论坛》2009年第5期。

国证券交易委员会提交了纳斯达克上市申请。第二天，王微前妻杨蕾就向上海市徐汇区人民法院提起离婚财产分割诉讼，要求对土豆网境内公司股权进行保全，由于土豆网部分股权面临被法院强制划转给杨蕾的风险，导致股权结构不清晰，上市申请被驳回。

其实，在法定夫妻财产制度下，离婚是导致家族财富流失的重要因素之一，高净值家族需要提前进行婚姻财产安排，否则不利于家族财富的保护和传承。

2. 风险防范的有效方式——婚内财产协议

- 签署夫妻财产约定并配以补偿方案

根据《民法典》第1065条的规定，“男女双方可以约定婚姻关系存续期间所得的财产以及婚前财产归各自所有、共同所有或者部分各自所有、部分共同所有。约定应当采用书面形式”。因此，夫妻可以在婚前、婚后签署夫妻财产约定，以排除法定夫妻共有制度的适用。建议企业主在创办企业之前，与配偶签署夫妻财产约定，聚焦家族最担心的资产——如股权，规定无论是婚前还是婚后，股权及收益增值部分属于家族成员的个人财产，离婚不分割，达到预防家族股权遭遇二代婚变时的分割与不稳定风险。

但是，需要注意的是，如果要顺利达成夫妻财产约定往往需要给予配偶一定的补偿。可供选择补偿方案如下：

（1）赠与对方相应财产，如现金、房产。但不建议采取这种简单的方式，因为有可能对方受赠后，短期就提出离婚要求，导致财富损失。

（2）以配偶为受益人，配置大额保险。为配偶配置大额保险，配偶在婚后定期领取生存金（年金险）。如果配偶有过错，或主动提出离婚，投保人可以不交后期保费，或者以通过退保取回现金价值的方式，来保护家族财富、制约配偶的短期行为。这种方式较之第一种方式有利于激励夫妻双方保持稳定的婚姻关系。

（3）以配偶为受益人，配置家族信托。企业家作为委托人，配偶作为唯一受益人，设立不可撤销信托，约定只要配偶没有过错，在婚姻期间可以按约定领取信托利益。可考虑随着结婚年限，不断提高信托利益的金额，来平衡双方利益关系，激励配偶签署夫妻财产约定，并在婚后维护稳定的婚姻关系。家族信托目前是比较常用的补偿方案。

- 签署单向指定赠与协议并公证

如果未能签署夫妻财产约定，父母又要在下一代婚后赠与财产，建议签署赠与协议，在赠与协议中写明资产的信息，同时一定要作出非常确定的约定，表明该赠与仅为对直系血亲后代一人的赠与，与其配偶没有关系。虽然赠与协议签署即生效，但还是建议对重要的资产赠与进行赠与协议公证，这样可以提高协议本身的证明力。

- 订立遗嘱，并确定单项指定传承条款

建议订立遗嘱时，明确表示所有留给后代家族成员的财产都是其个人财产。将来子女继承的财产，均为婚内个人财产，婚变时一般不会被分割。

（三）突发性继承中的风险

当前我国家族企业普遍选择将企业经营权转交给“泛家族成员”接管，即“子承父业”继任模式。这里面，“子”可能既有男也有女，既有多人共同继承、也有独此一支不得不传的情况，这对于没有恰当传承计划的家族企业而言，往往意味着动荡，往往会出现以下局面①：

1. 破坏性分家使家族企业资产分散、规模效益急剧下降

如果子辈各自分立，复制出多个与原家族企业主营业务相同的新企业，使原家族企业资产规模、业务量缩减，规模效益丧失，这对于大多数正处于稳定或壮大期的家族企业是很危险的信号。

---

① 戴志强：《现代“子承父业”继任模式的风险类型与成因分析》，载《广东行政学院学报》2009年第4期。

2. 无形资产丧失或贬值。创始人已发展起来的与上下游企业的关系，是家族企业的重要无形资产

继任者取代创始人后，这种无形资产很可能因人不同而变化和松动，家族企业品牌、客户资源、核心技术、商业机密等重要无形资产，继任者很多时候无法确保其不受损失。继任过程中如出现混乱，可能使家族企业无形资产被窃取、廉价转让、流失。上市公司中的家族企业，由于继任问题的出现，可能造成股价下跌，资产市值缩水。

3. 争产诉讼

当家族后代成员无法对父辈资产的分割达成一致意见时，最后的解决争议的办法就是诉讼。诉讼往往耗时长、负面影响大，且会对家族成员之间的感情造成无法弥补的伤害。无论最终由谁继任，对于家族企业来说，股权争夺战都会带来巨大的负面影响。

4. 无人接班的风险

随着时代的发展、东西方文化的融合，一些家族后代成员追求自由的想法越来越强，不愿接班、不屑接班的现象也时有出现。在笔者服务的为数不多的家族中，有些后代家族成员倾心于艺术，有些倾心于金融，非常不愿接班管理父辈的传统产业。家族企业完成交接班，不是一朝一夕的事情，对后代成员要从小进

行全方位的教育、培养，避免出现需要交班时无人可交的窘境。

四、产权不清，代持普遍

家族企业的股权结构安排不当、所有权归属不清晰、代持普遍等问题，也是中国式家族企业的特有问题。受传统家族观念的影响，在长辈去世之前，中国人是不分家的，不管是夫妻的、父母的还是子女名下的财产，实际上统统都可以视为家族的财产。但是，办理股权工商登记时，所有权人却不允许登记成家族，因此很多股权虽然名义上登记在儿子、女儿或者妻子名下，但实际所有权可能是父母的或者是整个家庭的，这是产权不清、代持普遍的主要原因。

（一）股权比例失当

股权结构失当是家族企业、创业企业在公司设立时经常忽视的问题，家族企业的股权比例不合理，如两个合伙人股权“五五分”，或者三个合伙人、股权均分等，都很容易导致决策和管理时的公司治理僵局。

1. 风险

（1）股权比例均等的风险——公司没有实控人

两兄弟、夫妻一起创业的，出于公平考虑，经常会选择每个人持有50%的股权；这在企业创立初期往往显现不出问题，因为创业初期，两个创始人往往想法、目标高度一致。但是，一旦企业发展到一定规模，两位股东的想法容易出现不一致，股权比例均等引发的矛盾都会显现出来。

根据我国《公司法》的规定，控股股东，是指出资额占有限责任公司资本总额50%以上或其持有的股份占股份有限公司股本总额50%以上的股东。在公司股东只有2个人且无特殊表决机制设计的情况下，一个人持有的股份，必须至少要达到51%，才能在股东会作出有效决策。若两个股东各持股50%，那么在此二人意见不一致时，是无法作出有效决策的，公司就会陷入治理僵局，影响到企业的日常经营活动在所难免。

真功夫的股权结构

真功夫源于1990年潘宇海在广东东莞开办的168蒸品店，1994年，潘宇海的姐姐潘敏峰与姐夫蔡达标和潘宇海合作开店。在股权设计上，潘宇海占50%，蔡达标占25%，潘敏峰占25%。随着公司从168蒸品店到双种子公司，再到最后的真功夫，这种股权结构设计一直到没有改变。直到2006年，蔡达标和潘敏峰协议离婚，潘敏峰放弃自己25%的股权给蔡达标，潘宇海与蔡达标两人的股权也由此变为50%和50%。2007年10月，引入两家风投后，蔡达标和潘宇海在"真功夫"的股权同时被稀释到47%，仍维持股权对等。

2009年春节前，潘宇海在知悉“真功夫”正向银行申请1亿元无抵押贷款后，对外透露了股东间矛盾以阻止“真功夫”得到银行贷款，公司股东的矛盾开始表面化。最后，这场内斗以蔡达标被判职务侵占罪、挪用资金罪、抽逃资本罪而收场。

在五五分的股权结构之下，公司没有实际控制人，事实上是由两个人共同管理的。一旦股东二人无法就公司的经营发展方向、运营管理策略等达成一致，就会出现谁也说服不了谁、谁都不愿意退出、一方又奈何不了另一方的局面，公司发展会受到很大影响。

（2）股权比例设计为33%、33%、34%的风险——实控人可能变来变去

三个合伙人一起出资创业时，为了公平起见，可能会选择各自1/3的持股比例；最终多出来的1%，有可能随意就给到其中一个人了，这种安排是极为不妥的。首先，在这种安排下，任何一个人无法就公司事项作出有效的独立决策，必须要与其他人联合才可以。其次，三个人中的两两联合，其实并不稳定，主要还得有赖于持股34%的人。根据我国《公司法》的规定，股东会会议作出修改公司章程、增加或者减少注册资本的决议，以及公司合并、分立、解散或者变更公司形式的决议，必须经代表2/3以上表决权的股东通过。在33%、33%和34%的股权配比之下，两

位持股33%的股东，其中一位必须要与持股34%的股东保持一致，才能就重大事项作出决策。换句话说，对于前述与公司相关的重大事项，持股34%的股东拥有一票否决权，只要其不同意，像更换董事长、法定代表人这些需要通过修改公司章程才能实现的事情，都会难上加难。所以，在这种股权比例模式下，公司没有实际控制人。遇到重大事项时，弊端就会暴露出来。

很多公司在创立初期，创始人并没有在股权比例上放过多的心思，几个创始人各自出资多少，对应的股权比例就是多少，在公司持续发展、融资等过程中，问题才暴露出来。比如，几轮融资之后，创始人的股权被稀释得过多，快要丧失控制权了；发生股权/公司争夺战，影响公司发展了，再如，有的股东事实上退出了这次创业，但股权却没有被回购等。这都是公司设立和经营过程中的隐患，需要专业律师进行排查和风险控制，避免未来因小失大。

（3）股权过度分散的风险——实控人容易失去控制权

股权过于分散也存在较大问题。一般来讲，导致股权过于分散的原因，主要有两个方面：一是企业缺乏股权结构的统筹安排和顶层设计，家族成员纷纷在家族企业中直接持股，随着直接持股的家庭成员的增加，股权比例日益分散；二是家族企业缺乏股权融资规划，加之融资过程中企业家迫于融资压力让渡了过多股权比例，在多轮融资稀释后导致各股东持股比例分散。

在股权过于分散的情况下，无论是股东决策效率还是公司的反应速度都不能跟上企业发展的需要。此外，股权越分散，公司的中小股东数量就越多，但小股东往往不太参与经营管理，把管理公司和对公司的投入问题直接交给大股东，出现中小股东“搭便车”的现象。同时，由于股权的过度分散，股东会决策时会因为各方股东的意见不一致，导致公司难以决策，出现公司的动荡。

股权比例设计可以说是一个系统工程，不合理的股权结构极有可能给家族企业带来种种风险，家族企业应当通过科学的股权比例设计，尽可能地规避风险。

2. 解决方案

（1）事先做好持股比规划

在企业发展的过程中，为了避免出现股权比例失当、扼住公司“咽喉”的问题，首先要在创业之初做好事先规划，在创始股东之间将股权合理分配，避免出现股权均分、创始人过多等问题，同时预留出融资需要的股比、做员工股权激励需要的股比，以及约定好股东退出等制度，争取做到有备无患。

（2）适时调整股权结构

没有天生合理的持股比，也没有一成不变的持股比，只有处在合理变化中的持股比。企业可以根据发展需要，适时调整股权比例。公司在引入投资者、重要高管等，创始人往往都需要释放一部分股权出来，在此过程中，创始人需要注重对公司控制权的保护，这是至关重要的。在不得不放出股权去融资，又可能面临控制权风险的情况下，可以通过签署股东之间的一致行动协议、设计 AB 股安排等方式，确保通过较少股权实现对公司的控制。

（3）必要时让闲散股东退出经营管理

在公司经营、发展过程中，有的股东可能会提前退出。股东之间如事先有关于退出公司经营管理的约定是最好，如果没有的话，那么股东之间往往需要经过一定的谈判和沟通，这时候公司的利益有可能会被迫受到影响。提前的股权回购和退出安排，能起到事半功倍的效果，可以避免未来的僵局。

事实上，从世界发展趋势来看，创始股东发展到一定阶段退出公司的经营管理层甚至董事会都是司空见惯的事情，如创建 IBM 的沃森家族、创立福特汽车的福特家族等，这些家族都在公司发展壮大之后作出了退出董事会的决定。

（二）代持风险及解决方案

1. 风险

股权代持行为指的是实际出资人与名义出资人达成约定，由名义出资人作为名义股东进行工商登记，而由实际出资人出资并享有投资权益的一种持股方式。《最高人民法院关于适用〈中华人民共和国公司法〉若干问题的规定（三）》（法释〔2014〕2 号）第 24 条第 1 款规定，“有限责任公司的实际出资人与名义出资人订立合同，约定由实际出资人出资并享有投资权益，以名义出资人为名义股东，实际出资人与名义股东对该合同效力发生争议的，如无合同法第五十二条规定的情形，人民法院应当认定该合同有效”。

由于种种原因，在家族企业成立或发展过程中，实控人经常借用家人的身份进行股权代持，股权代持人一般都是自己的至亲，许多企业家往往没想到或不好意思要求签订股权代持协议，更不会留存相应代持证据。但是，在巨大经济利益和变故面前，亲人之间的信任极有可能崩塌。代持人一旦否认代持关系的存在，背后的实际出资人及其继承人因为无法举证证明其股权代持合意，很可能会遭受巨大损失。

小马奔腾代持案

小马奔腾文化传媒股份有限公司，这个曾被誉为业内黑马的影视文化公司，前身是创始人李明夫妇成立的一家广告公司。辉煌时期，小马奔腾投拍了至少 20 部以上的影视作品。2014 年，李明去世，此前一直做全职太太的金燕被推荐为公司董事长兼总经理。入主小马奔腾公司后，按照金燕对媒体的披露，李明生前曾将部分公司股权转让给姐姐李莉、妹妹李萍代持，但姐弟之间并没有签订代持协议。而小马奔腾公司某高管说：“我们其实也不能确认是否有代持，因为具体的股权细节是当年他们姐弟自己商定的，外人并不清楚。”

因为股权代持的问题，董事会上演姑嫂相争。李家兄妹直接和间接持有小马奔腾公司一半以上的股份，金燕并不持有任何一家公司的股份或股权。如此一来，金燕执掌小马奔腾公司10个月后，李莉被任命为董事长和法定代表人，金燕黯然出局。

金燕和李萍、李莉的代持之争，就是亲属间股权代持失败的经典案例，金燕连代持协议都拿不出来，败北也是意料之中。[①]

（1）上市公司股权代持无效

对于上市或者有上市计划的股份公司来说，股权代持引发的风险，很可能会成倍增加，如果在上市前不进行清理，存在危害社会公共利益的可能。最高人民法院相继在判例中，对上市公司股权代持的效力作了否定判断，原因是股权代持合同损害公共利益。[②] 最高人民法院认为，对于上市公司股权代持合同效力的认定，应当根据上市公司监管相关法律法规以及《民法典》等规定综合予以判定。而根据《首次公开发行股票并上市管理办法》《证券法》等相关规定，上市公司IPO过程中不允许隐匿真实股东，即上市公司股权不得隐名代持。若上市公司真实股东不清

① 韩宇：《私人财富保障与传承实务全书》，中国法制出版社2018年版，第117页。

② 参见（2017）最高法民申2454号裁定书、（2017）最高法民终529号裁定书。

晰，则对上市公司的信息披露要求、关联交易审查、高管人员任职回避等相关具体监管举措必然落空，必然损害到广大非特定投资者的合法权益，从而损害到资本市场基本交易秩序与基本交易安全，损害金融安全与社会稳定，并最终损害社会公共利益。《民法典》第153条规定，违反法律、行政法规的强制性规定的民事法律行为无效。《首次公开发行股票并上市管理办法》第13条与《上市公司信息披露管理办法》第3条对上市公司提出股权清晰、不存在重大纠纷的要求，且发行人与董监高应当保证披露信息真实、准确、完整，因此，上市公司发行人必须真实，隐匿真实股东的公司不得上市。上市公司股权代持违反了证券行业监管基本要求，根据前述规定，应属无效。

（2）实际出资人无法行使股东权利的风险

除了从公司营利中获得分红的权利外，股东一般都享有就公司重大事项进行表决的权利，如就公司增资减资、对外提供担保、合并、分立、解散等事项行使表决权。此外，股东还有知情权，有权查阅公司的会计账簿、财务报表、各项公司决议等。所有这些权利，都是基于股东身份而享有的。实际出资人、隐名股东在工商登记上不是显示在外的股东，公司及其他股东一般不会同意隐名股东直接行使表决权、知情权。因此，实际出资人的股东权利无法得到法律保护，只能通过代持人来行使。有时候，代持人真的仅仅是个“马甲”，不会像参与自家企业管理那样，积极行使各项股东权利，这对实际出资人来说非常不利。

(3) 债权人起诉代持人导致代持股权被执行的风险①

股权登记在代持人名下后，便具有公示公信效力，对第三人来讲，登记在代持人名下的股权，就是代持人的财产。现在，很多代持人本身也会面临各式各样的风险。比如，有的代持人对外负有债务，债权人在无法实现债权时，可能会直接通过司法机关查封代持人名下包括代持股权在内的财产，甚至可请求法院将代持股权拍卖。届时，无论代持人是否愿意配合，无论隐名股东是否同意，证明代持股权非代持人的财产而不应被查封或拍卖，事实上都存在一定的困难，且需要耗费很高的时间成本。

最高人民法院在审理（2016）最高法民申3132号强制执行异议案件时认为，“根据商事外观主义原则，有关公示体现出来的权利外观，导致第三人对该权利外观产生信赖，即使真实状况与第三人的信赖不符，只要第三人的信赖合理，第三人的民事法律行为效力即应受到法律的优先保护。基于此，名义股东的债权人亦应属于法律保护的第三人范畴。因此，债权人依据工商登记中记载的股权归属，有权向人民法院申请对该股权强制执行”。也就是说，普通人有权根据自己在企查查、天眼查等网站上查到的股权登记信息，申请执行登记人名下的股权，隐名股东如果站

---

① 《最高人民法院关于适用〈中华人民共和国公司法〉若干问题的规定（三）》第26条第1款规定：“公司债权人以登记于公司登记机关的股东未履行出资义务为由，请求其对公司债务不能清偿的部分在未出资本息范围内承担补充赔偿责任，股东以其仅为名义股东而非实际出资人为由进行抗辩的，人民法院不予支持。”

出来说代持人名下的股权是自己的，一般不能阻止法院的强制执行。

因代持人不可控制的原因，导致代持股权灭失或部分灭失的结果，在实践中比较常见。股权代持协议只能约束实际出资人与代持人，不具有约束其他人员的效力，因而，因第三人原因而产生的代持股权灭失风险，事先往往无法做到全面规避。

（4）代持人也面临一定的法律风险

除了隐名股东有一定的风险外，代持人也面临一定的法律风险。例如，债权人依法请求股东对公司债务承担责任时，显名股东作为被告，可能要替隐名股东先偿还债务。若公司存在违法违规经营等情况，工商登记显示的股东、实际控制人往往也可能会被牵连其中，承担一定的行政或刑事责任。在这种情况下，显名股东想退出代持关系，不一定能得到法院、检察院的同意。

8·12 天津滨海新区爆炸事故发生后，涉事的瑞海公司两大股东分别为李亮（持股 55%）、舒铮（持股 45%）。检察院在追责过程中，李亮和舒铮都表明自己是代替他人持股，背后的隐名股东是于学伟和董社轩。据腾讯新闻报道，董社轩系原天津港公安局局长董培军之子，其和于学伟不便自己显名，于是分别让李亮和舒铮代持股权。[①] 对此，检察

① 董月月：《股权代持的风险与防范》，载《家族企业》2018年第8期。

院公诉人认为：被告人李亮作为瑞海公司的前法定代表人，在瑞海公司工商登记的材料上存在多次签字行为，对瑞海公司违法经营的行为不制止，具有犯罪的间接故意，已经触犯了非法储存危险物质罪和非法经营罪，应当依法追究法律责任。

2. 解决方案

（1）在公司担任有实权的职务，实际经营管理公司

在代持股权的情况下，公司保有控制力最好的方式其实是实际出资人自己经营管理公司，让代持人成为一个真正意义的“傀儡”。比如，在公司担任总裁、总经理、法定代表人等职务，对公司发生的大小事情保有绝对的发言权，能够实际参与公司的各项经营和管理，尤其对引进新股东、招聘新员工、设立子分公司、财务预决算等事宜，保留足够的控制。

在无法实际经营管理公司的情况下，实际出资人可以要求代持人出一份或多份授权委托书，以代持人受托人的身份，合法地替代持人行使表决权、知情权等股东权利，参加股东会，与被代持股权的公司保持密切联系。

（2）与隐名股东签署完善的股权代持协议

股权代持协议是一份非常重要的法律文件，在该协议中，双方要约定清楚出资金额、持股比例、显名股东如何帮隐名股东行使股东权利、如何分配收益等重要内容。在司法实践中，有一份

完善的、有效的股权代持协议，就有可能使实际出资人被还原为工商登记的显名股东。

（3）让其他股东事先签署知情同意书

在条件允许的情况下，为了未来能顺利还原成工商登记股东，可以提前让除了代持股东之外的其他股东签署一份知情同意书，明确载明其他股东知道谁是实际出资人和隐名股东，他们同意实际出资人成为显名股东，放弃对代持人目前持有的股权的优先购买权等内容。

日常生活中，实际出资人还需要保留股权的出资证明，包括打款给代持人或公司的转账记录（在转账备注中写明系××公司的出资款）、显名股东的出资证明书、显名股东办理工商登记的工商内档等材料。同时，每年要关注一下代持股权公司的公司章程，防止公司章程中出现对隐名股东受让代持股权不利的规定。

（4）通过家族股权信托持有股权资产

在股权代持关系中，各方当事人都面临着很大的法律风险，稍有不慎就陷入各种各样的利益纠纷中。相比之下，股权家族信托是一种既能实现代持目的又超越代持安排的替代方式，其是指家族企业的股东作为委托人，出于股权财富保障或传承的目的，将其所拥有的股权委托给受托人，由受托人按照委托人的意愿以自己的名义，为受益人（通常是家族成员）的利益进行管理或处分的行为。很多知名的上市公司，如阿里巴巴、京东、龙湖地产等，实际控制人的部分股权都装到了家族信托之中，颇具借鉴意义。

在股权信托模式下，委托人将自己持有的股权转让给受托人，受托人实际持有股权，并按照委托人的意愿分配信托利益。通过家族信托的结构设计，家族企业既可以将公司的股权全部保留在家族信托内部，避免失去对公司的控制权，又能够使全部家族成员从公司的经营成果中受益。在信托的结构中，控制和管理信托财产的部分或全部职权可以和受益权相分离，可以为不同需求的受益人提供相应的受益权制度设计来加以保障其权利，也可以保留给信托的委托人，并在委托人意愿确定的框架内，由受托人管理家族财产可以满足股权集中的要求，使委托人对信托财产享有稳定而长期的权利，推动家族企业科学管理和有效传承。①

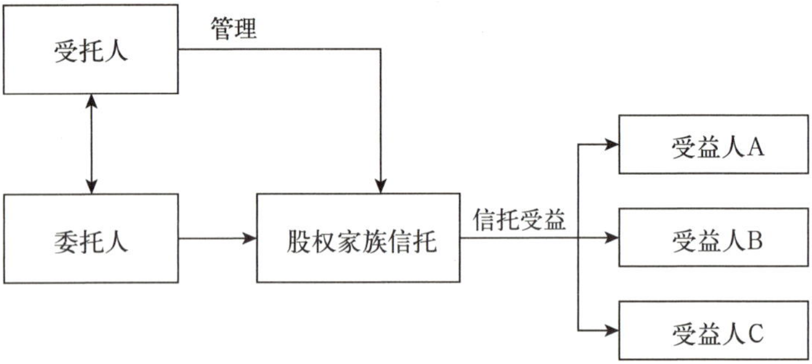

图6－1　股权家族信托架构

与股权代持相比，家族信托的突出优势表现在：第一，减少

---

① 参见徐凌川：《论我国民营企业股权家族信托法律制度的完善》，浙江大学2017年硕士学位论文。

股权纷争。很多家族企业的股权，经常登记在父母、子女甚至是兄弟姐妹名下，由他们代持，容易引起股权纷争。但如果将家族企业的大部分股权都放在信托公司名下，根据《信托法》的规定，这部分财产就是独立的。信托财产独立于委托人、信托公司（受托人）和受益人（委托人指定的能够享受信托利益的人），意味着其可以在一定程度上规避掉因代持、负债、分割等带来的风险。第二，股权家族信托具有一定的私密性，基本能够满足高净值人士对财富隐蔽性的要求。股权家族信托设立完成后，从工商登记来看，个人已经不再持有家族企业的部分股权，此外，即使他人知晓了股权家族信托安排的存在，受信托公司、监管机构等保密性的要求，他人无法通过公开渠道轻易查询到信托财产价值高低、信托收益如何分配等关键事项。

事实上，对风险进行防范的根本措施，是要建立有效的、完善的家族治理与企业治理机制，建立科学的所有权结构。从家族治理的角度讲，首先，家族应当对其成员的行为进行一定的指引和规范，在建立共同家族信仰、家族文化的基础上，加强对家族成员的约束和监督。其次，家族成员也要自觉对自己的行为进行规范，要有家族意识，重视家族利益。从家族企业治理的角度讲，在家族企业内部建立有效的治理机制，以约束企业主、实际控制人的恣意行为；建立必要的家族成员退出机制，对于存在风险、难以约束的家族成员应及时督促其强制退出等，通过有效的公司治理机制，系统防范家族企业经营过程中的各类风险。

第三节
家族企业的治理

从广义上来说，家族企业的治理，是家族大家长、家族经理人和职业经理人之间的博弈，要在保证家族和企业双重发展的目标的前提下协调好各方面间的关系。[①] 从狭义上来说，家族企业的治理，就是指家族企业股东会、董事会、监事会和经理层所组成的管理架构的搭建。

一、中国家族企业治理的优势与问题

中国家族企业的治理方式，既有一定的优势，也存在一些问题。

① 梁婉玲：《基于文化视角的家族企业治理模式探析——以 × ×家族企业为例》，云南大学2012年硕士学位论文，第12页。

（一）优势

1. 凝聚力强、运行成本低

家族企业是家族和企业的结合体，企业事务往往融合在家庭这个载体上。在创业初期，家族成员往往具有自我约束和自我牺牲精神，把企业资产视为家族财产，把企业业务看作家族事务的一部分。在这种观念意识的作用下，家族成员更容易为了家族利益而相互配合、团结奋斗、不计较个人得失，因此在企业内部形成了较强的凝聚力。

此外，家族企业所有人有极大的动力控制成本，家族企业的运作成本相对较低，能够实现低成本扩张。其原因在于：一是能够降低生产成本。家族管理模式由于减少了人工工资，有利于降低前期的生产成本。二是能够降低协调成本。家族化经营的协调成本也比较低，企业的内部矛盾和冲突可以通过内部协商解决。三是能够降低代理成本。家族成员之间由于特有的血缘、亲缘和地缘关系，彼此间的信任及了解程度较高，信息不对称情况较弱，企业具有强烈的凝聚力，家族企业成员之间的心理契约成本较低。这就大大减少了企业的监控成本。同时，由于所有权与经营权的完全统一，使企业的总代理成本较非家族企业低。

2. 决策和运作高效

家族企业决策运作的高效性，主要由两个层面的因素决定：

一是，在家族企业中往往存在实际控制人一股独大的情况，可以按照自己的想法直接作出决策，无须与其他人商量；二是，家族企业的实际控制人在家族内部和企业中，往往拥有绝对的权威，一般都是一个家族的家长之类的德高望重的长辈，在家人和员工中拥有一定的威望，他对企业事务独断的决策，在一定程度上节约了决策时间，保证了这一过程的迅速性。员工的绝对服从，也使家族企业最高领导人做的重大决策很容易为家族成员所理解，并能很快在企业中得到贯彻执行。

3. 有利于初创家族企业的成长

家族企业有别于一般的企业组织形式，其根源是与生俱来的血缘亲缘关系。因此，企业内部员工的个人目标与企业整体目标更容易达成一致，这对于初创企业来说至关重要。在企业处于危难关头时，家族血亲的纽带具有无可替代的内聚力和坚忍力，是任何外在的契约和利益关系无法形成的巨大能量。

因此，在宗族文化大背景下，中国特有的家族企业治理模式虽然不同于西方发达国家的治理模式，但是在促进经济发展，带动各行各业创造收入、就业等方面都发挥着举足轻重的作用。这种家族化的家族企业治理模式植根于家族内部血缘与亲情的纽带，亲属之间固有的信任感、认同感，家人之间的伦理道德的约束力，晚辈对长辈天然的尊敬，大家期待家族企业能够不断发展壮大的一致目标等，都为这种家族企业治理模式提供了天然的优势，增加了企业的竞争力。

（二）不足

龙盛集团父子反目导致企业成为资本市场的“弃儿”；真功夫夫妻失和致使当年的“中餐麦当劳”沦落到关门内斗的局面；新鸿基地产集团兄弟“对簿公堂”使公司股价一跌再跌，百岁母亲惨遭软禁；影视公司小马奔腾“姑嫂争权”导致公司发展停滞不前……家族企业内部成员亲者不亲，甚至反目成仇，继而影响家族企业经营、发展的现象，让我们开始思考是什么导致了家族企业“祸在所爱”现象的出现?[①] 其实，所有的问题，都可以归咎于家族企业治理机制的不完善，这才会导致企业实控人更新换代时出现大的动荡。

1. 企业治理结构不健全， 内部制约机制形同虚设[②]

我国家族企业中有55.3%设置了股东会，55.4%设置了董事会，而仅有28.3%的家族企业设置了监事会，相对而言监事会的设置所占比重是比较低的。家族企业既普遍存在所有权与经营权“两权合一”的现象，又很少有企业会设置监事会，这两者因素互相影响，随着家族企业发展的深入也开始显露在治理上的

---

① 于晓冬、刘刚、梁晗：《家族企业亲属关系组合与高效治理模式——基于中国家族上市公司的定性比较分析》，载《中国软科学》2018年第3期。

② 参见刘巨钦：《中国家族企业治理研究》，中国经济出版社2007年版。

问题。

“两权合一”治理模式的存在，必然导致股东会和董事会的重要职位是由家族内部成员担任。企业创立者集大股东、董事长和总经理职务于一身，家族成员也遍布整个股东会、董事会和监事会。董事会容易沦为大股东“一言堂”的地方，从而形同虚设。公司董事会、监事会的功能被大大削弱，无法形成良好的企业内部的监督约束机制与风险控制机制，最终导致决策者独断专行，决策过程透明度低，董事会难以受到内部监督制约机构的制约，一旦决策发生重大失误，将很难被纠正过来，并且很可能会给企业带来无法挽回的风险和损失。现代企业治理要求的健全独立的董事会制度和监事会制度，就是在最大限度通过引入第三方，避免大股东自我管理和监督的缺失。

2. 任人唯亲，人才任用机制匮乏

虽然越来越多的家族企业开始采取公司制的形式，但由于缺乏规范的内部运作的规章制度，往往都停留在名义上。企业的管理、经营、决策等重要、关键的岗位几乎都是由家族成员担任的，企业的高管也都是从家族成员内部选拔而来。家族成员以外的人才，无法通过有效的途径进入家族企业中任职，即使进入了，家族企业以血缘、亲缘为主导的资源配置模式，也常常使这些外来人才得不到重视，才华无法有效施展。家族成员间天然的信任和对外来人员天然的信任不足，也导致外来人才进入企业的

核心管理圈难上加难。不仅难以招揽有才之人，即使招募到了也会导致人才的外流，反过来人才的外流也会导致企业在后续招聘中更加艰难，这样的恶性循环会制约着企业的发展，使家族企业特有的高凝聚力、高稳定度和迅速决策等优点尽失。

二、家族企业的现代化治理

家族企业的现代化治理，核心是要解决由谁管理、怎么管理的问题，是企业控制权和经营管理权如何分配、分配给谁的问题；落实到制度层面，就是如何建立一套行之有效的股东会、董事会、监事会及经理层的决策制度、激励制度等。家族企业的发展阶段不同，所需要的治理模式往往也是不同的。

（一）找准家族成员的定位[1]

要想解决家族企业应该由谁管理、怎么管理的问题，则首先需要了解家族企业中不同成员的身份和角色，然后根据其身份、角色等，设计管理定位，如此才能从根源上厘清家族成员与企业的关系，区分清楚权、责、利。同时，对不同的家族成员的定位不同，对其投入的培养精力和方式也会相应地不同。

---

① 范博宏：《交托之重：范博宏论家族企业传承01》，东方出版社2014年版，第19～20页。

盖尔西克（Gerisck）是美国研究家族企业的著名学者，早在1997年，其就在《家族企业的繁衍——家族企业的生命周期》一书中，提出了著名的三环理论。在该理论中，盖尔西克将家族企业看成由三个独立而又相互交叉的子系统组成的三环系统，这三个环就是企业、所有权和家庭，家族企业里的任何个体，都能被放在由这三个子系统相互交叉构成的七个区域的某一个区域里。家族企业里的每一个成员，都能在这个模式中有一个明确的位置，不同的位置，职责和立场也是各不相同的。①

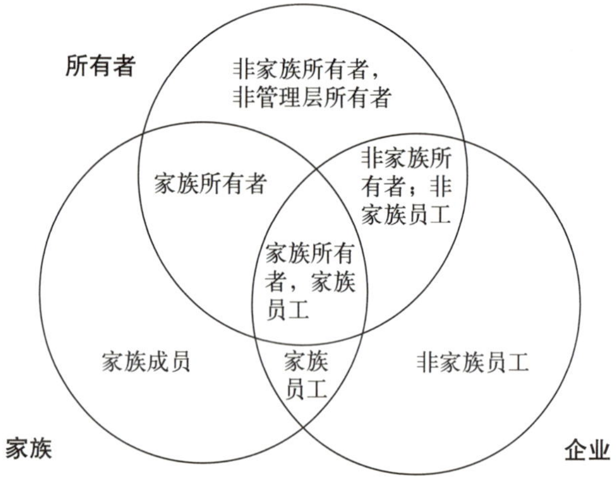

图6－2　企业的所有者、经营者和家族之间的关系

① Kelin E Gersick, Ivan Lansberg, Michele Desjardins and Barbara Dunn. Stages and transitions: managing change in the family business. Family Business Review. 1999 (12):287－297. 转引自余向前：《家族企业治理、传承及持续成长：基于温州的实证研究》，浙江大学出版社2010年版，第7页。

- 第一类人：家族所有者，家族员工

第一类人可以说是家族企业中最核心的成员，往往是企业的创始人或者接班人，他们既拥有股权，也参与经营管理，对家族企业的发展高度负责。

- 第二类人：家族所有者

第二类人即家族所有者，他们持有家族企业的股权，却不在家族企业中任职，这类人可能包括创始人的配偶、父母，或者是仅仅接受企业股权/股票却不参与企业经营管理的继承人。

- 第三类人：非家族所有者，非家族员工

第三类人对企业的发展也比较重要，他们通过股权激励计划或者其他途径获得了少量家族企业的股权，在家族企业中担任比较高的职位，对企业的经营和发展，能贡献出比较大的力量；即使在家族企业中，这些成员也是不可或缺的。

- 第四类人：非家族所有者，非管理层所有者

第四类人通常是财务投资者或者战略投资者，为家族企业的发展、扩张和上市提供必要的资金支持，处理好和这些人/机构的关系，也是至关重要的。

- 第五类人：家族员工

第五类人是家族员工，是指在家族企业中任职却不持有股权的家族成员，这类人往往是创始人的亲戚，享受着创始人创立家族企业的红利，对企业的成长和发展有一定的辅助作用。但是，由于亲情纽带的存在，这类人从事的岗位往往是类似于销售主

管、行政主管、财务主管等关键岗位，极易出现自己人或明或暗地攫取企业利益的情况。由于存在亲情关系，企业负责人又不好太过于惩罚他们。如果出现这种情况，就可能需要削减这类家族员工了。

- 第六类人：非家族员工

第六类人是非家族员工，指的是家族企业中的一般员工，他们与实控家族没有血缘、亲属等关系，只是单纯地在企业中工作。

- 第七类人：家族成员

最后一类是家族成员，指的是既不在企业中任职，也不享有股权的家族成员。对于这类人，家族企业的创始人也需要平衡好与他们的关系，既不能一味偏袒，让其享有过多的企业发展红利，也不能不顾亲缘关系，完全地不管不顾。

在家族企业经营过程中，最重要的是平衡这七类人的关系。不同身份的人去经营管理企业，引发出来的是不同的管理模式。如果平衡不好这七类人的关系，往往容易产生家族内斗等事宜，或者使企业派系林立，最终将企业击垮。

（二）规划好家族企业股权结构

家族企业的股权结构或架构，是指家族成员如何持有家族企业股权。广义上说，家族成员既可以选择直接持股，也可以选择间接持股，还可以选择直接持股与间接持股相结合的模式。

1. 实际控制人直接持股

实际控制人直接持股，是指家族企业的实际控制人、创始人等，直接持有核心家族企业的股权或股份，如图 6－3 所示。

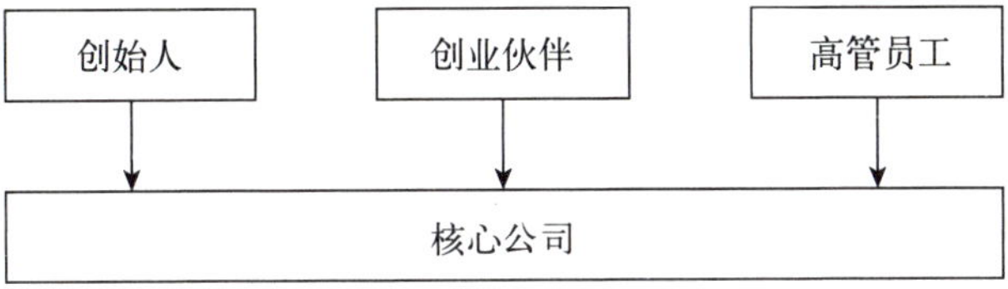

图 6－3　自然人直接架构

在我国的民营上市公司中，实际控制人以自然人个人或家族居多，相应地，实际控制人直接持股的情况也非常常见。据研究表明，2015 年我国中小板上市公司中，有 70% 的公司是自然人直接持股，可见实际控制人直接持股安排比较普遍。例如，《福布斯》2017 年发布的上市家族企业 100 强榜单中，王传福家族创立的比亚迪股份有限公司以 1034.7 亿元位居第四。比亚迪的实控人为王传福，直接持有比亚迪股份的 18.83%；吕向阳作为王传福的表兄、比亚迪第二大自然人股东，直接持有比亚迪 8.77% 的股份。①

2. 自然人直接架构的优点

第一，对实际控制人激励效果明显，公司经营更具有长期

① 数据来源：《比亚迪股份有限公司2019年年度报告》，2020年4月21日。

性。研究表明，实际控制人直接持有上市公司的股份，意味着其直接持股将个人财产权与企业产权绑定，使股东个人与公司的风险趋于一致，对实控人产生更好的激励效果；研究发现，自然人直接持股公司比金字塔结构公司具有更高的会计业绩（ROA和ROE）与市场业绩（Tobin's Q），实际控制人更加关注公司的业绩和市场价值，从而将大股东与小股东利益绑定，对上市公司及小股东更有利；除此之外，相比于其他持股结构来讲，直接持股公司实际控制人变更的概率更低，控制人更希望基业长青。① 相比较来说，金字塔结构持股公司业绩表现会差一些，很可能是因为这种持股方式便于实际控制人退出，也便于炒壳、卖壳等资本运作，不利于家族对于企业的永续经营。

第二，降低代理成本，改善公司治理。现代企业管理制度往往倡导所有权和经营权的分离，这会导致所有者和管理者之间的信息不对称，信息不对称之下的企业经营管理，就会产生代理成本问题。研究表明，相比于多层持股、交叉持股和金字塔结构持股，实际控制人直接持有核心家族企业股权、上市公司股份的，往往可以降低代理成本，提高决策和经营效率，在一定程度上有利于公司的治理。

第三，税收成本较低。根据我国《个人所得税法》及相关法律法规的规定，自然人直接持股时转让公司股权的，个人所得税

① 邵帅、吕长江：《实际控制人直接持股可以提升公司价值吗?来自中国民营上市公司的证据》，载《管理世界》2015年第5期。

税率为20%。而有限公司持股时转让公司股权的，所得税税率可达25%。

3. 自然人直接持股的缺点

第一，对于长期持股股东来说税负较高。如果股东持有的股权不计划出售套现，而是长期持有，每次取得分红时即使用于再投资也需要缴纳个人所得税；分红一次，则需要按20%的税率交一次个人所得税，这对实控人来说也是一笔不小的成本。

第二，婚姻和家庭关系的变化，会给企业经营带来直接影响。实控人直接持有家族企业的股权时，如果夫妻之间关系破裂，企业的股权就会直接面临被分割的危险。如果直接持有上市公司的股份，那么实控人的婚姻关系不利变化，还会直接影响到公司的市值。此外，在实控人意外去世时，处理不好继承问题会给企业造成巨大打击。

自然人直接持股架构一般适合初创企业的创始人股东，以及规划上市后售股套现的财务投资人。在企业初创期，商业模式尚未打磨成熟，股权结构也不稳定，公司能否存活下去也尚未可知，所以不宜把股权结构设计得太过复杂。[1]

4. 控股公司架构

控股公司架构也被称为金字塔结构，一般是指通过直接或者

---

① 李利威：《一本书看透股权架构》，机械工业出版社2019年版，第134页。

间接的所有权链条，形成的终极股权控制结构。以10%的持股水平作为最低控制标准的金字塔结构需满足以下条件：(1) 处于下层的上市公司（主营业务公司）拥有一个终极控股股东；(2) 终极控股股东对于控制链的每一个中间层而言都是实际控制人；(3) 从终极控股股东到下层上市公司（主营业务公司）之间控制链层级大于等于2。[①] 在这种方式下，公司实际控制人将所有家族企业都集中到一个控股公司名下，在该公司名下区分不同的业务板块，每个业务板块下再设立子公司、孙公司等。在控制链条的作用下，通过控制第一层公司达到控制下属所有公司的最终控制权。家族在各家族企业以及各类投资中的权益，都集中到一个家族控股公司名下，而家族控股公司则由家族成员持有。具体架构如图6－4所示。

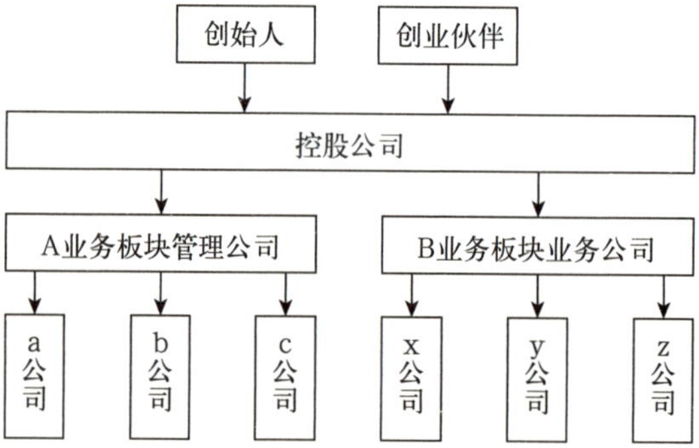

图6－4　典型的控股公司股权架构

① 参见孙晓琳：《终极控股股东对上市公司投资行为影响的研究——基于我国金字塔股权结构的经验数据》，东北财经大学2010年博士学位论文。

用控股公司架构持有家族核心企业股权的安排，亦不在少数，尤其是上市公司实际控制人更经常采用这种方式，如李嘉诚家族、肖建华实际控制的明天系、郭广昌实控的复兴系、海航系等。复兴国际上市之前，就通过多层持股架构控制了多家上市公司，如图6－5所示。

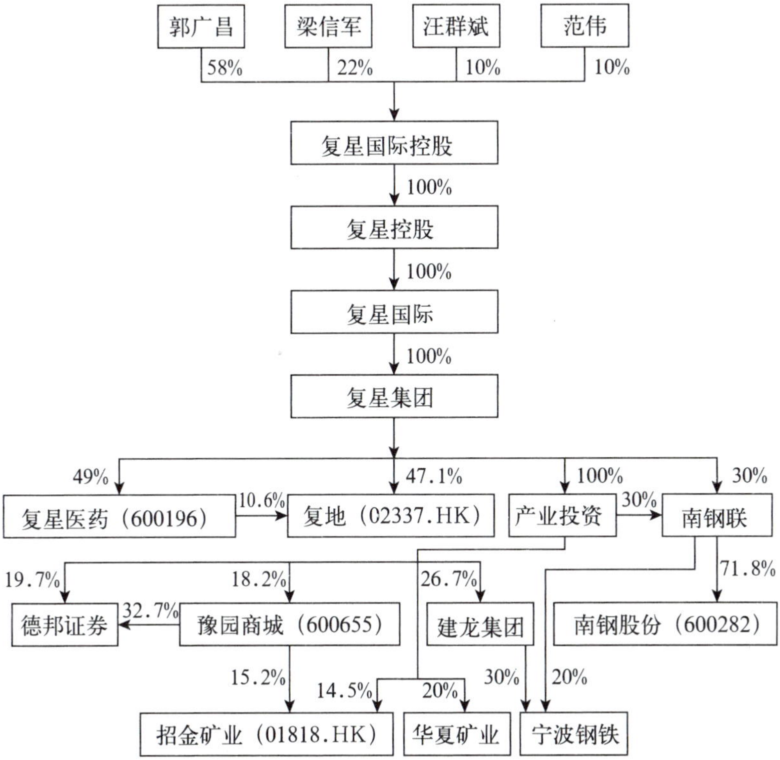

图6－5　复星国际上市前的股权架构

控股公司架构具有以下几大优点：

第一，公司实际控制人可以只用少量的现金流控制下层核心公司，方便资本运作，因此控股公司架构成为上市公司经常采用的架构方式。金字塔结构顶端的控股股东可以用少量的自有资金控制大量的外部资金，金字塔的链条越长，控股股东用同样财富控制的资产规模就会越大，从而实现“以小博大”。

第二，获得税收便利。在自然人—控股公司—实体公司的架构设计中，控股公司如同一个资金池，可以很方便地把旗下被投资公司的分红进行调配用于再投资；在控股公司层面无须缴纳企业所得税；若是个人股东，则分红款无论做何用途，都需要缴纳个人所得税。但是，如果金字塔层级过多，可能造成多级控股公司的重复征税。除非在“避税港”设立控股公司，在多级控股的运作模式下，每增加一级控股公司都将增加一级的税收负担。同时，因为我国在税收上存在先税后分与先分后税的差异，可能进一步造成多级控股公司系统内的重复纳税。①

第三，便于债权融资。一方面，控股公司可以合并上市公司报表及企业产业的报表，有些控股公司资金实力强于上市公司，受到银行认可的程度较高。控股公司在上市公司银行借款、发行债券等过程中，提供相应的担保，提高上市公司债项的信用等级，降低融资成本。另一方面，控股公司可以在达到一定资产规

① 陈卫平：《纯粹控股公司与多级控股结构研究》，载《中南民族大学学报（自然科学版）》2003年第4期。

模之后，以发行企业债等方式获得资金，开展一些不宜在上市公司内部开展的业务。

第四，方便人事安排。在上市公司上面设置控股公司，将那些冲劲不足、愿意"躺在功劳簿上"的老管理层升至控股公司担任相应的虚职，腾出相应的职位空间给中层干部，既照顾老管理层的情绪，又保证新管理层的活力，打开了公司整体的晋升渠道。

第五，有利于隔离债务风险和控股公司单独上市。由于控股公司系统中的各家公司都是独立的法人，控股方仅以投资额为限对被控股公司承担责任，所以在多级控股链中任何一家公司的债务都与系统中的其他公司相分离。从这个意义上看，多级控股公司系统对债务风险有良好的分散与隔离功能；但是，如果控股公司系统中的公司互相提供贷款担保，形成债务担保链，则会因连带偿还责任而破坏这种隔离功能。[①] 如果控股公司实力发展到一定程度，或者控制链条中某一个板块的企业发展得很好，也可以单独上市，复星国际在香港的上市就是成功的案例。[②]

当然，控股公司架构也存在弊端。首先，控股公司结构可能带来不健全经营的风险。在控股公司架构下，多数具有独立法人人格的企业是以一企业整体之架构经营，可能牺牲被控股公司及

① 陈卫平：《纯粹控股公司与多级控股结构研究》，载《中南民族大学学报（自然科学版）》2003年第4期。

② 李利威：《一本书看透股权架构》，机械工业出版社2019年版，第35～36页。

其他股东、债权人与员工的利益。由于被控股公司的利益从属于控股公司之下，因而经营政策还需要以整体利益为考量，并配合集团发展，在被控股公司的利益与控股公司发生冲突时，被控股公司的利益只能牺牲，这样则进一步损害了被控股公司股东、债权人与员工的利益。其次，股东最终退出时税负太高。在控股公司的架构下，由于存在持股公司缴纳企业所得税和自然人缴纳个人所得税两道税负，所以并不适合未来有明确套现目的的财务投资人。① 此外，由于层级过多，企业经营决策成本会上升，决策效力会降低，所以层级也不是越多越好。

5. 交叉持股架构

交叉持股架构是一种企业之间互相持有对方股份的方式。比如，A 企业拥有 B 企业 50% 股权，同时，B 企业也拥有 A 企业 50% 股权。这种结构对于家族企业来讲，最大的好处在于能够起到不完全分家的效果。这种分合相融的模式适合多子女家族的传承，既能让家族成员之间相对独立，又能让家族成员之间互相帮衬。

我国台湾地区的台塑集团，股权架构中就存在许多母子公司之间交叉持股的情形。台湾塑胶工业拥有 3% 的台湾化

① 李利威：《一本书看透股权架构》，机械工业出版社2019年版，第141页。

学纤维，台湾化学纤维反过来又拥有7.6%的台湾塑胶工业。除此之外，其他多家公司也都抱成了团。台湾塑胶工业持有台塑石化29%的股权，台塑石化又反过来持有24.9%的台湾化学纤维。交叉持股的“花篮”编得越是紧密，公司彼此之间的保护力度也会越大，[1] 如图6－6所示。

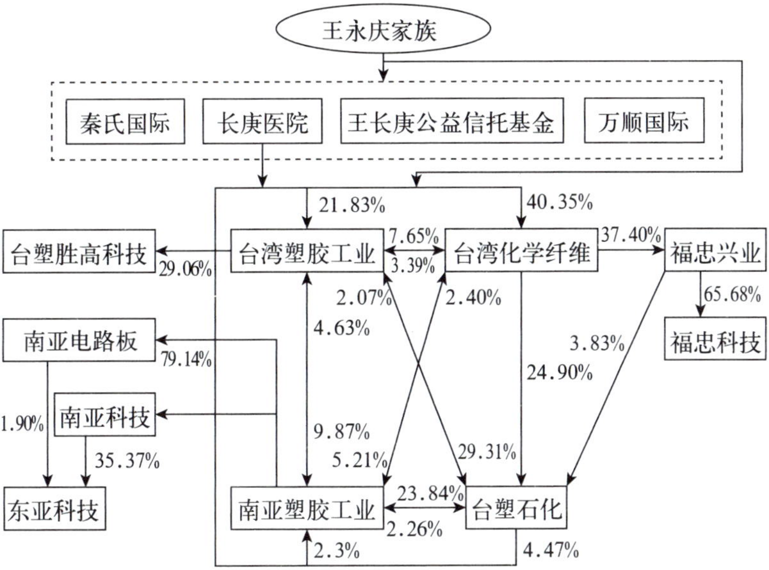

图6－6　台塑集团股权结构

交叉持股还能带来以下正面影响：

第一，提高资源配置和利用效率，分散风险。2016年8月1

① 范博宏：《交托之重：范博宏论家族企业传承01》，东方出版社2014年版，第261页。

日，滴滴出行宣布与 Uber 全球达成战略协议，滴滴将收购 Uber 中国的品牌、业务、数据等全部资产在中国大陆运营。同时，双方将形成相互持股关系，Uber 全球将持有滴滴 5.89% 的股权，滴滴出行创始人兼董事长程维将加入 Uber 全球董事会，Uber 创始人 Travis Kalanick 也将加入滴滴出行董事会。滴滴出行将整合双方团队在管理和技术上的经验与专长，在用户资源、线上线下运营和营销推广等层面共享资源、协同发展。有研究表明，交叉持股比企业普通的多元化经营更容易实现风险分散的目的，尤其在周期性较强的行业中，交叉持股的风险分散作用更明显。交叉持股不仅可以起到金融缓冲的作用，还能为新增的长期资产投资提供内部资金支持，降低因外部融资造成的潜在逆向选择成本。[①]

第二，加强多家族企业集团的控制，防止恶意收购。在上市公司出让股权进行融资，或者进行增资扩股时，股权往往都会被稀释，资本市场也会偶尔发生恶意收购事件，这让习惯于一股独大的中国上市公司实际控制人如履薄冰。母子公司之间的交叉持股，为母公司和子公司的对外融资设置了一道防线，甚至有时候不仅需要另一方知情，还需要获得另一方的同意，这些举措无疑为保卫家族企业控制权增加了屏障。当公司面临恶意收购时，互为股东的交叉持股企业间是共同利益相关者，这就形成了一种联盟关系，可以以集团整体的股权优势使“野蛮人”望而却步，使

---

① 常晓红、常丽红：《上市公司交叉持股关联网络研究》，首都经济贸易大学出版社2018年版，第20页。

控制权屹立不倒,[①] 可以巩固企业集团对家族各个企业的控制。

交叉持股的弊端在于：第一，在某种程度上降低了公司内部部门间的制约性，消除了公司内部各机构的分权制衡效果，不利于内部监督机制；第二，容易造成公司治理结构失衡。在交叉持股状态下，一个公司的管理层往往具有对另一个公司的重大决策权，如果双方管理层代为行使表决权时相互勾结，可能使公司治理结构失衡。

当然，除了这三种典型的持股安排之外，越来越多的高净值家族选择用家族信托、基金会等作为持股主体，通过决策方式的创新来实现公司治理。

（三）做好家族企业的管理

我国家族企业的治理模式，大部分仍然处于“两权合一”的传统阶段。企业的所有权与经营管理权是否“合一”，可以成为判断一个企业是不是传统的家族企业治理模式的标志。以企业的两权的归属为基点，将家族企业治理模式分成以下三种不同的类型：一是家族成员直接对企业进行经营和管理，即企业的所有权和控制权合一；二是家族成员拥有企业的所有权，并聘请外部职业经理人对企业进行经营管理，即两权分离；三是企业所有者与

① 王永红：《股权控制与运营解决方案：正确应对控制权被稀释、摊薄等风险》，中国经济出版社2017年版，第54页。

外部职业经理人共同对企业进行管理。①

1. 家族所有、家族管理——东南亚国家的家族企业治理模式

东南亚国家的家族企业治理模式是家族化治理，这是家族企业治理的最传统也是最典型模式，也就是上文中提到的经营权和管理权“两权合一”的治理模式。家族企业的重大决策都由企业创立人一人作出，在企业其他事务的决策上也要获得家长的同意才能批准。② 家族企业的成员对最高权威必须绝对服从和尊重，一方面增强了企业的凝聚力，在企业治理中融入了更强的家族伦理和情感，随着家族观念意识的增强，更容易结成家族联盟；另一方面提高了企业的稳定性，家族企业在亲情的制约与维系下，形成了从下属到领导核心对“大家长”的绝对忠诚。家族成员掌握家族企业的所有权，拥有对家族企业的管理权和经营权，这些权利在具有血缘、亲缘的家族成员之间进行横向或者纵向的传递，即使传承多代，家族企业也会在血亲关系的维系下始终由家族成员掌控。

① 林宽：《中国家族企业的现状及未来发展趋势研究》，武汉理工大学2009年博士学位论文，第54页。

② 参见梅洪常、邓莉、李宏胜：《公司治理研究》，重庆出版社2002年版。

印尼最大丁香烟王国——蔡云辉家族和盐仓集团[①]

丁香烟在印尼等岛国是最受百姓欢迎的香烟品种，在印尼大大小小几百个香烟厂中，盐仓集团生产的香烟是最负盛名的，销售量最高时甚至可以达到全国香烟销售量的85%。盐仓集团不仅是首屈一指的“丁香烟大王”，也是印尼影响力最大的华人企业之一。

盐仓集团的创始人是印尼的爱国华侨——蔡云辉，在他离世之后，由他的妻子担任董事长，负责企业的管理；四个儿子分别担任副董事长兼总经理，负责企业的日常经营；蔡云辉生前十分赞赏的两个侄子也在企业中担任重要的经营管理职务。一家人团结一致、分工合作，共同为实现蔡云辉的遗志而努力。后来，盐仓集团不断扩大生产和销售，建立了造纸厂、印刷厂，投资兴建了银行并开始涉足旅游业。

东南亚国家在儒家思想的影响下形成的家族化的家族企业治理模式，企业的所有权和经营管理权均由家族成员掌控，传承的过程也以血缘亲情为纽带。家族成员依托家族企业的存在迸发出巨大的凝聚力，企业内部纠纷较少，保障了企业更加顺畅和稳定的发展。

---

①　蔡仁龙：《蔡云辉家族与盐仓集团——印尼最大的丁香烟王国》，载《南洋问题研究》1993年第1期。

2. 家族所有、职业经理人管理——英美家族企业治理模式[①]

与东南亚国家家族化的家族企业治理模式不同，美国、英国的家族企业治理是建立在股权高度分散和流动的基础上的，家族企业的所有权属于家族或者由家族控股实现对企业的掌控，但是经营权和管理权并非全部掌握在家族或者家族成员手中，呈现出“两权分离”的模式。英美两国都属于市场经济高度发达的经济大国，职业经理人市场相对比较完善，家族企业选择性地融入现代企业制度的优势，在保留家族对企业拥有最终控制权的前提下，形成了比较成熟和规范的企业治理模式。

首先，在英美国家，家族成员通过在董事会中占有一定的席位从而拥有企业的控制权，参与企业事务的决策并进行自我约束和监督。上市的家族企业必须要设立一定数量的独立董事，这在一定程度上解决了自我监督不到位、徇私舞弊漏洞频发的问题。

其次，在英美国家的家族企业中，股权往往比较分散，小股东非常多。为了分散家族在大量持有家族企业股份的情况下所面临的过大风险，一些家族通过减少对家族企业股份的直接持有，转而通过某一个或者某一些公司作为中介，间接地持有家族企业的股份。多级控股的模式也比较常用，家族不仅可以通过子公司来控制家族企业，而且子公司下甚至还设有孙公司和重孙公司，

① 胡石其：《中国家族企业治理模式研究》，湘潭大学2012年博士学位论文，第36～39页。

通过这样纵向多级别的持股形式，有效地分散了家族企业经营的风险。也正因为中小规模股东股权很分散，股东数量庞大，使单个股东不太可能通过股份的占有而获得家族企业的话语权，因此，家族可以通过持有较少的股份来实现对整个公司的控制。

最后，英美国家家族企业中家族成员虽然拥有家族企业的最终控制权，但很少参与企业的管理，企业治理职业化的程度很高，聘任职业经理人，普遍实行管理权和所有权分离的模式。家族除了拥有企业的所有权外，还保留对企业的控制权，并将管理权授予职业经理人。这样的治理模式冲破了企业在人才管理和任用方面的局限，提高了企业的效率，为家族企业的成长提供了更好的保障。

美的公司的“去家族化”改革

美的在中国是家喻户晓的民营企业，它最早是一个家族企业。然而现在，家族已经完全退出了美的公司的运营。这个资产超过千亿元的家电巨头，已经全面迈入职业经理人掌控的时代。

美的集团的创始人何享健早几年就已经着手规划实施职业经理人股权激励制度，此举也为之后美的“易帅”做好了铺垫。2007 年，在美的上市前，美的集团第一批拿出 16 个点的股权转让给管理层，第二批拿出 3 个点。2014 年年初，美的又发起了 2 个点的期权，加上之后的 2 个点，发给 1431

位核心骨干，这正体现了美的公司的合伙人文化。接着，美的就开始了以去中心化、去权威化、去科层化为核心思想的内部组织改造，现在从一般员工到董事长中间只有四个层级。①

当然，美的创始人何享健能够成功完成去家族化，跟其成功地打造出一支强大的职业经理人队伍，以及过去数十年间不断推行的制度建设有关。在美的集团，所有高管都来自企业内部培养，这保证了企业员工向上的动力，同时，也培养了员工对企业的忠诚度。美的集团以事业部建制，并给予充分授权，这保证了企业事业部单元的高效运转。由此，职业经理人逐步成为主导企业经营的中坚力量。除了分权，为了更好地激发员工的创造力和干劲。美的集团给予职业经理人的薪酬一直令行业内望尘莫及，2006 年，美的曾推出高得吓人的股权激励方案，2009 年方洪波接任时其持有最多的股权。②

从何享健到方洪波的权力交接，美的公司采用的是渐进式的策略。在交接完成前并不直接对外宣告自己要传承给职业经理人方洪波，增强了事件的不确定性，淡化了传承的仪式感，有效地避免了何享健在布局领导权传承过程中被过度

① 袁祥主编：《品牌的故事》，光明日报出版社2016年版，第180页。

② 崔自三：《小公司变大有办法：近百个真实案例解读家族企业做大的秘密》，中国经济出版社2014年版，第210页。

地关注，从而对企业供销商和企业员工产生企业不确定的负面影响。美的集团领导权传承的第一步是对下属子公司美的电器进行领导权的交接。提前交接有助于方洪波提前构建部分领导权，开始树立个人权威。同时，这也是对方洪波的一种考验，确认其是否能够承担更重要的角色——美的集团的领导人。美的集团领导权传承的第二步是在2012年8月，何享健宣告退休辞去美的集团内部所有职务，方洪波更进一步升任集团董事长职务，全面接管美的集团。此时的美的集团是一个非上市公司，完成集团整体上市的工作当时正在推进，何享健将实现这个工作的最后一棒交到了方洪波手上。美的集团领导权传承的第三步在2013年9月，此时何享健已经不再在企业担任任何岗位。经过多年筹划，股票获准在深交所交易，公司治理得到进一步规范。至此，美的公司的去家族化、去中心化改革，通过职业经理人的模式实现了公司的传承。

3. 家族所有、共同管理——日德家族企业治理模式[①]

日德国家的家族企业治理模式，比较注重以人为本，建立在职业经理人和家族成员之间互相信任的基础之上，家族拥有企业

① 庞华：《论我国家族企业的内部治理》，西南财经大学2005年博士学位论文，第42～44页。

的所有权和对企业最终的绝对控制权，并与职业经理人一同分享企业的管理权限，共同对企业进行经营管理，企业既具有浓厚的家族色彩又具有现代化的气息。

与英美国家家族企业中股权十分分散不同，在日德国家的家族企业中，股权比较集中，银行和公司密切关联，银行既是放贷人，又是监督者，因而，银行在家族企业的经营管理中起到了重要作用，对企业的重大决策活动会产生一定的影响。

总体而言，在东南亚国家中，家族企业的所有者同时也是企业的经营者和管理者，这种“大家长”式的威严在给家族企业带来巨大的凝聚力和稳定性的同时，也导致监督无法有效进行的弊病。英美国家的家族企业治理过程中融合了现代企业的经营理念——“职业经理人”模式，家族成员不再过多干涉企业的正常经营管理，只保留对家族企业的最终控制权和所有权，通过与职业经理人的契约关系来保证家族利益的实现。日德国家的家族企业治理模式则是介于东南亚和英美治理模式之间的中间地带，引入“职业经理人”模式，但并非将企业的控制权完全交由经理人行使，家族成员和职业经理人共同分享管理权，在互相信任的基础上为实现共同的利益目标而前进。

其实，家族企业治理模式，往往受制于企业的发展时期和规模。企业发展初期，股东们往往目标一致，尽量减少企业发展的阻力和决策风险，这个时期的股权结构，即使一股独大，不存在结构上的制衡条件，但在实际运行上却能够发挥股权制衡的效果。此时进行家族化管理的成本较低，运行收益较大，若采用职业化管理运行成本极高，或者是低效、无效的。随着企业规模的发展壮大，平日里一些矛盾有可能爆发，家族实际控制人实施利益侵占的可能性增加，股权制衡的必要性因此得以凸显。[①] 这时家族化管理的优势逐渐失去，职业化管理的优势逐渐显现。由于不同制度环境和不同成长阶段下企业所需要调动的生产要素的特征不同，企业既定规模边界和组织程度下的制度选择也应不同。

（四）搭建好家族企业的管理制度

有限责任公司虽已成为我国家族企业主要的组织形式，但公司在相当程度上是企业主规避制度风险和改变企业自身形象的摆设，并没有真正地建立、健全公司治理结构和各项管理制度。部分家族企业虽然设立了“三会”，但董事会其实更多的是“家庭会议”，监事会成员由于缺乏监督和制约机制形同虚设，企业“三会”实际上处于企业主的主导和控制之下，很多时候并不能发挥实质作用。因此，建立并适用家族企业的现代管理制度十分有必要。在现代企业管理制度之下，股东大会、董事会、监事会和企业经营管理层各自在其职权范围内行使权利，相互协调、相互配合，使企业能够科学决策、有效运转。

---

① 梁婉玲：《基于文化视角的家族企业治理模式探析——以 × ×家族企业为例》，云南大学2012年硕士学位论文，第24页。

1. 科学决策制度

科学决策机制是企业管理的基础，是企业管理的首要任务，不仅涉及投票环节，还涉及什么事情由谁进行决策，具体投票的方式是什么，不同的决策通过的比例要求又是什么，等等。通常，针对与企业经营管理有关的重大事项，如增资减资、业务扩张、大额对外投资或借款等，都需要通过科学的决策机制来决定。

如前所述，决策失误带来的风险是无法估量的。家族企业要想搭建现代企业管理制度，那么首先要做的，就是将由家族主导的战略决策机制，转型升级为专业化管理主导的战略决策机制。在转型过程中，以下几种典型模式可供考虑。

（1）集体决策制度

集体决策能够集思广益，如果制度设计得当，能够起到“1 +1 >2”的效果。综观中国民营企业的几家龙头，都能看到集体决策制度的身影。

华为的集体决策制度[①]

华为创立于1987年，作为全球领先的信息与通信技术

---

① 本部分内容来源于华为官方网站，网址：https://www.huawei.com/cn/corporate-information，最后访问日期：2020年7月31日。

公司，除了有一位开明的精神领袖任正非之外，公司的决策制度也功不可没。华为实行集体领导、集体决策制度，并从2011年开始实行轮值CEO制度，集团层面由3位轮值CEO各自主持半年，实际上仍然是集体领导、集体决策。在治理层实行集体领导，不把公司的命运系于个人身上，集体领导遵循共同价值、责任聚焦、民主集中、分权制衡、自我批判的原则。

华为的股东会是公司权力机构，对公司增资、利润分配、选举董事/监事等重大事项作出决策。董事会是公司战略、经营管理和客户满意度的最高责任机构，承担带领公司前进的使命，行使公司战略与经营管理决策权，确保客户与股东的利益得到维护。监事会主要职责包括董事/高级管理人员履职监督、公司经营和财务状况监督、合规监督。监事会成员共10名，由持股员工代表会选举产生并经股东会表决通过。

阿里巴巴的合伙制度[1]

自创立时开始，由马云带领的阿里巴巴就一直秉持着合伙精神。合伙人认为，合伙制度有助于更好地管理业务，合

① 本部分内容来源于阿里巴巴官方网站：https://www.alibabagroup.com/cn/about/overview，最后访问日期：2020年7月31日，以及阿里巴巴集团在香港证券交易所上市的招股文件。

伙人平等共事能够促进管理层之间的相互协作，克服官僚主义和等级制度。阿里巴巴合伙人每年都会选出新合伙人，由现有合伙人通过提名程序向合伙人委员会推选候选人。合伙人委员会进行审查并决定是否将被提名候选人提交全体合伙人进行选举。新合伙人的加入需要得到不低于75%的合伙人同意。所有合伙人的表决都建立在一人一票的基础上，合伙制度的运作原则、政策和程序都规定在合伙协议之中，合伙人拥有提名公司董事的权利。

家族企业的实际控制人，首先要拥有放权的决心，其次要找到与自己思想、价值观等一致的合作伙伴，专业特长上最好能够取长补短，最后要设置好集体决策的规则并一以贯之，集体决策制度才有发挥正面作用的可能。

（2）实际控制人个人决策制度

与集体决策制度相比，可能更多的家族企业是创始人“一言堂”的决策模式。在创始人持股67%以上时，企业的控制权可以稳稳地握在创始人手中，但是，一旦企业反复融资，创始人的持股低于51%时，那么其对企业的控制权可能就没有那么牢靠，也需要一些制度来保障。

（3）一致行动人协议

一致行动人指承诺在某些事情上与企业实际控制人保持一致行动的自然人或法人，一致行动人协议将这种承诺落实到纸面上，在一定程度上确保了实际控制人对公司的控制。一致行动人协议签订的目的就是“抱团一致对外”，保证公司经营决策高效和治理机构稳定。

在上市企业中，股东之间的控制权争夺现象可能会更加突出，这就会促使企业中的主要股东寻找一致行动人达成协议，以增强自身的控制权，提升股东地位。创始人对企业的发展理念和方向往往都足够自信，行业经验和战略眼光也是非常卓越的，因此，创始人在公司的发展决策方面发挥着非常重要的作用。一致行动人协议的签署可以使家族企业更好地抵御来自外部投资者的恶意收购，使股东结构基本保持稳定，企业发展实现良性循环。一致行动人协议常常适用于股权较为分散但创始人想要掌握企业控制权的情形，或者是企业里的中小股东联合起来签订一致行动人协议，用以抵抗大股东侵害的情形。

TCL 集团股份有限公司创始人李东生通过签署一致行动人协议，成了其他两个一致行动人表决权的受委托人，进而拥有了 TCL 集团 12.29% 的表决权，跃居集团第一大股东的地位，有效地保证了创始人控制权的稳定，并利用自己的管理才能带领企业走出了经营困境。据统计，一致行动人协议签署之后，TCL 企业的盈利能力、营运能力和偿债能力均有了不同程度的提升，企业处于稳定发展状态。

（4）AB 股制度

近年来，阿里巴巴、京东、百度等互联网知名企业以及 Google、Facebook 等国外企业纷纷采用 AB 股架构，2018 年至 2019 年年初，香港证券交易所和上海证券交易所科创板相继允许拟上市公司设置 AB 股制度。

“AB 股制度”，即双层股权结构（dual – class share structure），是指将股份的表决权与受益权进行非比例性配置，允许公司发行表决权数高低不同的股份，表决权数较高的股份（高级别股份，superior class share）通常由公司创始人或管理层持有，表决权数低的股份（低级别股份，inferior class share）由公众股东持有的一种股权架构安排。①

AB 股安排具有以下作用：

第一，契合不同股东的差异化投资需求，提高决策效率。按照投资目的区分，股东可分为多种类型，对于创始股东而言，其既希望能顺利获得资本融资，又希望能维持公司的控制权，而对于投资人股东而言，其更倾向于获得投资收益。AB 股制度之下，公司可以拓展更多合法合理的自治空间，为创始人设置更多的表决权，提高决策效率，又可同时满足不同股东的差异化需求。

第二，稳固创始人的控制权，有效预防敌意收购。在资本市场中，并购是企业扩张发展的常见方式之一。在并购的进程中，

① 参见卫恒志：《双层股权结构法律制度研究》，吉林大学2019年博士学位论文。

股权相对比较分散的企业容易被当作敌意并购目标，并且在传统的“同股同权”制度下较难找到便捷、有效的防御手段。而在AB股制度之下，创始人有较高表决权的股票，即便敌意收购方取得大量股票，但仍可能没有足够的表决权，会大大降低敌意收购的概率，故AB股制度是一种较为有效的自我防御机制。

稳定创始人的控制权可以让创始人专心致力于企业的发展，为创始人按照长远规划实现公司经营目标提供了安全的环境。同时，通过AB股制度的激励作用，创始人及其管理团队可预期建立稳定的雇佣关系，可投入更多成本去管理企业的经营与发展，提升企业的长远价值。

京东的AB股安排

在2014年5月19日为上市纳斯达克向美国证监会提交的招股说明书中，京东公布了其对AB股关于投票权与转化的安排：A股股东与B股股东除投票与转化外拥有相同的权利。每股A股对应1票，每股B股对应20票；B股可转化为A股，但A股不能转化为B股。换句话说，B股代表更大的投票权与更高的转化权限，属于“超级股”。

通过AB股设置，刘强东牢牢把控住了对京东的控制，使京东免于被“恶意收购”，免于为满足大股东对短期盈利的苛刻要求而放弃长远发展规划，还使京东能通过公开上市获得来自世界各地的资金支持。京东关于AB股的整体安排与基于AB股安排进一步设置的股权激励计划，完美地诠释了公司现代治理结构与企业创始人对公司把控的融合。

2. 劳动人事制度

企业发展离不开优秀的人才，无论是从家族成员内部挑选接班人，还是从家族企业外围选择专业的职业经理人，建立科学的人才选拔和人事管理制度都是必不可少的，人力资源的规划、员工的培训、薪酬与福利、绩效管理以及员工的劳动关系管理等方面都是企业在运行中应当注意的。

股权激励模式始于西方国家，但近些年来许多国内企业也开始实行股权激励模式，比亚迪就是实施股权激励计划的企业之一。股权激励模式是企业为了激励和留住核心人才而推行的一种长期激励机制，是企业拿出部分股权用来激励企业高级管理人员或优秀员工的一种手段，当被激励的人员满足激励条件时，即可成为公司的股东，从而享有股东权利。

股权激励能够大大增强员工和职业经理人的身份认同感，通过授予经理人和其他员工以股权，可以使他们抛弃“为老板干”的想法，建立“为自己干”的思维，这种职业思维的转变可以使他们对企业更加忠诚。同时，股权激励也能够建立共同责任，使员工意识到企业有自己的一部分，只有勇于和主动承担企业经营管理的风险，才能更好地维护自身的利益。并且，股权激励有利于长远发展，可以避免个人利益与团队利益、部门利益与整体利益、当前利益与长远利益的矛盾，从而避免或减少人才的短视、自私和非理性行为。[1]

3. 财务管理制度

随着家族企业的壮大，如果企业主不善于处理好家族成员之间的财务关系，就会给企业的经营管理和财务管理带来危害，家族成员之间争夺财务利益的现象也会突出，家族企业的稳定发展受到威胁。财务管理混乱带来的另一风险是，难以区分股东财产和公司财产，家族成员作为股东从公司支取款项没有合规流程，会造成家企混同。除此之外，对于中小型家族企业来说，发票管理制度也是财务管理制度的一部分，要充分认识到发票合规管理的重要性，避免牢狱之灾。

为抵扣增值税而购买伪造的发票，老板被判有期徒刑一年

2016 年 3 月，楚雄宏强医疗器械有限公司法定代表人王淑红向一郭姓男子以 7.9 万元的价格购买了八份增值税专用发票。在明知该发票没有对应的真实货物交易的情况下，王淑红让公司员工根据发票制作假的入库单，然后以公司名义到税务机关申报抵扣增值税进项税额 11.5 万元。此举被当地国家税务局稽查局发现，而后楚雄宏强医疗器械有限公司

① 参见张诗信、王学敏：《合伙人制度顶层设计》，企业管理出版社2018年版。

被责令补缴前述11.5万元增值税，并处以11.5万元的等值罚款。

值得警醒的是，即便该公司已足额补缴税款、缴纳罚款，王淑红仍未免予刑事责任。2018年10月29日，楚雄市人民检察院以王淑红与楚雄宏强医疗器械有限公司为被告，向楚雄市人民法院提起公诉。经审理，法院认为公诉机关指控的罪名与定性理由成立，王淑红与楚雄宏强医疗器械有限公司的行为构成虚开增值税专用发票罪，王淑红被判处有期徒刑一年、缓刑一年零六个月，楚雄宏强医疗器械有限公司被判处罚金人民币20万元。

搭建公司的财务管理制度是一项系统工作，往往需要会计师和律师在对公司业务、收入和成本、利润分配等事项有基本了解之后，通过专业的法律文件来落实。

4. 其他管理制度及配套法律文件

根据业务领域的不同，企业可能还需要建立风控合规管理制度、投资管理制度、生产流程管理制度、运输管理制度等各项制度，以上所有制度，最终都需要落实到具有法律效力的法律文件之上。以下为两类公司治理必备的法律文件：

第一，公司章程。公司章程是公司依法制定的，规定公司股东会、董事会、监事会的权限以及经营管理制度等重大事项的基本文件。公司章程是公司组织和活动的基本准则，堪称公司的“宪章”。家族成员要按照公司章程的规定履行职权，负责企业的经营管理。同时，公司股东也在公司章程的基础上实行股东自治、进行重大决策。

第二，股东会/董事会/监事会议事规则。议事规则，是指由法律和公司章程所规定的，公司股东会、董事会、监事会的会议召集、议事方式、表决权行使等程序性、实体性规范的总和。其目的在于平衡公司各利益主体之间在决策会议上的权利和利益，顺利地召集会议，合法高效地作出决定，保障公司的正常运营。科学合理的股东会议事规则可以促进公司的规范运作，保障股东的合法权益。家族企业可根据实际情况对股东会表决权制度及其议事规则进行妥当安排，以维护家族的实际控制权。家族成员作为股东会成员在行使权利的过程中要依据《公司法》和公司章程合法行使权利。董事会议事规则和监事会议事规则，往往会规定董事、监事的职权，任期、开会的时间、会议的召集和主持以及表决办法等。每次董事会、监事会召开的会议记录都要完整、安全地保存。

第四节

家族企业的传承

家族企业是历史上最为悠久的企业形态，但放眼全球，家族企业的平均寿命为25年左右，且在生命周期上也逃不出“富不过三代”的千年魔咒。[①] 据粗略统计，有30%的家族企业可以传到第二代手里，这其中再往下到第三代的企业已不足2/3，最后，大概只有13%的企业可以传到第四代。[②]

家族企业的代际传承是一个动态过程，与企业的经营管理一样，是一件有难度的事情。尽管在现代发达的社会经济背景之下，金融工具、法律及财税等制度安排，能够在一定程度上辅助家族企业的传承，但其也不能脱离人的因素而达到延长家族企业生命线的目的。

---

① 参见《你能打破“富不过三代”的千年魔咒吗》，载看点快报，https://kuaibao.qq.com/s/20190909A0EAA100?refer=spider。

② 参见《家族企业平均寿命仅25年　多数“富不过三代”》，载搜狐新闻，http://news.sohu.com/20140114/n393462771.shtml。

一、家族企业传承核心——接班人的选择和培养

在家族企业接班人的选择中，比较有代表性的是企业内部传承和有职业经理人参与的外部传承。无数案例都表明，家族企业的传承是一件持久且繁杂的事情，并非简单的权力交割或者职位传递。不同传承方式的选择也会影响到家族企业传承的效果，下文将通过对这些传承方式进行研究和归纳，以期对家族企业选择自己合适的传承模式起到一定的启示意义。

（一）企业内部传承人的培养

与创一代相比，二代们往往有着比父辈更高的学历和国际视野，代际之间的价值观差异和事业认同差异造成了两代人的理念隔阂，子承父业还是另辟疆土，是二代们亟须作出的选择，尽管大多数企业家们都希望二代们能子承父业。①

“传承”，即为传授和继承，创一代拥有独家的物质财富和技能经验可以传授，接班人有足够的时间和能力去继受，才会形成一个比较顺利的传承过程。

对于企业内部继承人，不仅需要培养他们的商业经营、人际

---

① 陈凌、应丽芬：《代际传承：家族企业继任管理和创新》，载《管理世界》2003年第6期。

关系处理等外在的能力，更为重要的是要不断强化接班人的内心继承意愿，培养他们的意义感和使命感，因此，培养要尽早开始。

1. 内化继承人接班意愿

中国社科院的调查数据显示，82%的家族企业二代“不愿意接班、非主动接班”。[①] 二代的成长经历使其形成了区别于父辈的理念和投资经营观念，缺乏对父辈事业的认同感，更多地希望能在自己感兴趣的领域中闯出一番天地。

俗话说得好，“兴趣是最好的老师”。如果有些继承人不愿意接班家族企业，但仍愿意进行尝试的时候，内化继承人的接班意愿比较有效的一种方式就是投其所好，以此来培养子女对家族事业的兴趣。在这方面做得比较好的有左宗申家族。

宗申集团：“投其所好”模式

左宗申是重庆摩托车巨头企业——宗申集团的创始人，将宗申集团从一个维修摩托车的小店铺发展到中国百强企业。2007年，正值宗申集团的内部改革，女儿左颖在左宗申的强行要求下回到国内，并被安排到企业进行学习，其间在

① 参见《为何中国的“家族企业二代”不愿意接班》，载虎嗅网，2019年4月18日，https://www.huxiu.com/article/295067.html?f=wangzhan。

父亲身边做董事长助理。左颖是典型的80后，由于长期在海外的求学生活经历，兴趣爱好和价值观念完全与左宗申不一样，她并不喜欢冷制造行业。在进入企业一年后，左颖以无法适应重庆冬天的气候和不擅长处理人际关系为由，离开公司返回美国。

2009年年初，宗申集团再一次将左颖召回，接管宗申进出口公司，任职总经理。为了避免女儿中途跑路，左宗申投入了大量的精力来培养女儿对家族事业的兴趣。例如，利用宗申集团的平台进军左颖感兴趣的房产领域、绿色能源领域等。此外，左宗申还支持女儿的其他投资行为，在宗申集团之外投资一些其他领域，辅助女儿进行经营管理。

事实上，很多接班人的接班意愿并不是天生就有的，也不是一朝一夕形成的，可以进行后天培养。家族企业创一代们应当尽可能地朝着这个方向努力，培养继承人对家族事业的接班意愿。具体来讲，和睦的家庭关系、无障碍的代际沟通能力和共情能力，能使二代产生强烈的家庭归属感，对培养继承人的接班意愿是很有益的。

2. 支持接班人组合创业

如何在代际传承的过程中保持企业的活力，让企业的发展更加持续，这是值得深思的。研究表明，当家族企业下一代表现出更多的创业行为时，企业在发展过程中会经历更多的成长机会和创造更多的机会，从而保持不断的创新活力。①

方太集团对接班人的系统培养

方太集团的茅忠群，就是通过创业来接班的典型。茅忠群在进入家族企业之后没有接手父亲的点火枪生意，而是实施了二次创业的三步走战略。

第一步寻找创业突破口。茅忠群刚入企业的那段时间，每天都琢磨自己感兴趣的内容，在阅读大量的报纸，实地走访日本最大的家电市场和电器企业之后，发现了中国与日本在厨房电器方面的差异，这仿佛是一种新的商机，在进行一系列的市场调查之后，父子俩将产品锁定在吸油烟机和微波炉上。

第二步将项目锁定在吸油烟机上。茅忠群在二次创业过程中坚持要做吸油烟机产品，并列举出了详细的三点理由：做饭必备、油烟机升级需求、烹饪习惯关联。在这一点上与想做微波炉产品的茅理翔产生了分歧，但最终茅理翔选择了让步。

第三步命名品牌为“方太”，茅理翔坚持要用已经全类

① 王扬眉：《家族企业继承人创业成长金字塔模型——基于个人意义构建视角的多案例研究》，载《管理世界》2019年第2期。

别注册的“飞翔”商标，而最后在争执之下，茅理翔又一次选择了让步，最终同意儿子成立“方太”吸油烟机品牌。最终结果正如我们看到的那样，茅忠群成功进入了厨房抽油烟机市场，成立方太集团，打造了“中国厨房第一品牌”。

正是茅理翔作出的这两次让步，成就了茅忠群的方太集团，其在组合创业过程中展现出卓越的管理才能和创新能力，不仅在组合创业中树立了自己的权威，还跻身著名企业家的行列，二代进入企业后不只是成为家族业务的继任者，而是成了一个创业者。正是有了父亲一次次的支持与让步，才能有方太集团今天的成就。

高净值家族的新生代们往往有着良好的教育背景，海外经历使其更加具有国际视野，能为家族企业带来前所未有的机会。如果这些接班人不愿意单纯接手维系父辈创立的产业，不如去助力他们创业成长。更何况，在全球经济环境飞速变化的当下，成功的创二代们越来越多，家族企业家们可以尽早地将接班人的创业知识和创业能力培育纳入传承规划当中。具体来讲，可以安排为以下几个步骤：

（1）在接班人的孩童时期到职业生涯初期这一阶段，应当对其进行创业的启蒙教育。创一代们可以选择让接班人实地接触家族事业，让其参与到家族企业的创业项目当中，在这个过程中与企业的人员进行深入的合作、交流，加深他们对创业的认知。此外，受过高等教育的接班人们还可以到国外参与家族企业前沿的实习项目，为家族企业带来新的发展思路，也能培养接班人对家族事业的使命感。

（2）在接班人进入自己实践创业的阶段，创一代们应当给予其必要的启动资金和人力支持，同时在创业项目做决策的时候也应当给予其充分的自主权。一方面是对二代独立能力的培养，同时也能为家族企业发现新的发展机会；另一方面也是树立二代权威的过程，以显示其有足够能力接管整个家族企业，从而为全面接班做好充分准备。如果在创业期间，代际之间能够形成共识，那么两代人一拍即合，将在家族产业开发上取得更好的效果，同时两代人之间的沟通也能更加高效无障碍。

（3）在二代对家族企业的全面继承阶段，实际上也是二代们的“自我实现阶段”，而创一代们也在整个参与的过程当中与其子女形成一种平等沟通的氛围。在这个阶段，如果一代们愿意放手让二代寻求新的发展机会，也愿意为此承担一定的风险，二代们则会更为熟练地运用在家族创业培育过程中形成的行动能力、决策能力和顾全大局能力。这种互相信任的氛围促使家族事业最终顺利的交接完成。

3. 寻求子女事业与家族事业的交集

如果创二代们始终是毫无接班意愿，创一代们将家族企业强塞给他们显然不是一个好的解决办法，在这种情况之下，创一代选择放手，让接班人根据自己的能力去从事自己感兴趣的领域，并尽可能地促使子女事业与家族事业的靠近是一个比较好的解决办法。

美的集团传承的“曲线救国”模式

家族企业传承的“美的模式”至今仍具话题性。2012年8月25日，美的集团对外宣布：职业经理人方洪波成为美的新一任的董事长，何享健担任美的控股有限公司董事长，美的“少东家”何剑锋并未担任一官半职，而是仅以董事的身份出现。

正如外界所看到的那样，何享健的儿子何剑锋继承家业的意愿并不强烈，而是热衷于资本市场运作，对金融和投资非常感兴趣。在集团外，何剑锋开启了属于自己的“盈峰”系，并在投资领域中取得了不俗的成绩。但是这并不是说何剑锋的事业与美的没有任何关系，事实上何享健并未放弃对儿子的支持和培养，何剑锋多次投资的成功经历都离不开美的的身影。

何剑锋控股的企业关联美的旗下多个公司，且在人员布置上与美的也有着千丝万缕的联系。从某种程度上来说，何剑锋的事业也算是美的在投资领域的版图扩张，也属于美的家族事业的一部分，真可谓集团之外的一个“隐形美的”。

与其说何享健放弃了让儿子接班集团的想法，不如说其采用了一种在集团外培养儿子的方式，通过这种途径磨炼和支持何剑锋，也不是完全排除日后何剑锋会回到家族，接手家族企业的可能。

可见，在面对这部分对家族事业丝毫不感兴趣的子女时，做出像何享健一样的取舍不失为一种明智之举。这也就引出了家族企业传承的另一种模式，也即前文中所提到的职业经理人保障传承模式。在国外，选择这种传承模式的企业居多，一般会由家族掌握企业的实际控制权，由能力卓绝的经理人享有管理权，采用家族信托等工具来保障家庭的财富，以维持“家业长青”。

（二）职业经理人的培养与选任

家族企业的传承是一个漫长的过程，如果经过5到10年的培养、考查和扶持，创一代们依然觉得子女缺乏接班的能力，或者子女拒绝接手家族企业，那么就需要考虑选任与家族成员无血缘关系的职业经理人接班家族企业，家族成员仅保留所有权，在一定程度上放弃了经营管理权。

职业经理人是在特定的公司治理模式下，以从事企业管理活动为职业，具有专业化管理知识和技能，能够合理运用企业内外各项资源，为完成企业主或股东制定的运营目标而担任高级管理职务并在企业内获取报酬的职业管理专家。① 职业经理人的选任包括内部直接培养和从企业外部引入两种方式，本节将通过相关案例来介绍这两种不同的选任方式。

1. 内部职业经理人的培养

美国通用公司的内部接班人模式

当今世界最大的多元化企业美国通用电气公司是处理接班人问题的典范，其120多年历史中产生的9位董事长兼CEO（首席执行官）都是从内部选出的，并且都实现了稳定可靠的交接。

在通用电气有一个独特的传统：衡量领导人成功的标志，不仅在于他在职期间创下了多少业绩，而且在于他能否选择一个优秀的接班人，继续保持通用电气的发展。通用公司每个重要岗位，从人力资源总监、地区总裁、全球业务集团总裁，到全球CEO，都必须实施“接班人计划”。这套严谨的选拔未来最高领导人的程序，总结下来一共有6个步骤。

一是启动接班人计划。CEO在离退休8年时就要启动接班人计划，CEO需要和董事会一起拟定一份几十人不等的接

① 李云、刘婕：《我国家族企业职业经理人的股权激励——山西票号身股制的当代启示》，载《南方金融》2019年第9期。

班人候选人名单。

二是接班人职务锻炼计划。将候选人放到不同的岗位上锻炼，加强对接班人的培养，将他们放在重要的岗位上进行观察。

三是了解考核候选人。董事会定期对候选人的表现和业绩进行评价，并通过其他多种明察暗访的方式对候选人进行不定期考核。

四是筛选和补充。根据考察情况不断对3名候选人进行筛选和补充。第一步是在3年后将候选人缩减为8人，在准备接班前2年左右，最终确定3名候选人作为重点对象。

五是继续考察。董事会成员以多种方式对3名候选人进行近距离接触、考察和了解。

六是选出接班人。召开董事会，董事们通过深入、详细、反复的讨论，直到取得一致意见，从3个候选人中选出最终的接班人。新CEO宣布后，要在原CEO带领下度过约半年的适应期。熟悉全面情况后，正式上任。①

美国通用电气公司的内部接班人制度也起到了助力企业稳定传承的效果。其实，从美的集团的交班模式中可以看出，方洪波这位职业经理人也是从集团内部开始培养并选任的，长期卓越的

---

① 来源：百度文库，https://wenku.baidu.com/view/d4191e9ae43a580216fc700abb68a98271feac71.html，最后访问日期：2020年4月8日。

工作表现使他在集团内外获得了较高的声誉和威望，美的集团对他不加吝啬的培养使其与集团共成长，而他与何享健多年形成的信任和默契，使他对企业的忠诚度提高。

2. 外部职业经理人的选聘

这是一种通过挑选外部优秀的职业经理人来继承企业的领导权的方式。从能力上看，似乎外部寻找要强于内部培养，因为外部可选的空间大，选到能力强的职业经理人的概率较高。但是，家族企业也要谨慎选择外部经理人，稍有不慎家业就有落入他人之手的风险。

国美电器外部职业经理人与企业实控人的纠葛

2006 年，国美电器与永乐电器召开新闻发布会宣布合并，黄光裕将原永乐电器董事长陈晓招至麾下，成为同一战壕的队友。陈晓入职之后承担起了一个 CEO 的职责，负责国美的日常经营管理事项，而黄光裕则主要负责公司的战略和投资。

2007 年 5 月，陈晓进入国美董事局担任执行董事。此后，国美电器的创始人黄光裕因涉嫌操纵股价被检察机关带走调查并被判入狱，妻子杜鹃因涉嫌协助操作股价而辞去国美执行董事一职，家族核心成员不得不退出国美电器董事局的舞台，陈晓接替黄光裕出任国美电器董事局的代理主席，董事局主席兼行政总裁。

陈晓全面接管国美后，绩效出现了明显的下滑，其采用了不同于原来公司发展规模优势的做法，给竞争对手的苏宁提供了可乘之机，国美的行业老大位置被取代。此外，业绩下滑使国美资金缺口扩大，面临着资金链断裂的风险。2011年，陈晓主动与黄光裕达成协议辞职，职业经理人接班国美彻底失败。

由上述案例我们可以看到，职业经理人的传承有其好处，但同时也有其不足。选择从内部培养职业经理人这种方式的优点显而易见，内部职业经理人在企业历练多年，在能力、业绩、人脉上都能建立足够的威信，赢得大家的信服，同时由于跟随企业的时间够长，无论是在自身道德还是个人工作能力上都能得到充分的考察，增进了人才与企业家之间的互信，而且从情感因素方面来讲他的继任也有利于增强企业的凝聚力、向心力，有利于调动人才的积极性，有利于家族企业的长期稳定和发展。而如果选择从外部引入职业经理人的方式，实际上就面临着职业经理人与企业之间的情感联系弱、缺乏认同和互信基础、自身道德问题等风险，正如国美电器所反映出的，就陈晓所实施的精简规模的市场战略来说，其并不认可国美电器快速扩张的发展理念，对企业文化本身缺乏认同感，在国美本身的制度基础和职业经理人激励机制不完善的背景下就极容易产生问题。

3. 对职业经理人的约束机制

无论是内部培养的职业经理人，还是从外部聘入的职业经理人，都不能说完全没有风险，依然需要建立一套完整的约束机制。为使职业经理人能在家族企业的可持续发展中充分发挥其作用，可以分别从企业内部与社会外部来对其进行规制。

（1）内部约束

内部约束是指企业内部建立相应的机制对职业经理人形成必要的约束，主要通过完善公司章程、签订任职合同及构建激励性约束机制，使家族企业与职业经理人之间形成相互的约束关系。

①完善公司章程。公司章程应当包括对职业经理人权利义务及行为的规定。职业经理人进入公司必须要遵守章程的各项规定、依照章程行事。因此家族企业必须要意识到公司章程的重要性，对职业经理人的权责进行明确规定，使其发挥好对职业经理人的约束作用。

②签订任职合同。任职合同是职业经理人与家族企业签订的受法律保护的劳动合同。任职合同中应明确规定职业经理人的权利边界及责任范围，除此之外，为加强家族企业与职业经理人的信任，还应当在合同中明确规定保密条款，即职业经理人与公司解除合同后，不得泄露企业的商业秘密及技术专利，否则将承担相应的法律责任。必要时还可规定竞业限制，要求其在离职后两年内不得在原就职企业的竞争对手公司任职，并对竞业限制的范

畴作出明确规定。因此，家族企业可以通过签订任职合同及竞业限制协议对职业经理人形成合同约束，防止其滥用职权给企业带来不可挽回的损失。

③构建激励性约束机制。构建激励性约束机制是指把约束贯彻于激励机制中，不能搞没有约束的激励。对职业经理人进行激励可以让其更加积极地投身于工作当中，但不能一味放任激励，要对其进行相应约束。比如，薪酬与业绩挂钩，即职业经理人给公司创造多少业绩，相应地就会获得多高的收入，这样会增强其危机意识、风险意识，使其更努力地工作；以固定收入为主、业绩提成为辅，让职业经理人承担相应的经营风险能保证其更为认真严谨的工作。因此，构建激励性约束机制不仅能够激发职业经理人工作的积极主动性，还能使其受到相应的约束，避免越权给企业造成严重的损失。

（2）外部约束

外部约束是指家族企业之外的规章制度对职业经理人行为形成的约束，主要包括健全法律法规、规范市场竞争及加强道德约束，进而改善对职业经理人的外部约束环境。

①健全法律法规。职业经理人作为一种新型的职业，其在家族企业经营模式转型中发挥着至关重要的作用，但我们也不难看到职业经理人对自己的角色定位不到位，或是滥用自身职权严重侵害企业利益的现象时有发生。因此，有必要制定专门的法律法规，更为细致地规定其在家族企业中的法律定位及承担的职责职

能，明确规定其享有的权利及应履行的义务，并在违反法律时所应承担的法律后果。

目前而言，作为高级管理人员，职业经理人须遵守忠实和勤勉义务，并伴有接受质询和调查的义务。另外，违反前述义务的职业经理人可能面临一定的民事责任、行政责任甚至刑事责任的风险。

②规范市场竞争。引入职业经理人存在激烈的市场竞争，如果不对职业经理人进行市场约束，就极易产生职业经理人在离职后泄露企业商业秘密、专利技术，或是被市场上的其他竞争对手“挖墙脚”等不良现象。因此，市场应要求职业经理人提供个人档案材料，包括其在上家企业的经营管理范围及业绩情况、上家企业对其的能力道德评价，以及是否存在违反保密条款及竞业限制的诚信条款，方便其他家族企业了解职业经理人的从业履历，进而对职业经理人的从业行为形成市场约束，构建公平公正的职业经理人流动市场。

③加强道德约束。职业经理人在企业经营管理中应当处于类似于“管家”的地位，要怀有对家族企业老板的忠诚意识，在服从老板的前提下才能自由支配自己享有的管理权利。而现实中有些职业经理人往往不清楚自己的职业定位，大包大揽、以权谋私的现象时有发生。因此，应加强对职业经理人的道德教育和行业约束，帮助其树立忠诚意识，明确职能定位，使其清晰了解自己享有的权利及应承担的责任。此外，通过增强职业代理人的职业道德，使其能自觉遵守保密条款及竞业限制的规定，维护家族企

业的合法权益，只有这样才能使职业经理人这一特殊职业得到良好的、可持续的发展。

二、家族企业传承的关键——个人权威与权力过渡

（一）有步骤地进行权力的过渡

家族企业的传承是一项非常复杂的“接力赛”，随着经济的转型升级，二代接班的步伐正在加快。然而，不少案例表明，二代上任之路走得并不是那么顺畅。一方面，年轻一辈面临着“少主难以服众”的尴尬局面；另一方面，一代创业者已经打下了自己的“一片江山”，创下的业绩和荣誉，二代在短期内难以超越。[①] 在接班的过程中，二代如何克服自身权威不足和组织内期望过高的不利影响，树立其权威合法性，是值得探讨的问题。

虽然在家族企业中，二代作为众所周知的财产权利的合法继承人，具有合法的身份地位，但这不意味着其具有被组织认可的个人权威和能力权威。家族企业由家族和企业两个重叠的系统构成，这两个系统各有自己的标准和成员身份准则。二代在接班过程中想要建立自身的个人权威，就需要面对来自两个方面的权威挑战，一方面是家族成员的权威，另一方面则是企业创业元老的

---

① 李新春、韩剑、李祎文:《传承还是另创领地:——家族企业二代继承的权威合法性建构》,载《管理世界》2015年第6期。

权威。在华人家族企业中，创业者通常也是一家之主，具有较高的个人权威，而二代接班人通常不具备家长身份。这种个人权威与职位权威的不一致，常常给二代接手企业带来困难，使得经营管理受到家族的牵制，这在二代接班人与权威更高的长辈产生意见分歧时显得尤为突出。

海鑫集团仓促的权威传承

2003年，海鑫集团的李海仓突然过世，接班计划尚未制订，接班人也尚未指定，其22岁的儿子李兆会接班的时候，在家族、企业和所有权三个系统中都存在权力的真空。后来，李兆会得到了其爷爷——家族系统中最为权威的首脑李春元的支持，他肯定了李兆会对企业的所有权，并支持李兆会从财产意义上获得所有权的继承权，这样一来，李兆会获得了所有权带来的权威，并取得海鑫集团接班人的合法地位。

虽然李兆会继承了其父的股权，并成功任职董事长，但是并不能说李兆会就此获得了海鑫集团的最权威地位，正如李春元表述的那样："……我给李兆会讲了，两年不让他表态。至少要培养两年。两个叔叔、几个常委研究好了你再表态就好了……"[①] 在之后的经营当中，李兆会沉迷于资本市

① 杨学儒、朱沆、李新春：《家族企业的权威系统与代际传承》，载《管理学报》2009年第11期。

场的运作，与自己的五叔产生了经营理念上的分歧，甚至嘲讽自己的五叔不懂国际资本，只懂炼钢铁，这使五叔彻底死心，黯然辞去了总经理的职位。李兆会则得以进一步发展集团在资本市场上的布局，不出几年，海鑫集团就因为李兆会的经营不善而分崩离析。

研究表明，权力传承，即家族企业中父辈和子代之间权力的传承需要循序渐进，不能一蹴而就。[①] 权力的过渡与交接意味着接班人权威的更新与再建。方太集团这个业界传承的典型范例采用的就是逐步权力交接的方式，通过“带、帮、看”的“三三制”模式使下一代真正能够融入家族企业当中。这也反映出代际之间的权力过渡切不可操之过急，需要循序渐进。而正如前文中所提到的，家族事业最为有效的传承就是父辈通过与子代的互动，将自己的经验、技能、声誉、关系网等这些支撑一个家族壮大的长期性的隐性资源逐步过渡给自己的子女，这些是使后代们真正对家族企业形成有效掌控的强有力筹码。

（二）权力过渡模式下建立个人权威的路径

实际上，权力过渡与个人权威的建立是紧密相连的。一个企

① 吴炯、朱贵芳：《家族企业代际传承中的权力过渡与绩效影响》，载《现代财经》2016年第2期。

业需要有步骤地进行权力下放，目的就是让接班人在这个过程当中能够适应家族企业，在企业内部不断的历练当中建立自己的个人权威。在家族企业传承的实践案例当中，权力过渡基本上可以分为以下两种模式：

1. “基层锻炼” 模式

此模式是先将自己的子女放在基层岗位，然后再逐步提升的方式。例如，对于从事制造行业的家族来讲，这种模式就需要先将子女放在一线车间进行锻炼，锻炼一段时间后，可能将其调去采购部、销售部、财务部等其他部门轮岗，然后一步一步地提拔为企业中层、高层和接班人，这是一种树立典范的途径。

在基层磨砺有很多好处：首先，可以更为深入地了解家族企业的工作环境，为之后做经营决策增加实操经验；其次，可以有一个与员工相处的过程，在这个过程当中更容易“服众”，服众的过程就是二代的个人魅力和权威开始渗透的过程。在一线历练之后，下一关就是职位的提升，实际上也是对继承人协调人际关系能力的锻炼。在被升任为部门负责人之后，二代开始自己管理一个部门，自己学会处理与部门员工之间的关系。在这个过程中最重要的是让员工信服，让员工看到希望，同时把员工当成亲人一样地对待，因为权威的形成实际上是一种非强制力，采用这样的方式来进一步树立权威是有效的。在这个过程当中，接班人们还可以推进企业文化的建设，企业文化能够形成企业的向心力，某种程度上是二代建立个人权威的一种捷径，从而为最后全面接管家族企业打下良好的基础。

康奈集团接班人与企业共生长，获得认同

康奈集团主要做的高端皮鞋业务，细数康奈集团的传承之路，不难看出，早在十几年前，创始人郑秀康就已经在谋划企业的未来。当时他的想法是儿子抓产品研发，女儿主攻市场开发。郑秀康之女郑莱莉初到康奈的时候，是从一个基层的做鞋女工开始的，一步步达到管理层的位置，广泛接触公司员工，获取好感和支持。到 2010 年接班的时候，郑莱莉已经在集团历练 7 年多了，其弟郑莱毅也学习了 5 年之久。从基层开始，了解制鞋的每个环节，接触集团里每个部门的业务流程和内容，姐弟俩做到了与企业共同的进步，培养了姐弟俩对企业和员工的感情，以及对企业的高度责任感。

在这个过程之中，郑秀康也不断努力帮助子女树立权威，他有意识地将子代推上前台，如由女儿主导 ERP 系统的实施，由儿子搭桥与 SATRA 合作，在姐弟俩的努力下，该项目最终获得了巨大成功，也为康奈集团进入国际视野打下了基础，女儿郑莱莉担任营销副总期间，营业收入迅速增长，其弟弟在接手企业管理之后，一举拿下中国鞋品牌业的第一个“中国质量奖”。姐弟俩的努力被康奈集团的员工们看在眼里，并在集团内部获得了较高的声望，一次次成功的

跃进更是获得了企业内部的推崇，康奈集团的“基层锻炼模式”对权威的传承无疑是非常成功的。

2. “空降”模式

很多接班人学成后会直接进入家族企业的高层，“空降”是一种有风险的传承模式，权力不等于权威，来自企业内部元老的挑战和员工的质疑是摆在他们面前的两座大山。

这种模式之下要树立接班人的个人权威是有一定难度的，但是也并不是没有解决办法，最根本的就是接班人有足够强的工作能力，用业绩说话。业绩不仅能够证明接班人已得到相应的历练，同时也能让员工在接班人身上看到希望，获得认可和威望，进而为获得企业高层的认可奠定基础。此外，接班人还可以引进职业经理人辅助管理，对于家族企业中一些年龄较大的家族成员和员工，可以调整其岗位和工作内容，积极从外部引进优秀的管理人才，打破血缘关系的用人格局，在企业中培养属于自己的势力，建立新权威。

当然，在这个过程当中，接班人的一些改革需要来自父辈的支持，父辈也需要进行相应的规划，使接班人权威更加稳固。这种“空降”模式的优势在于对接班人的约束较少，有助于推动二代的组合创业，为家族企业寻求新的领域和新的发展机会，可以促成家族企业的战略转型，但同时风险也是存在的，除了较难得到企业元老级员工的认可，可能也会出现类似于海鑫集团那样脱轨发展的现象。

无论是采用哪种模式，权威的建立都是一个长期的过程，在企业家对子代过渡权力的过程当中，应当根据实际情况灵活安排，采用有效的步骤，辅助子代建立权威。

三、家族企业传承的保障——产权清晰、控制权完整

（一）明晰产权边界、保障稳定传承

产权包括所有权、使用权、管理权和分享剩余收益、承担负债的权利。[①] 产权清晰是现代产权的特征之一，同样地，家族内部产权也应保持清晰。产权的边界不清将会导致家族内部出现利益冲突，争抢家业的现象频发，不利于家业的传承与发展。家族企业的产权主要指的是家族的所有权和控制权。对于家族企业来说，其所有权与经营权的代际传承包含多个方面的内容。尤其是在所有权的归属方面，家族成员以及其他股权参与人员的分配比例将对所有权的归属产生很大的影响。随着代际之间的不断传承，企业的所有权会不断稀释，而不当的股权安排将对企业造成毁灭性的打击。

家族成员的多少也会对家族产权传承的安排产生重大影响。

① 参见花晶晶：《家庭和企业双重视角下的家族企业传承研究及国际比较》，复旦大学2011年硕士学位论文。

对于独生子女的家族来说，家庭结构较为单一，股权基本上都会传承到唯一的继承人手里，且一般会尽早安排传承。例如，重庆小天鹅集团继承人廖佳伟，年仅 16 岁就拥有家族集团 20% 的股份，是最年轻的董事。在目前的中国，通常情况下，独生子女也会一并完成对经营权的继承，在经营权的分配中，独生子女通常也居于经营管理的核心地位。例如，娃哈哈集团的独生女宗馥莉在 21 岁的时候就已经担任恒枫贸易有限公司的董事长并参与公司资本的实际运作。

对于多子女的家庭来说，家族企业的产权安排就存在多种可选择的情况，这些情况可以总结为下述几种模式：

（1）企业所有权和管理权在子女之间进行平均分配；

（2）长子/男子继承制，家族中的长子/男子控股家族企业，其他子女仅仅获得一定股权对应的分红权，长子/男子同时继任经营权或者交由职业经理人打理；

（3）家族企业所有权均分或者按照不同比例分给子女，经营管理权交由职业经理人；

（4）家族企业的资产进行社会性捐赠或者托管，这就涉及成立基金会的问题，这种情况在中国比较少见。

正如方太企业的茅理翔所指出的，企业要传承，就必须将股权安排与企业的长期稳定发展集合起来，多子女的状况下，股权不明是最容易产生纠纷的。[1] 茅理翔提出了著名的“口袋理论”用以明晰家族企业的产权问题：“一是家族企业与外部‘口袋’必须清晰，而且必须控股；二是家族企业内部人的股权也必须清晰，防止家族纷争；三是家族企业的亲人分为两个‘口袋’，最好分开经营。”[2] 以此为指导，方太企业在发展过程中整理了两次“口袋”：一次是家族与创业元老分放；另一次是儿子和女儿分放。在方太集团，除了儿子和妻子之外，其他家族成员一概不准进入方太任职，女儿可以在方太持股，但不能经营，防止企业陷入无休止的家族冲突当中，通过这样的手段与措施，明确了家族成员的责任和义务，具有稳定家族成员的意义。本节通过对各国家族企业传承案例的梳理，归纳总结各国家族在传承中明晰产权的典型代表，以期对我国的企业传承形成启示。

1. 美国杜邦公司

> 美国的杜邦公司到了第二代的时候，三位兄弟就按照家族传统平起平坐，不设置董事长的位置，共同组成执行委员会，并分为不同等级的合作伙伴，伊雷尔的长子阿尔弗莱德为公司高级伙伴，次子亨利和三子艾雷克斯为公司低级伙伴，公司内部所有文件由阿尔弗莱德签署。

---

① 茅理翔：《多子女家族企业传承之道》，载《企业观察家》2012年第3期。

② 参见茅理翔：《家业长青——构建中国特色现代家族管理模式》，浙江人民出版社2008年版。

同时，将家族企业的股份按照高中低三个等级共分为26股。阿尔弗莱德占8股，亨利和艾雷克斯各分5股，伊雷尔的女婿安德宛和伊雷尔的三个女儿各占2股。阿尔弗莱德辞职后，便由亨利担任公司领导人。亨利在任期间擅自将自己的股份增加到20股，排斥其他家族成员进入管理层。此后到第三代接班人尤金·杜邦的时候，将“伙伴制”改成了“股份制”，建立杜邦股份有限公司，重新分配了家族成员的股份。此后家族成员的股份虽几经变动，但始终保持了稳定传承。

2. 日本三井财阀家族

日本的三井财阀家族在家族成员间的产权明晰安排也是值得借鉴的。1900年，三井家族制定了家族的“私有宪法”。三井家族的产业根据用途也被划分为三种不同的资产：营业资产、共同资产、家产。在明晰这些资产的安排上，三井高利将所有的资产分为70份，由于日本的宗族和家族观念也是比较重的，所以在这些资产的分配上采用的是不同成员在家庭中的地位的标准，其长子的比例是最高的，占比41.4%，而剩下的几位继承人拥有的资产份额总数又超过了长子单人的资产份额。通过这种安排，不仅维系了长子的权威地位，同时也建立起了其他家族成员对领导成员的制衡机制，防止其作出损害家族利益的决策。

3. 封闭产权结构的代表——李锦记

香港李锦记是亚洲第一的食品品牌，集团从1888年创立至今已经有一百多年历史，共历经四代家族成员。1888年李锦堂创办李锦记，专注做耗油生意，李锦堂总共有五个子女，长子李兆荣、次子李兆登、三子李兆南，还有两个女儿。1920年，李锦堂将股份平均分给三个儿子，李兆荣无心经营，家族事务主要由李兆登和李兆南负责，后发生了经营理念的冲突，家族产生了第一次分裂，最终李兆南在儿子李文达的支持下收购了李兆荣和李兆登的股份，并为此背上了巨额债务。1972年，李文达继承了父亲李兆南手里的全部股份，李锦记在这一代走上了国际化的运营之路，却也发生了家族内部的第二次分裂。李文达兄弟姐妹8人，有6个妹妹并未参与公司经营，李文达将部分股票交由弟弟共同管理公司，后来兄弟二人产生了发展方向不一致的冲突，其弟将李文达告上法庭，李锦记停产半年，最终还是以李文达收购了弟弟全部股份而告终。

李文达的子女在20世纪80年代学成归来之后，全部任职李锦记集团，成为李锦记的第四代传人。李锦记在百年的传承当中，企业的股权始终掌握在家族成员的手中，封闭式的股权结构保证了家族企业良好的发展，避免了因为“委托—代理”而产生的纷争，这也是李锦记在传承当中遭遇两次纷争之后的血泪教训。

从上述三个案例的传承中可以看出，在早期的家族企业传承中，如果存在多子女的情况，一般存在“传长不传幼”“传男不传女”的倾向，家族的女性往往都不会参与公司的经营，在李锦记的第三代传递过程中，李兆南甚至将所有的股份都传给了长子李文达。而随着时间的慢慢推进，从李锦记第四代传承中可以看到的是，女性也渐渐出现在了家族企业经营的舞台上。

（二）传承过程中如何保证家族成员控制权

家族成员对企业的控制权可体现为单一股权，即所有权控制，也可体现为通过股权、协议甚至是信托、基金等不同工具的组合实现对企业的控制。控制权对家族成员的重要性显而易见，首先在物质上家族企业属于家族财富的一部分，其次在精神与历史上，家族企业是家族中老一代人奋斗的见证，家族企业的架构与文化是老一代人思考的结果、想法的落实。无论是从保护所有权还是维系不同家族成员之间的情感联系的层面看，家族成员对企业的控制权有牢牢把握的必要性。下面介绍两个维护家族企业控制权的案例。

1. 意大利菲拉格慕公司

萨尔瓦多·菲拉格慕是奢侈品王国——菲拉格慕公司的创始人。菲拉格慕去世之后，他的妻子和六名子女接手公司。

菲拉格慕家族成员采用的是所有权和经营权一并传承的模式，其不仅拥有家族大部分的股权，同时也深度参与了企业事务。2011 年，菲拉格慕家族企业上市，但上市股份仅有 25.69%，过一半的股份在菲拉格慕的金融控股公司之中，掌握家族成员手里。在菲拉格慕的股权安排当中，子女的股份是由母亲享有受益权的，母亲在金融控股公司中有 3.04% 的投票权，各位家族成员在公司持有的股权的一半投票权也是由其母亲来持有的。这样的安排表明，虽然家族成员分散持股，但是做决策却是由菲拉格慕的妻子代表整个家族来行使投票权，保证了决策的统一性。

菲拉格慕家族的管理也是集中于家族内部的。他们致力于在家族内部培养后代选拔接班人，主要任职于董事会，其股权架构主要是通过家族成员控制的控股公司来持有家族企业，在家族与企业之间筑起了一道“安全网”，防止家族日后发生“大火”烧到企业。

2. 德国汉高公司

汉高公司业务重点为化学，采用的股权分配方式是发行优先股和普通股。

普通股为汉高家族和外部投资者共同持有，合计占比59.3%，而剩下的优先股全部为外部投资者所持有。优先股，顾名思义是享有优先权利的股票，其分红仅次于债权人，且在公司的利润分配或者破产清算当中都有着优先受偿的权利。但是优先股不享有经营权和表决权（涉及优先股股东利益的有表决权），所以汉高公司的决策权等核心权利是由普通股股东所享有的，汉高家族的普通股主要集中于家族成员手里，占比60.84%，外部投资人单人所享有的普通股股权不得超过3%，较为分散，对企业经营决策的影响力十分有限。鉴于公司在发展过程中难免会遇到融资困难，而引入外部投资者有可能存在家族成员的股权被稀释的风险，汉高还对股权的转移作出了限制。汉高家族作出这样的安排解决了控制与融资两大难题，而且使汉高家族成员始终保持对公司的控制。

家族成员对企业的控制权不可或缺，而且其他传承工具的使用为传承提供更多选择或保障。例如，通过信托掌握控制权的同时，家族基金可永久保障收益；通过设立家族控股公司，控制权与受益权可在分立的同时得到兼顾，且实现更大限度的风险隔离；通过划分股票类型，家族企业能在获得融资得到发展的同时避免控制权外流。控制权、经营权与分红权通过传承工具的组合进行分立，也可以通过相同方式集中、一并传承。由此看来，继承工具为家族企业的传承创造了更多可能性与保障，在传承过程中扮演重要角色。

四、家族企业传承的工具——家族信托

家族信托是很多民营企业传承家族股权的可选金融工具之一，马云的阿里巴巴、刘强东的京东集团、吴亚军夫妇的龙湖地产、郭得胜家族的新鸿基地产等企业的背后，都可以看到家族信托的身影。正如前文中所提到的，家族信托安排有着安全隔离、延续控制、保值增值等功能，但是，通过家族信托传承股权也并非没有弊端。

龙湖地产家族信托安排

龙湖地产的信托架构可以分为以下几步：

第一步 设立空壳公司

龙湖地产上市之前，吴亚军和蔡奎在英属维京群岛注册成立了两家公司，即A公司和B公司。2007年11月，两人在开曼群岛注册成立龙湖地产（开曼），作为准备在香港上市的主体公司（实为空壳公司）。2008年1月，两人又注册

了一家BVI公司，即C公司，并由龙湖地产（开曼）持有全部股权。

第二步 注入资产并转让股权

2008年6月，C公司收购了吴亚军和蔡奎想要在内地上市的资产，即嘉逊发展的全部已发行股份。此时，龙湖地产（开曼）享有嘉逊发展的全部已发行股份，获得控股地位。之后，这些股份被A公司以19.2亿港元收购并对应持有60%的股份，被B公司以12.8亿港元收购并对应持有40%的股份。在此之后，A公司和B公司完成了对龙湖地产（开曼）的全部股权分割。

第三步 设立家族信托

吴亚军、蔡奎通过汇丰国际信托公司，各自设立了吴氏家族信托与蔡氏家族信托。2008年6月，二人将A公司和B公司分别持有的龙湖地产（开曼）的股份以赠与的方式分别注入汇丰国际信托的全资子公司D公司和E公司，并分别结算为吴氏家族信托和蔡氏家族信托。至此，D公司全部股本由汇丰信托以吴亚军家族信托受托人的身份全资拥有，而E公司全部股本由汇丰信托以蔡氏家族信托受托人的身份全资拥有。

由此，吴亚军和蔡奎都不再直接控制龙湖地产的股权，而是分别以吴氏和蔡氏家族信托的名义持有相应股权。这种信托架构，隔离了夫妻离婚对龙湖地产造成的风险，为龙湖地产的发展带来了安定。

香港新鸿基地产信托安排

香港的新鸿基地产发展有限公司创始人郭得胜在1990年去世前，设置了家族信托基金控股企业，将43%的股权注入了郭氏家族信托，受益人除了妻子和儿子，还有其他家族成员。

就香港新鸿基地产设置的家族信托而言，为了实现将股权紧紧锁在家族内部的目标，郭得胜定下了“股份不能卖”的条款，即当家族成员之间产生矛盾时，不能简单粗暴地通过分家来解决问题。让股份牢牢地掌握在家族内部成员手中，这一点也是家族信托设立的初衷，为此契约中通常会设定共同财产不可分割和转让的条款。① 但是2007年，郭得胜的长子与两个弟弟的矛盾升级，董事会最终决定由两个弟弟来履行长子的职责，并对外宣称长子休假3个月。次年5月，长子在相关官司中败诉，在新鸿基地产的职位被罢免，失去了公司主导权。2010年，长子被从家族信托受益人的名单当中剔除，这一举动直接导致集团损失上百亿港元。在纠纷不断升级的这3年里，新鸿基地产股票一路下跌，三兄弟中，

① 范博宏、梁小菁：《家族信托，并非完美的股权设计》，载《新财富》2010年第6期。

大哥患抑郁疾病去世，二哥被举报涉嫌贪污腐败行为进而锒铛入狱，只剩下弟弟独自营业。郭得胜设立家族信托的初衷“永不分家”也成为泡影。

由上可以看出，家族信托用得好，可以对家族企业的发展和传承起到积极的、正面的促进效果；如果家族信托运用得不恰当，股权全部被锁在信托框架里，则会使家族成员失去退出家族事业的选择权，可能导致家族的矛盾变得不可调和。

尽管现在中国并没有对家族信托进行专门立法，更没有针对股权信托作出特殊规定，但是股权家族信托已经在实务中得到了运用，以协助民营非上市的中国家族企业实现财富传承的目的。

（一）股权家族信托架构

1. 股权信托的当事人

股权家族信托中，必须存在的三方当事人为委托人、受托人和受益人。当事人可以选择增加监察人/信托保护人的角色，对家族信托的运营进行监督，但这一角色不是必备的。

（1）委托人

股权家族信托的委托人，往往是家族企业的实际控制人。如果家族企业是由夫妻二人共同控制的，那也可以选择双委托人架构。委托人是股权家族信托最重要的当事人之一，享有知情权，可查阅、抄录或者复制与其信托财产有关的信托账目以及处理信托事务的其他文件；信托财产的管理方法不利于实现信托目的或者不符合受益人的利益时，委托人有权要求受托人调整该信托财产的管理方法，甚至可以解聘受托人，对受托人不当的管理行为提出赔偿请求，等等。当然，委托人保留的权利也不是越多越好，保留的权利过多，可能会影响股权家族信托的隔离效果。

（2）受托人

《信托公司管理办法》第7条规定："设立信托公司，应当经中国银行业监督管理委员会批准，并领取金融许可证。未经中国银行业监督管理委员会批准，任何单位和个人不得经营信托业务，任何经营单位不得在其名称中使用'信托公司'字样。法律法规另有规定的除外。"因此，在我国境内，股权家族信托的受托人一般只能是持牌信托公司。但是，并不是国内所有的信托公司，都愿意成为家族企业股权信托的受托人，这主要是基于以下原因：

目前，民营有限公司类型的家族企业设立股权信托，需要将家族企业股权的一部分变更登记到信托公司名下。家族和信托公司可以通过特殊的分红权安排，实现信托公司只持有很少的股权但可以享受绝大部分公司经营分红的目的。信托公司收到分红款后，按照信托文件的约定进行管理和分配。信托公司为家族企业的股东，一旦企业经营不善、负债累累，信托公司在中国现行法律制度下难免存在忧虑。除此之外，成为民营家族企业的股东之后，信托公司有时还需要配合家族企业的经营，出具一些决策文件，这比单纯的资金信托要麻烦很多。

（3）受益人

股权家族信托的受益人，往往是家族的成员，这也是股权家族信托可以传承家族企业的原因。当然，我国《信托法》并没有对受益人的身份进行限制。如果委托人想要照顾到家族成员之外的朋友或者合作伙伴，则在向信托公司申明理由之后，也可以把他们写成家族信托的受益人。现在一些家族的子女是外籍人士，这不影响其成为境内家族信托的受益人。但是，在信托财产的分配上，国内信托公司一般无法协助受益人将分配所得的财产换汇并汇出境外。

2. 境内股权家族信托的常用法律架构

为了规避担任家族企业股东的风险，实践中信托公司经常会要求家族企业在上层搭建一个有限合伙企业，如图 6－7 所示。如此一来，信托公司可以选择成为有限合伙企业的有限合伙人，不需要承担经营管理职责，且仅需要在认缴出资的范围内对合伙企业的债务承担责任。

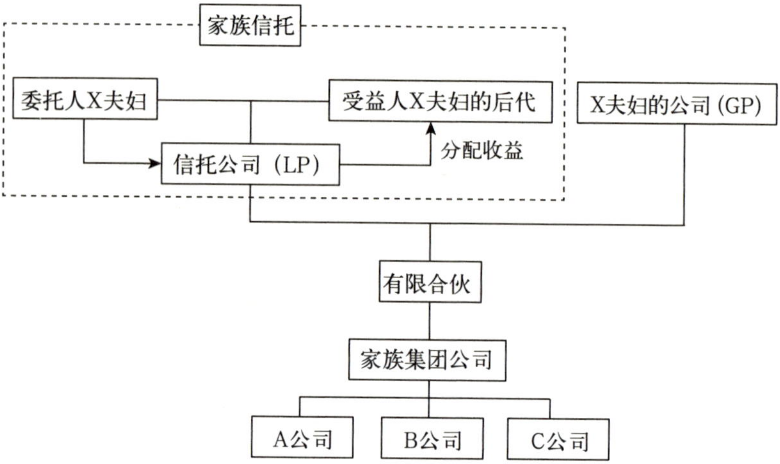

图6－7　常见家族信托结构示意图

目前，由于针对股权信托尚未有明确立法，股权家族信托并非信托公司的重点业务，国内的家族在设立股权信托时往往也会慎之又慎。但是，从发展的眼光来看，股权家族信托确实能够在实质上帮助中国人实现“不分家”但分财产的目的，在一定程度上有利于家族核心资产——股权的传承，因此笔者期待股权家族信托未来能够有更具针对性的立法和更广阔的发展空间。

（二）股权家族信托的启发与警示

1. 家族信托的不足之处

本书前文已提及家族信托的优点与功能，但家族信托作为家族财富传承工具，在享有诸多优势的同时，仍存在部分因法律规定或其特征而导致的不足。

（1）堵塞家庭解决争端的出路

在家庭成员产生矛盾的时候，如果该成员是家庭里的持股者，则在产生矛盾之后可以通过转让股权的方式来缓解矛盾。但是这样的解决方式在家族信托的惯常设计中是不被允许的，家族信托往往会规定限制转让的条款，禁止“分家”。家族信托将家族成员的股权绑在一起，使矛盾得不到妥善处理，最终就可能导致像新鸿基地产那样的结局。

（2）“公地悲剧”：吃大锅饭的懒人[①]

此外，家族信托的设计也容易“养懒人”，其原因类似于经济学上的“公地悲剧理论”[②]。家族信托像是家族内部的一种公共资源，内部成员都倾向于让自己的利益最大化，产生纠纷之后，会产生过度使用公共资源的后果。如果家族成员较少，则信托的安排尚可控制；一旦家族成员较多，信托的安排就会失灵。

（3）部分非货币形式的财产无法办理信托登记

根据《信托法》第 10 条对信托财产的规定，信托财产原则上应当登记。《信托法》采取了严格的登记生效主义，只有登记

---

① 范博宏、梁小菁：《家族信托，并非完美的股权设计》，载《新财富》2010年第6期。

② “公地悲剧”理论：指的是有限的资源注定因自由使用和不受限的要求而被过度剥削。由于每一个个体都企求扩大自身可使用的资源，最终就会因资源有限而引发冲突，损害所有人的利益。

过的财产在法律上才会被认定为信托财产，没有登记的财产不属于信托财产。但是，按照我国目前的法律框架，信托财产登记制度不如不动产登记制度那般清晰明确。该现状对信托的直接冲击是，家族成员或家族聘请的专业团队在对部分财产进行信托财产登记时，有可能会遇到登记管理部门的拒绝，理由为相关财产的信托登记没有明确的法律规定可作为参照。换句话说，部分信托财产的登记在生效与否上具有不确定性。

不过，这一缺陷并非无法克服。实践中若遇到此类情形，可设立信托实体，之后将信托财产的所有权完全过渡到该信托实体中。这个“绕行”的方法唯一的不足是权属过渡环节可能会面临一定税负，而目前的税收制度尚未明确如何征收相关税费，有可能存在“重复征税”的情形。

2. 完善家族信托治理安排的机制

（1）信托治理中监督协调角色的设置

完善家族信托安排时，可以借鉴洛克菲勒家族的信托安排，家族信托之内必须要设置相应的决策、监督制衡和调纷机制。

有权力就应有对权力的监督。在洛克菲勒的家族信托安排中，其家族办公室负责为整个洛克菲勒家族提供具体的财产管理的规划，负责财富的收益分配；而信托委员会则主要负责监督和决定整个家族信托的运作，确保家族信托协议的执行，并为洛克菲勒家族办公室提供顾问服务。这种互相监督的模式为我们提供了一种思路，那就是设置中立的第三方监督人或者监督委员会对信托财产的管理进行约束、监督。具体来讲，可以成立受托人委员会，其成员可以包括家族成员、专业人士和社会贤士等，该委员会发挥着平衡利益、调纷监督的功能，维护每位受益人的权益。例如，在梅艳芳的家族信托传承计划中，如果设置了“家族信托保护监督人”或者“监督委员会”这一角色，则梅母个人对整个信托计划的影响可能就没有那么大了，其家族财富管理的各个操作环节也有可能更为稳健地运行下去。

（2）特定情况下的信托财产转让

新鸿基地产的例子给我们的警醒就是，在特定的情况下，需要安排一种股权的特殊退出机制。美国索尔兹伯格家族在其信托基金中就有类似的安排，该信托共有 30 名受益人和 8 名受托人。其信托协议中列明，假如得到 8 名家族受托人的一致同意，信托基金内的股权可以转让给家族内部成员或者家族外部人士，这一灵活的规定至少可以保证家族成员的纠纷不会一直纠缠下去。

（3）通过专业设计，避开家族信托设立与运作过程中可能出现的问题

无论是家庭矛盾、公地悲剧还是信托财产登记、披露义务，专业团队的精心设计可最大限度地克服这些与家族信托设立或运行相关的难题。良好的信托架构设计可以在平衡家族成员利益的基础上，通过一定的激励机制、与工商登记管理部门的沟通、法律调查和设立前的尽职调查避开前述问题，最大限度地保障家族

的整体利益。而这一切，又可以归结到一个“早”字。留给专业团队设计的时间越多，留给家族信托设立者选择不同侧重方向的家族信托架构方案的时间就越多，而且越能充分避开与时间、持股比例相关的披露义务的要求。

第七部分

家族投资

一个人一生能积累多少钱，
不是取决于他能够赚多少钱，
而是取决于他如何投资理财。
人找钱不如钱找钱，
要知道让钱为你工作，
而不是你为钱工作。

——［美］沃伦·巴菲特

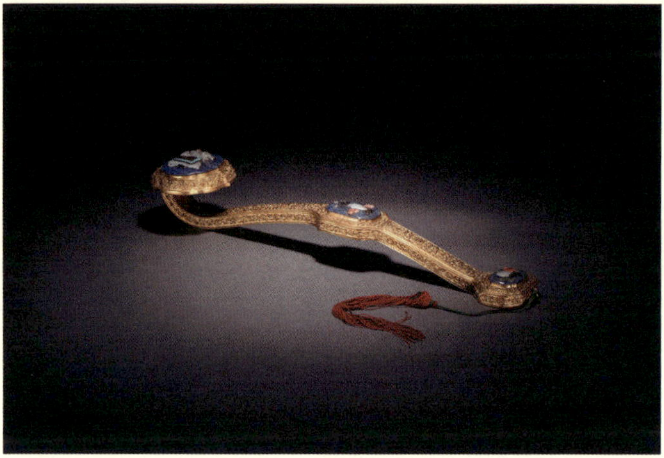

第一节

家族投资的误区、陷阱和基本原则

两千多年前，司马迁在《史记》中写道："天下熙熙，皆为利来；天下攘攘，皆为利往。"如今我们身处市场经济的时代，权衡利弊的思想已经渗透到了日常生活的每一个角落。而对于拥有巨大财富的高净值家族而言，"由钱生钱""躺着赚钱"更是常谈常新的话题。高净值人士在累积了一定的财富之后，应如何在财富创造与管理的过程中少走一些弯路，这是本节需要深入探讨的话题。

一、家族投资中的误区和陷阱

在国家经济经历 40 余年的高速发展后，无论是对国家还是个人来说，稳定的重要性越发凸显。鉴于近年来中国 GDP 增速放缓，关于个人财富的主要讨论逐渐由"第一桶金""下海"等自改革开放以来强调发展的关键词，过渡到"保值" "传承"

“风险规避”等体现财富管理重要性的关键词。家族资产的管理，首先应该从认识相关误区与陷阱开始。

（一）财富过多集中于企业股权

2020年，席卷全球的新型冠状病毒对世界各国的经济都造成了不同程度的损害。受此影响，财富主要源于伯克希尔·哈撒韦公司股权投资的巴菲特，因未能及时卖出手中的航空股、银行股，截至2020年4月已损失465亿美元，占其股票持仓的19%。[①] 将财富过多集中于企业股权，对高净值人士来说存在较大的风险。

一方面，对于非上市公司来说，股权投资的利益主要来自分红，但任何一个企业都无法保证永远盈利。一旦企业亏损或倒闭，股权投资便颗粒无收。另一方面，对于上市公司来说，股价除受到公司经营状况的影响之外，还会受到资本市场波动、投资者信心、负面新闻等因素的影响，可能使高净值人士及其家族的财富缩水。如果家族的财富99%都集中在上市公司股份上，那么一旦上市公司退市、破产，家族的财富便随之付诸东流。

其实，财富的获取与积累既需要投资者对时机的准确把握，又要求投资者对风险存在一定的警惕，以免资金被卷入未知的旋

---

① 吴琦：《疫情超预期巴菲特损失惨重　今年已亏3255亿》，载《证券时报》2020年4月13日，第A008版。

涡。就股权资产而言，其能向投资者提供分红、股权溢价等收益的前提是企业稳定、正常地经营。在企业走到破产边缘的情况下，若将大部分财富寄托于股权的投资者未能及时变现，则投资者苦心经营的财富可能遭受严重损失。因此，在企业经营良好的时候，实际控制人及其家族需要适当地进行分红、派息，将企业经营所得及时转化为个人及家庭的资产。这部分分红可以免受企业未来发展变化的影响，可能会成为企业倒闭破产时保障家族成员基本生活的资金来源。

（二）鸡蛋都放在一个篮子里

俗话说："鸡蛋不要放在同一个篮子里面。"这个道理很简单，但是很多高净值人士在投资的过程中常常忽略了这一点。很多人容易盲目自信乐观，低估相关投资的潜在风险，或无法抵御高额回报率的诱惑，将所有的"宝"都押在同一行业或者同一项目、产品上，一旦出现问题，可能就落得满盘皆输、倾家荡产的下场。香港歌星钟镇涛曾将全部身家、高额贷款全部投入香港房地产行业，1997 年金融危机后香港房价的断崖式下跌最终使他破产。2015 年沪深股市暴跌，使许多人一辈子的积蓄瞬间血本无归。此外，需要注意的是，分散风险也需要把握一个度，过分地分散投资可能会导致利润过低、管理费用过高。

1993 年万科集团在资金吃紧的情况下，在房地产方面接连投资了万科北海万科城市花园、成都万兴苑、石家庄银都大厦、深圳海神广场和鞍山东源大厦等项目。1994年，万科集团又继续投资了天津城市花园、北京城市花园、武汉万科广场、沈阳城市花园和大连邮电大厦等项目。这样大范围的跨地域投资直到1995年才停止。由于投资过于分散，成都万兴苑、深圳海神广场、福景大厦、武汉万科广场、天津金刚桥高级公寓、鞍山东源大厦等项目都因资金短缺而濒临烂尾。①

（三）盲目追求高收益而误入投资骗局

“股神”巴菲特在分享投资经验时说道：如果有人跟你说能帮你挣“快”钱，那你就应该赶快回绝。如果有人承诺你的投资可以在短时间内获得很大的回报，那么这大概率是一个陷阱，应该尽快拒绝。毫无疑问，任何理财的机会都伴随或大或小的风险，但是当一个拥有诱人回报率的投资机会出现时，人们应当格外谨慎。

庞氏骗局②

查尔斯·庞兹制造的“庞氏骗局”是20世纪典型的骗

① 王石：《道路与梦想：我与万科（1983～1999）》，中信出版社2014年版，第165～166页。

② 龚乐凡：《私人财富管理与传承》，中信出版社2016年版，第73～74页。

局之一。

1903 年查尔斯·庞兹移民到美国后，在社会上摸爬滚打了十几年。他发现金融领域是一个赚钱的好地方。1919 年他在波士顿“设计”了一个投资欧洲邮政票据的理财产品向美国大众兜售，并向投资者许以高额回报。一方面，他把投资计划设计得很复杂，让大众以为他高深莫测。另一方面，他以高额回报为诱饵，让投资者在巨大的金钱诱惑下失去理智。他承诺，所有投资者在投资后的 90 天内可获得高达 40% 的收益。最初的一批投资者的确在规定时间内拿到了庞兹所承诺的高额回报。在这种“眼见为实”的高回报率的吸引下，一年内 4 万多名波士顿市民掉进了庞兹精心设计的骗局里。他共收到约 1500 万美元的投资，平均每个投资者投资几百美元。

1920 年，庞兹破产了，他通过骗局获取的 4 万多名市民的血汗钱早已经被挥霍一空，而他仅购买了两张欧洲邮政票据用来迷惑投资者！后来，此类骗术就被称为“庞氏骗局”。

庞氏骗局虽然千变万化、五花八门，但是总体来说都具有以下三个特点：首先，庞氏骗局往往以高收益为诱饵。风险和回报一般成正比，高收益自然伴随高风险。对金融风险了解较少或者一时难以抵抗高回报诱惑的投资者，往往很容易被骗子画的“大饼”所迷惑。其次，庞氏骗局并不存在事实上的投资理财行为，一般是“拆东墙补西墙”。上一批投资者的高收益只能依靠下一批投资者新投入的资本来实现。投资者越多，骗局持续时间就越久。最后，庞氏骗局的承诺收益是反周期性的。任何行业、任何投资项目的收益率都不是固定不变的，而是随着市场与行业波动呈现周期性的变化，收益时高时低，有时也会亏损。[①]

（四）落入委托理财的陷阱

庞氏骗局在金融界、投资界基本上已是尽人皆知，但委托理财的陷阱就不一定了。委托理财是投资人将其资金、证券等资产委托给受托人，由受托人将该资产投资于期货、证券等交易市场或通过其他金融形式进行管理，所得收益由双方按照约定进行分配或由受托人收取代理费的经济活动。委托理财中，可能出现保证不会亏损或亏损由受托人承担的“保底条款”。

委托理财根据受托的主体不同可以分为金融机构委托理财和民间委托理财。[②] 对委托人来说，无论受托人是金融机构还是民间人士，只要理财“保底”，即不产生亏损，就具有巨大的诱惑，尤其是本金数额庞大时。

然而，“保底条款”已被央行、银保监会、证监会等多部门明令禁止。2018 年 4 月 27 日，银保监会等颁布《关于规范金融

---

① 龚乐凡：《私人财富管理与传承》，中信出版社2016年版，第73～74页。

② 参见徐志新：《票据存单与委托理财》，中国民主法制出版社2014年版。

机构资产管理业务的指导意见》，其中第6条规定，金融机构应当向投资者传递“卖者尽责、买者自负”的理念，打破刚性兑付；第19条规定了刚性兑付的三种具体情形与金融机构进行刚性兑付的违规责任。更具体地，进行保本保收益承诺、采取滚动发行转移风险、以自筹或第三方资金偿付等行为存在被认定为刚性兑付的风险，金融机构在此情形下须纠正相关行为，情节严重的，还可能会面临行政处罚。因此，除了存款之外，基本所有金融机构保本保收益的理财产品，其实都是不合规的。

金融机构受托理财受到公权力机关监督，然而相比之下，民间委托理财则难以监管，非法募集普通大众资金的行为屡禁不止。受托人通常没有经营资质，更没有兑现的担保物或是监管人。将钱交由这些人管理，无异于羊入虎口。

原告杨某（甲方）与被告刘某（乙方）签订了一份委托协议，委托乙方为自己进行投资理财。两人约定针对1万美元（6.88万元人民币）现金进行理财，如果亏损达到35%，则乙方必须通知甲方，经甲方同意后方可继续进行理财；如果不通知，则多余的亏损由乙方承担。合同签订后，乙方用甲方的资金进行外汇买卖，但是在资金亏损达35%时没有依约通知甲方，导致甲方全部本金在半个月内几乎全部亏损。甲方将乙方诉至法院，请求法院判令双方签订的委托理财协议无效并赔偿原告6.88万元人民币。

法院经审理认为：乙方没有代理他人进行买卖外汇的资质，所以，其与甲方签订的委托协议无效，因委托合同取得的财产，应当予以返还；有过错的一方应当赔偿对方因此所受到的损失，双方都有过错的，应当各自承担相应的责任。本案中，乙方应当返还甲方所交付的6.88万元，但甲方作为成年人，在与乙方签订合同时，未尽谨慎注意义务，所以应在现有资金6.88万元的35%范围内承担责任；其余损失4.472万元则应由乙方予以赔偿。[①]

在近些年的法律实务中，以下两种民间委托理财合同容易被认定为无效：一是受托人在同一时期内共同或分别接受社会上不特定多数人的委托从事受托理财业务，这涉及非法集资的范畴；二是不具备金融类委托理财资质的自然人作为受托人订立的委托理财合同，比如出现上述案例中的情况。[②] 所以，对于一些高净值人士来说，不仅要提防委托理财中“高收益，零风险”“保本保息”的陷阱，在委托自然人理财时更要关注可能会导致委托合同无效的情形。因为后者一旦发生，不仅之前理财中获得的收益都要返还，而且一旦出现亏损，委托人更是要承担一定程度的过错责任，委托理财期间的利息收入不仅难以保证，本金都可能一并丧失。

---

① 参见徐志新：《票据存单与委托理财》，中国民主法制出版社2014年版。

② 参见徐志新：《票据存单与委托理财》，中国民主法制出版社2014年版。

（五）盲目进军金融业

从2002年开始，方正集团就开始着力打造自己的金融王国，先后斥巨资收购并整合了银行、证券、信托等一系列金融机构，成立了自己的金融控股公司。然而，随着方正金融控股公司对浙江国信重组的失败，方正集团只能不断缩减对金融行业的投资力度。最终，方正集团仅剩下方正证券一棵“独苗”，方正金融王国似乎成为“南柯一梦”。①

随着传统制造行业的竞争力不断提升、需求趋近饱和，以及新兴行业尤其是利润丰厚、融资能力强的金融行业的飞速发展，越来越多的企业家试图涉足金融等新兴行业。虽然方正金融控股公司对浙江国信重组以失败而告终，但仍然有很多非金融企业试图建立自己的金融帝国。比如，海尔集团先后入主青岛市商业银行、参股长江证券，拿到保险、信托、证券、银行等几乎所有的金融牌照；中粮集团涉足金融行业更早，它先是涉足期货交易，后收购新西兰保险公司，随后成立了财务公司（金融公司），以财务公司的名义投资参股了交通银行等金融机构。② 这种以大型实业企业为主体的产融结合型金融控股公司，其母公司是一个非

① 高明华、刘金玲：《非金融企业投资金融业的风险及防范——由方正金融控股失败想到的》，载《经济界》2005年第6期。

② 高明华、刘金玲：《非金融企业投资金融业的风险及防范——由方正金融控股失败想到的》，载《经济界》2005年第6期。

金融机构的经营实体，不具有金融业务许可，而其全资控制或控股包括商业银行、证券公司、保险公司、其他金融机构以及非金融机构在内的子公司，则可以参与金融投资活动。[①] 然而，投资者往往容易忽略其中隐藏的巨大风险。

第一，母公司与子公司之间的发展容易失衡，母公司未必能够真正从子公司业务发展的角度来考虑子公司的经营管理。第二，在债权债务纠纷中，母公司利用控制地位套取子公司资本的行为存在被认定为滥用股东权利而需承担无限连带责任的风险。第三，各持股方的股权纠纷和对其管理权限的争夺，不利于金融控股公司的长期发展。金融控股公司往往规模较大、难以控股，母公司一般以集团控股，即若干子公司分别持股从而使实控股比大于其他股东的方式成为事实上的第一大股东。由于股权分散、过程漫长，其间可能存在一系列关于公司控制权的争夺，影响公司的正常经营。[②] 第四，控股后，母子公司之间的频繁关联交易将传递经营风险，失去法人独立地位带来的风险隔离功能。

其实，每个行业有每个行业的运作规则，管理实业型公司和管理金融公司的基本思路和侧重点是不一样的。在没有完全了解一个行业的运作规律时盲目进军，犹如让一个西方人来中国开中

---

① 吴君媛：《公司治理视野下金融控股公司加重责任适用研究》，载《新疆财经大学学报》2019年第2期。

② 高明华、刘金玲：《非金融企业投资金融业的风险及防范——由方正金融控股失败想到的》，载《经济界》2005年第6期。

餐厅，失败是意料之中的。高净值人士谋求转型、涉足金融行业并没有错，但在涉足金融行业前，应该了解相关的潜在风险与行业壁垒，否则容易“得不偿失”。

二、投资的基本原则和心态

财富的守护与创造相比，具有相同甚至更大的难度。《2016年全球财富报告》显示，2000 年到 2016 年中国的人均财富从 5670 美元增长至 22，864 美元。① 尽管期间受到全球金融危机的影响，人均财富一度下降了 20%，但是很快就恢复到了金融危机前的水平。截至 2016 年年底，全球约有 14.09 万人可以被视为超高净值人士，其净资产在 5000 万美元以上。其中，5.08 万人至少拥有 1 亿美元的资产，5200 人拥有 5 亿美元以上的资产。② 而回顾过去，在中国几千年的历史中，无数曾富可敌国的家族都未能将财富延续至今，湮没在了历史的长河中。

俗话说：“你不理财，财不理你。”守住现有财富，才有可能让财富得以在家族中延续；持续地创造新的财富，才能给家族财富管理带来源源不断的生机。

---

① 《瑞士信贷：2016年全球财富报告（附下载）》，载互联网数据咨询网－199IT，http://www.199it.com/archives/540605.html，最后访问日期：2016年11月25日。

② 瑞信研究院：《2016年全球财富报告》，2016年。

洛克菲勒家族未雨绸缪式的财富创造

世界知名的洛克菲勒家族，就是通过优化资产配置实现家族财富传承的最佳案例。约翰·洛克菲勒作为标准石油的创始人，是美国第一个财富达到10亿美元的富豪，目前其家族财富已经顺利传承到了第六代。老洛克菲勒凭借着对经济形势的灵敏嗅觉，在1924年美国政府首次开始征收馈赠税和不断上调遗产税之前，将家族财富集中传承给了小洛克菲勒。根据1974年洛克菲勒家族提供的文件，当时其信托总资产价值7亿美元，其中90%为股票。受托人对信托资产进行了分散化投资，除了将44%的信托资金投入洛克菲勒家族最为熟悉的石油行业以外，其余的信托资产被配置到了相对保守的蓝筹股，而这非常符合当时整个信托行业的投资习惯。1917—1960年，小洛克菲勒还将大约11亿美元的资产投入遍布全球的慈善事业当中，同时向许多大学进行了资助和捐赠。除了信托和慈善基金以外，借助外界金融和管理精英的帮助，洛克菲勒家族办公室在家族传承的100多年中为洛克菲勒家族提供了包括投资、法律、会计、家族事务等多项服务。

（一）投资的基本原则

对处于任何一个阶段的个人、家族来说，资产管理都是一件难事。根据胡润百富2015年发布的白皮书，在总资产超过5亿元人民币的超高净值人群中，近八成人士投资的主要目的是实现财富的增值和保值。[①] 白皮书显示，现阶段富裕阶层在管理自身财富方面“并无太多经验和创意，他们仍在大量且广泛使用最传统的理财方式，例如存款和投资房产”。在资产配置方面，同类型化过于严重，缺乏差异性，远远达不到合理配置资产的程度。[②] 为实现财富的增值与保值，下文为资产管理提出一定的建议。

1. 安全

一度为世界首富的“股神”巴菲特只专注于个人熟悉、擅长领域的投资，这造就了其回报率始终可观的投资。此外，巴菲特始终保持谨慎的投资态度，这让他避免大的亏损，在 1957 年至 2018 年间，巴菲特只亏损过两年，包括 2001 年亏损6. 2% 、2008 年亏损9. 6% 。[③] 根据招商银行与贝恩公司联合发布的《2015 中国私人财富报告》，“保障财富安全”自 2013 年以来已经连续两年成为高净值人士高度关注的话题。可见，投资的核心要素是收益率与安全性。财富安全是财富实现保值增值的基础，在资产发

---

① 《胡润百富：2015年中国高净值人群资产配置白皮书》，载搜狐网，https://www. sohu. com/a/81367300_ 221908，最后访问日期：2016年6月6日。

② 《胡润百富：2015年中国高净值人群资产配置白皮书》，载搜狐网，https://www. sohu. com/a/81367300_ 221908，最后访问日期：2016年6月6日。

③ 东方财富网：《7. 7万倍！一图看懂巴菲特历年收益率（1957 – 2018）》，载 https://baijiahao. baidu. com/s?id = 1632782972253195793&wfr = spider&for = pc，最后访问日期：2020年5月15日。

岌可危的情况下，再高的短期收益率可能都是过眼云烟。

2. 长期布局

就财富管理而言，长期布局意味着投资，短期布局意味着“投机”。长期布局涉及对行业、细分领域与被投资机构的研究，考验的主要是投资者对行业前景的预判、对公司经营管理的信心以及对信息搜集与分析的能力。短期投机主要取决于市场波动，考验的是投资者的心态和对转瞬即逝的时机的把握。由于暂时性因素对个人财富的影响有限且具有时效性，长期布局更加适宜作为投资方式。投资者们在股灾期间的表现，最能突出长期投资与短期投机的差别。美国 1987 年股灾期间，大盘股指数在几天内下跌超过了 22%。部分无法承受股价波动的短线投资者为尽可能保全资产，在惊慌失措中将持有的股票全部低点抛售。股灾结束后，美国股市逐步恢复，坚持长期布局的投资者们获得了丰厚的回报。①

3. 与家族的发展阶段相适应

处于不同阶段的投资者在投资风险承受能力、风险偏好、投资领域等方面的情况可能不尽相同，因此投资者需要根据自己的现状，找到适合自己和家族的投资策略。例如，一个现金流充

---

① 参见［美］诺伯特·M. 明德尔、［美］莎拉·E. 斯莱特：《新经济下的财富管理》，中信出版社2016年版。

足、不怕亏本的年轻人，更适于进行证券、股票等回报较高的投资；对于临近或已经退休的人来说，收益稳定的养老基金更为合适。这就是财富管理与个人及家族发展阶段相契合的重要性，财富管理应满足高净值人士及其家人在不同人生阶段的不同财富追求。

4. 资产配置多元化

部分高净值人士通过传统实业公司的经营收获了一定的财富，但是市场波动、通货膨胀与政策性风险等因素要求投资人多元化配置资产。这里的“多元化”，主要体现的是风险类型的多元化，而不单单是理财产品本身的多元化。

权威的资产管理经理、耶鲁大学基金的管理人戴维·斯文森认为：“资产配置是人一生中最重要的一项投资决定，它是财富能够长期稳健增长的关键，比你进行的股票、债券、房产或其他任何一项单一投资都重要，其中资产的多元化配置是尤其重要的。”[①] 相同类别的资产或者理财产品，往往具有相同的风险，在风险到来时，可能会出现全盘皆输的局面。比如，很多高净值客户喜欢将闲余资金都投资到房地产中，在中国各地持有数十套甚至上百套房产。一旦该地区或整体的房价不够稳定，房产投资随时可能部分或全部亏损，且难以及时退出。如果将资金的一部分

① Tony Robbins，MONEY Master the Game：7 Simple Steps to Financial Freedom，Simon&Schuster，2014，p. 260.

用来投资基金或黄金，那么即使一个板块跌了，其他板块还有增长的可能性。多元化配置向投资者提供了风险对冲的机会，允许投资者在其中一个或几个类别的资产出现贬值时通过其他类别资产的增值减少投资者资产的整体风险。[①]

5. 资产配置全球化

由于全球经济市场日益融合，各国的金融活动也开始呈现出国际化的趋势。平安证券 2016 年发布的报告显示，国内超高净值人群中，60% 在海外配有资产。[②] 另外，国际知名地产咨询公司莱坊在其 2016 年财富报告中对过去 10 年全球财富流动方向进行了全面的回顾，跨境投资的显著增长成为主要趋势，而驱动力主要来自美国、中国、英国等地，其中中国的增幅高达 1471% 。[③]

全球化向投资者提供了更多的投资方式和渠道，如今多元化资产配置在某种意义上亦可通过资产配置的全球化实现。由于不同国家或地区在资本市场各个细分领域的情况不同，投资环境、政策、文化等方面的国别性可为投资者设置一道隐形的保护墙。全球化资产配置除实现财富的保值与增值外，在部分国家或地区还伴随一定的政策福利。例如，在英国购买价值 30 万美元以上

① 龚乐凡：《私人财富管理与传承》，中信出版社2016年版，第81～87页。

② 周慧：《六成高净值人群配有海外资产》，载人民网，http://money.people.com.cn/n1/2016/1024/c218900-28801278.html。

③ 莱坊：《2016财富报告》，2016年。

的住宅的投资者可获得英国海外领土护照；在塞浦路斯购买价值30万欧元以上的住宅的投资者可以获得该国永久居住权。

然而，值得警惕的是，海外资产配置并非绝对美好。以澳大利亚为例，从交易效率来看，澳大利亚政府近期暂时将《1975年外国收购与接管法》规定的审查金额门槛降低至0澳元；外国投资审查委员会（FIRB）指出，由于此项变更和新冠疫情导致的延误，外国投资审批的时间现在可能长达6个月。[①] 从交易成本来看，海外投资人收益所得的实际有效税率可高达39%，[②] 远高于中国大部分个人应纳税所得额的对应税率。

6. 流动资金管理

不论是普通家庭还是高净值家庭，拥有一定比例和数额的流动资金、避免因为突然的事件导致资金链断裂非常重要。曾经的钢铁巨人——山西海鑫集团，就是因为将全部的资金投入金融行业导致传统钢铁业资金链紧张，最后只能破产收场。投资者在投资时应当控制好资金投入的比例，保留一定比例的银行存款或者容易套现的资产，以满足日常需求或者应对可能出现的突发事

① 《新冠疫情和澳大利亚外商投资制度》，载 Jones Day，https://www.jonesday.com/zh-hans/insights/2020/04/covid19-and-australias-foreign-investment-regime。

② 澎畅泽信：《中国对澳洲投资到底要交多少税？》，载澳华财经在线，http://www.acbnewsonline.com.au/html/2016/azjujiao_0118/15807.html，最后访问日期：2016年1月18日。

件，同时及时止盈、止损，提防流动资金不足带来的风险。

流动资金的重要性，亦体现在企业对现金流的需求中。受新冠肺炎病毒疫情影响，国际航空运输协会预计2020年全球航空旅行需求将出现自2009年以来的首次下滑。据测算，疫情将使全球航空业损失293亿美元，其中278亿美元将发生在亚太地区。[①] 根据中国交通运输部公布的数据，2020年2月，民航仅运输旅客783万人，同比下降85.5%。[②] 对航空业而言，其盈利模式可简化为包括飞机购买、机组人员的聘用等费用在内的前期投入与以出售机票为主的后期收入。其中，机票为航空公司覆盖工资等开支并创造盈利条件。换句话说，没有现金流，就没有创造财富的可能性。在航空公司普遍陷入窘境、举步维艰的2020年，为维持一定的现金流，东方航空推出了一款价格为3322元人民币的产品“周末随心飞”，允许用户在2020年任意周末乘坐东方航空与上海航空除港澳台外的任意国内航线且不限次数。该产品推出后长期在售，仅首次发售便为东方航空带来3亿元人民币的现金流，在一定程度上激活了惨淡的航空市场。[③]

---

① 胡万程：《机票60元也无人薅羊毛，航空公司好难》，载微信公众号“南风窗”2020年3月12日。

② 胡万程：《机票60元也无人薅羊毛，航空公司好难》，载微信公众号“南风窗”2020年3月12日。

③ 邢海洋：《半年内“随心飞”，你能薅到羊毛吗？》，载网易新闻，https://3g.163.com/dy/article/FGEL75MT0540846I.html，最后访问日期：2020年7月1日。

（二）健康的投资心态

1987 年，“黑色星期一”股灾发生，美国道琼斯指数下跌超过 22.6%，这是美国股票市场上最大的单日跌幅。美国富达基金用于基金买卖的系统崩溃了，因为无数投资者打入电话要求全部抛售其基金以赎回投资，无论价格多低，只想快点离开市场。然而，在“黑色星期一”后的两年内，美国道琼斯工业指数便恢复到 1987 年创造的 2722 点的高位①，两年前那些心态和股市一起崩盘、在“黑色星期一”抛出股票的人则与反弹无缘了。所以，要想在投资领域立于不败之地，最终实现财富创造的目的，拥有健康的投资心态很重要。

1. 对风险的正确认识

毫无疑问，投资必然伴随风险，高收益低风险的设计往往违背市场规律，是危险的糖衣炮弹。我们常常听到一句话叫“风险越大，收益就越高”，然而，这并不代表高风险就一定会带来高收益，高风险也可能带来一无所有。

首先，投资者应认识到风险是固有的。要有正确的心态来面对风险，既不畏惧风险，也不盲目追求高风险。其次，投资者应

① 《数据简报：道琼斯指数过去100年走势图与大事记》，载中国经济网，http://intl.ce.cn/specials/zxxx/201307/29/t20130729_1149099.shtml。

认识到风险是相对的。在许多人看来风险很高的事情，在专业人士面前可能就是小菜一碟。用风险系数很高的走钢丝来比喻，如果没有专业的技巧和完备的保护措施，则成功的可能微乎其微；但如果有丰富的经验和专业的安全防护措施，失败的风险就会大大降低。最后，心态不同，所感知到的风险大小可能千差万别。

假设一间屋子里面装满了黄金，也装了一个定时炸弹。这时候有三个人同时冲进屋子去装黄金，那么，这三个人承担的风险是不是相同的呢？当他们扛着袋子跑出屋子后，有人告诉他们这间屋子是装有定时炸弹的。第一个人吃惊地说："我完全不知道里面有炸弹。"第二个人很紧张地说："我知道有炸弹，却不知道什么时候会爆炸，所以我装黄金的时候非常害怕，没装满就赶紧跑出来了。"第三个人胸有成竹地回答："我知道有炸弹，也知道炸弹什么时候爆炸，所以一直看着表，稳稳当当地装满黄金才出来。"第一个人无知者无畏，不知道风险的存在，成功是完全凭运气；第二个人意识到了有风险，并胆战心惊地完成了整个过程，是在风险和收益之间做博弈；第三个人准确地认识和预估了风险，从容理性地去装满黄金。所以说，在不同的心态下，投资者所感知的风险程度是不同的。一个成功的投资者就应该像第三个人那样，能够感知和预测到风险，把风险控制到最低。①

---

① 郑先：《投资心理学：投资其实是一场心理游戏》，中国法制出版社2017年版，第43～44页。

2. 平稳的心态

金融危机平均每8年到10年就会发生一次，每次都会导致部分投资者恐慌性抛售、损失惨重。事实上，人们在恐慌、焦虑等情绪下，往往会很冲动地作出不理智的决策。股市牛市盛行、处于巅峰状态的时候，街头巷尾都能听到谈论股票的声音，一幅全民炒股的时代已经到来的光景；可当行情逆转时，大多数没有经验的投资者会急忙抛售，成为落荒而逃的“韭菜”。

被称为“全球投资之父”“历史上最成功的基金经理之一”的约翰·邓普顿说过：不要对市场失去信心，只有乐观的投资者才能在资本市场中胜出。一名成功的投资者，既不会因为暂时的失利而陷入恐慌，也不会因为暂时的盈利而沾沾自喜，因为他始终对金融市场拥有信心，平稳的心态才能让投资者在金融和资本市场中拥有立足之地。① “就像担心即将到来的地震会毁灭洛杉矶一样，这纯粹是在浪费时间。”②

3. 长期投资的观念

我们在日常生活中常常可以见到耐克的商品。耐克公司

① 郑先：《投资心理学：投资其实是一场心理游戏》，中国法制出版社2017年版，第100～102页。

② 参见［美］戴维·克拉克：《查理·芒格的投资思想》，浙江人民出版社2019年版。

作为世界上最大的运动品牌经销商，高薪聘请了迈克尔·乔丹、勒布朗·詹姆斯等超级体育明星做品牌的形象代言人，极大地提升了其品牌价值和身份认同，在几十年间一直保持着比较高的盈利和股本收益率增长。1998年，伴随股价的下滑，耐克公司有轻微的震荡。当时许多投资者见状纷纷抛售该公司的股票，巴菲特却逆市而上，大量买入耐克公司的股票，因为他坚信耐克公司拥有坚实的品牌力量，可以使公司长盛不衰。果不其然，短短几年之后，耐克公司就创造了有史以来最大的收益、销售收入和利润。①

巴菲特曾说："我最喜欢持有一只股票的时间是——永远。"一方面，我们由衷地感慨"股神"巴菲特在投资时的坚定和自信；另一方面，我们也应该看到，长期持有正是他几十年纵横股市而几无败绩的制胜法宝。长期持有的交易费用更低，能够省去投资者频繁换手、关注不同投资产品的时间，持有时间越长，利润越高。在有条件的情况下，投资以长期为宜。

4. 输得起的精神②

想赢，是所有人的期待，但输不起，却是失败者的通病。投

---

① 郑先：《投资心理学：投资其实是一场心理游戏》，中国法制出版社2017年版，第212页。

② 郑先：《投资心理学：投资其实是一场心理游戏》，中国法制出版社2017年版，第212页。

资是一场冒险家们的游戏，不怕输才能玩得起。但是这种输得起的精神并不是“赌徒心理”，而是在一次或暂时的投资失败之后，仍能正确地看待输赢，有赔得起的勇气。“赌徒心理”一般有以下三类：一是不愿意勤劳致富，整天做白日梦，幻想一夜暴富；二是为了利益不惜铤而走险，甚至能把命都搭上；三是为了达到目的不择手段。“人寿有限，物欲无穷”是诱发赌徒心理的根本原因。赌徒心理并不是不怕输的精神，而是不切实际的投资心理。

投资者应当根据自身情况选择合适、可承受的投资。为保护投资者利益，中国各监管机构相继出台了对应的合格投资者制度（亦被称为“投资者适当性制度”），为不同风险等级的金融产品设置不同的准入门槛，确保投资者根据个人情况选择合适的投资产品。2016 年，证监会颁布了中国资本市场首部统一的合格投资者制度管理规定，即《证券期货投资者适当性管理办法》，将投资者分为“普通投资者”与“专业投资者”。经营机构向普通投资者销售高风险产品或提供相关服务时，应当履行特别的注意义务，不得向普通投资者主动推介不符合其投资目标或风险等级高于其风险承受能力的产品或服务。投资者应当认清自己的风险偏好与承受能力，进行符合自身情况的投资。

第二节

财富保值增值的常用工具

实现财富的保值和增值需要进行资产配置，要将资本投资在不同类别的资产上。但这些资产都有什么，他们究竟风险几何呢？所谓“知己知彼，百战不殆”，对投资工具进行详细了解，有助于我们进行合理的资产配置。

传说，古印度宰相西萨·班·达依尔发明了国际象棋，并用它成功化解了古印度与另一个国家的战争。为了奖赏他，国王允诺将满足他提出的任何条件。这时，西萨·班·达依尔指着一个国际象棋棋盘，说：“陛下，其他我不要，我只要麦子。您在这张棋盘的第 1 个小格里放 1 粒麦子，在第 2 个小格里放 2 粒，在第 3 个小格放 4 粒，以后每个小格都比前一小格多 1 倍。然后，您将摆满棋盘上所有 64 格的麦子，都赏给我就可以了！”国王一听，毫不犹豫就下令让武士们立刻执行这一命令。不过，国王很快发现，自己犯了个巨大的错误。因为，按照这种计算方式，就是把当时全印度甚至全世界的麦子都拿过来，也满足不了宰相的要求。后来，有人计算过，按宰相的方法填满整个棋盘大约需要820亿吨麦子！[①]

上面这个小故事说的就是复利的力量，爱因斯坦也说过，“世界上最伟大的力量不是原子弹，而是复利”。假设一个人20岁时投资巴菲特的公司仅1000元，一直存到65岁，按照巴菲特在1965—2009年全部投资的年平均收益率20.46%来复合计算，这笔钱到期约有434万元！[②]

复利俗称“利滚利”，是一种计算利息的方法，即将上一期的本金加利息作为下一期的本金来计算新的利息。即使初始资金只有很小一笔，若每次都将收益重复投入，那么经过滚雪球式的累积，最终也能获得惊人的收益。

有的人可能会问，这么好的资金增值方式，为什么市场上没有？其实，关于利息的约定，仅能在法律规定的范围内进行。2020年8月20日，最高人民法院召开新闻发布会，规定在司法审判中受保护即有效的民间借贷利率为一年期贷款市场报价利率（LPR）的4倍，目前为15.4%，取代之前关于24%及以下有效、

① 参见黄晓林编著：《经济学陷阱全集》，中国长安出版社2011年版。

② 参见金李、马雪梅：《与财富同行：金李财富管理通识课》，人民邮电出版社2020年版。

36%以上违法的固定规定。

一、低风险理财产品

（一）现金及现金等价物[①]

从个人投资者的角度而言，现金及现金等价物除了银行中的现金储蓄以外，还包括货币市场基金（投资短期债务性证券的基金）、短期国债（短期政府债券）、短期企业商业票据（企业发行的短期债券）和定期存单（银行开具的票据）。从企业资产负债表的角度而言，任何高信用评级、高流动性、投资期限在3个月以内、能够以非常少的损失为代价或者原价值卖出的投资工具都可称作现金等价物。

现金及现金等价物的特点就是流动性强、短期内可转换成现金。因此，这些短期有价证券在市场上的交易十分频繁，买卖差价相对要小很多。同时，其因为通常由政府或者信用良好的企业发行，风险比较低，且通常收益率略高于银行储蓄的利率，所以对一些个人投资者来说还是值得去了解的。

① ［新加坡］潘添礼（Sam Phoen）：《高净值人士投资指南》，韩燕、曾令波译，中信出版社2020年版，第11～12页。

（二）银行理财产品[1]

银行理财产品，是商业银行对潜在目标客户群进行分析研究，并在这个基础之上，针对特定的目标客户群，开发设计并销售的资金投资和管理计划。客户授权银行管理自己的资金，并与银行约定，投资收益与风险由客户自己承担。相比大多数理财方式，银行理财产品风险可控，收益比存款利息会高一些，且更为灵活，因此是一种比较好的低风险理财产品。

1. 新股申购型理财产品

新股申购型理财产品的主要运作方式是申购新股，即将投资者的分散资金集中起来，用于申购一级市场的新股和可转债，从而获取稳健的收益。这种理财产品既具有收益率较高、风险较小的特点，又能满足投资者对财富保值、增值的需求。新股申购型理财产品每个月都设有开放日，投资人可以将理财产品赎回，因而具有很好的流动性。对那些无法承担股市大起大落风险和股票型基金净值剧烈波动风险的投资者来说，新股申购型理财产品是其在股市弱市下的最佳选择。

2. 保本型银行理财产品

当股市走势不明朗时，一些投资者会更倾向于选择一些保本

---

① 参见李慧敏：《投资理财技巧速查宝典》，清华大学出版社2013年版。

型的银行理财产品。金融界产品研究中心的调查显示，在以往发行的理财产品中，排名前十位的都属于保本固定收益型。这类产品的收益率比较保守，但收益普遍高于银行定期存款的利息收入；且它的风险低，适合风险承受能力较弱的投资者；有固定的赎回期限，因此流动性较差。市场上保本型的理财产品主要包括三类：第一类为债券型理财产品，它是银行间债券市场的投资品种，一般确保投资者本金安全，目前它的市场收益率为2.5%～3%；第二类为信用联结型理财产品，它一般也能为投资者提供本金安全的保障；第三类为挂钩型理财产品，它是一种兼具固定收益证券特征与金融衍生品特征的新型理财产品，风险介于定期存款和股票之间、较为适中，适合追求高收益并能承受一定风险的稳健型投资者。

（三）债券

债券是一种固定收益、按照固定时间偿付的金融工具。债券投资的门槛低、风险较低，且无须太多投资技巧。债券代表公司的债务，债券的收益取决于公司向债券购买者（债主）支付的数额大小。公司通常每半年支付固定的利息，债券到期时公司会将本金和利息一同支付给债券购买者，如果到期未能偿付就属于违约，一旦公司的现金流不足以偿付欠下的债务，公司就很有可能被强制破产。[①]

其中，按发行主体来划分，债券可以分为企业债券、金融债券和国家债券。企业债券，是在中国境内具有法人资格的企业，为了筹集生产与建设资金，依照法定的程序发行，并约定在一定期限内还本付息的债务凭证。在中国，企业债券泛指各种类型的企业发行的债券。与其他债券相比，企业债券的风险相对比较大。金融债券是指银行及非银行金融机构依法发行的债券，一般而言，金融债券的风险与收益介于国债与企业债券之间。[②] 除此之外，还有可转换债券，这种债券可在某个约定的时间转换成公司股票，是否转换取决于债券持有者自己的意愿；资产支持债券，这是指有资产作为担保的债券；可赎回债券，这种债券的发行人可在某个约定的日期当天或者之后从持有人手中赎回债券；垃圾债券，这种债券的评级在“投资级”以下，低评级意味着投资者承担的风险更大，发行者因此通过更高的收益来弥补，也被称为“高收益债券”。[③]

---

① ［新加坡］潘添礼：《高净值人士投资指南》，韩燕、曾令波译，中信出版社2020年版，第6页。

② 参见李慧敏：《投资理财技巧速查宝典》，清华大学出版社2013年版。

③ ［新加坡］潘添礼：《高净值人士投资指南》，韩燕、曾令波译，中信出版社2020年版，第7～8页。

（四）国债

国家公债就是国债，是国家以自身信用为基础，通过向社会筹集资金、到期返还本金与利息的方式而形成的一种债权债务关系。国债也就是老一辈口中的“国库券”。因为它的发行主体是信用极高的国家，只要不出现极端情况，就不会发生违约现象，所以被视为最安全的投资工具。相比之下，2000 年美国估值最高的公司通用电气在 2008 年国际金融危机期间，旗下从事金融业务的全资子公司濒临破产，通用电气发行的公司债因此面临巨大的违约风险。[①] 从安全性的角度而言，国债具有更安全的天然特征；从流动性的角度来看，国债也更容易转手变现，流动性优于大多数投资理财工具。不过需要注意，国债存在一定的货币贬值即通货膨胀风险。

（五）保险[②]

俗话说：“天有不测风云，人有旦夕祸福。”保险可保障我们在遇到意外或生病时生活品质不受影响。我们平常所说的保险通常是指商业保险，即根据合同的约定，投保人向保险人（保险公

---

① 参见金李、马雪梅：《与财富同行：金李财富管理通识课》，人民邮电出版社2020年版。

② 参见李慧敏：《投资理财技巧速查宝典》，清华大学出版社2013年版。

司）支付保险费，当被保险人发生合同中约定的事故，或当被保险人达到合同中约定的年龄、期限时，保险人给付保险金的行为。商业保险一般可以分为财产保险、人身保险、健康保险、责任保险、信用保险和海上保险。社会保险理论上不属于投资产品，而是国家为公民提供的一种基本生活保障。

另外，除传统的保险品种外，最近几年市场上又出现了一种新的保险种类——投资型保险，它不仅具有保险基本的保障功能，还具有投资理财的功能。投资型保险可以分为分红险、万能险和投资连结险。从风险性角度来看，分红险的风险最低；万能险的风险相对较低，它的投资风险由保险公司与投保人共同承担；投资连结险的风险性比较高，投资风险由投保人独自承担。因此，分红险适合风险承受能力低、希望以保障为主的投保人；投资连结险适合风险承受能力较高、追求资产高收益的投资者。

关于保险配置，即如何购买适合自己的保险，需要投保人结合自身需求、预算、购买目的等因素综合考虑。一般来说，高净值客户家庭青睐的人身保险类型有终身寿险、年金保险、高端医疗保险、重疾险和意外险等。仅从购买目的的角度来看，配置终身寿险主要是为了实现财富增值及财富传承，在被保险人去世后给受益人留下一笔财富；配置年金保险是为了给受益人提供持续的教育金、生活费或者养老金，年金保险也有一定的财富增值功能；配置高端医疗保险是为了在生重大疾病时享受到较好的医疗待遇；配置意外伤害保险是为了家人在遭遇人身意外时能够及时得到妥善的治疗。当然，结合自身需求、预算、个人实际面临的风险与家族发展等诸多因素进行合理的保险配置，无论对个人还是家族来说都是一项值得长期规划的议题。

二、中风险理财产品

（一）信托

根据《信托法》的规定，信托是指委托人基于对受托人的信任，将其财产权委托给受托人，由受托人按委托人的意愿以自己的名义，为受益人的利益或者特定目的，进行管理或者处分的行为。信托涉及三方主体，即委托人、受托人与受益人。用通俗易懂的语言来解释，信托的产生系委托人相信受托人会妥善打理自己的财产、按照约定处理资产，因此为了某个指定的人（受益人）未来能从资产中受益，委托人将资产交由受托人占有、管理或使用。商业信托的信托资产包括不动产、证券、票据、股权等商事法律涉及的资产。

商业信托可为高净值人士带来较为丰厚的收益。信托的回报率基本由市场决定，在资本市场对现金等资产存在一定需求等情况下，信托的收益一般可以到达到 8% ~15% ，远高于银行同期存款利率。但信托存在一定的门槛，主流的信托基金投资门槛较高，起投金额一般为 100 万元人民币到 1000 万元人民币。因此，商业信托更适合高净值人士进行投资。

然而，高收益意味着高风险。信托虽然有合同与法律保障，但其基于信用而产生的本质意味着在受托人能力不足或违约的情况下信托财产将暴露于风险之中。根据中国信托业协会发布的《2020 年 1 季度中国信托业发展评析》，“随着风险资产规模的增加以及行业整体信托资产规模的压降，信托资产风险率也在持续提升。2020 年 1 季度末，信托业资产风险率为 3.02%，较 2019 年年末提升 0.35%”。从统计学角度上看，每 100 项信托资产中便有 3 项无法回本。相对于银行储蓄、债券、保险等稳健的理财产品，信托的风险较高。

（二）基金

基金是指一种利益共享、风险共担的集合证券投资方式。发行基金的单位将投资者的资金集中后，委托基金托管人对资金进行管理并进行股票、债券等金融工具的投资。[①] 相比之下，基金不会像股票那样为投资者带来巨额的收益或使投资者倾家荡产，相对稳健。基金的风险比银行储蓄存款要高，但同时也伴随更高的收益。

基金的收益称为基金分红，主要包括现金分红与红利再投资两种方式。举例来说：假设你以每份 1 元的价格买了 1000 份基金，共计花了 1000 元。过了一段时间，基金价格由每份 1 元上涨

① 参见汤小明：《创富法则》，四川人民出版社2017年版。

到每份1.2元。如果基金公司采取用现金分红的方式来分红的话，就是按照投资者购买的份额来退回现金，那么投资者每份基金的分红额为0.2元，总共可以分红$0.2\times1000=200$元。投资者拿到分红之后，基金就由每份1.2元变回之前的每份1元。如果基金公司采用红利再投资的方式来分红，那么投资者不会收到现金，而是收到额外的基金份额。也就是说，投资者原来的1000股基金，再投资后变成了1200股，并且基金同样又变回了原来的每份1元的价格。[①] 对投资者来说，市场稳定发展时，适合选择红利再投资；市场不稳定或厌恶风险时，适合选择现金分红。

基金是一种相对稳健的投资工具，原因包括以下四点：一是基金是由专业的人员与机构进行打理；二是基金投资渠道非常多元，能迅速适应市场的变化，因而能够很好地控制和分散投资风险；三是基金的信息是公开透明的；四是投资者用于购买基金的资金是由独立于基金公司的基金托管人来托管，禁止挪用，因而基金的资金比较安全。

根据资金募集方式的不同，基金可以分为公募基金和私募基金。

公募基金是指由合格的基金管理机构面向非特定投资者公开发行的基金，主要包括二级市场的股票和债券等证券的投资基金。公募基金认购和申购的起点很低，甚至可以1元起投，和银

---

① 参见李慧敏：《投资理财技巧速查宝典》，清华大学出版社2013年版。

行理财产品上万元、信托产品上百万元的投资门槛相比更为亲民。根据主要投资标的的不同，公募基金可以分为股票型基金、混合型基金、债券型基金和货币市场基金。

股票型基金是指以股票为主要投资对象的投资基金，持有的股票资产必须占基金资产的80%以上。与直接炒股相比，股票基金的风险更低、更看重长期收益，因此更适合没有股票投资经验却希望分享股票快速、高额收益的长期投资者。债券型基金是指债券资产占基金资产80%以上的基金。由于债券型基金的波动性通常小于股票型基金和混合型基金，因此它适合风险偏好适中、追求资产稳健增值的投资者。混合型基金，顾名思义，是指投资组合中同时拥有多种金融资产，比如同时投资股票、债券和货币市场等工具，风险和收益水平相对中等。①

货币基金，是指以现金和银行存款作为投资对象的一种基金，它具有投资成本低、收益较高、流动性强等特点。它的收益率一般高于银行活期储蓄或1年期定期储蓄，有的甚至高于3年期或5年期定期储蓄。货币基金流动性比较强，便于投资者随时支取，存在替代银行储蓄的趋势。以余额宝为例，余额宝为与天弘基金管理的余额宝货币基金直接对接的货币基金。换句话说，将个人储蓄转入支付宝内置的余额宝的同时，储蓄者默认购买余额宝货币基金。鉴于货币基金较高的流动性，余额宝也具有如银

① 参见金李、马雪梅：《与财富同行：金李财富管理通识课》，人民邮电出版社2020年版。

行储蓄般随时使用的便利。除2020年4月以来支付宝7日年化收益率因市场流动相对充裕而低于2%外，其收益率自2013年成立以来一直高于银行同期存款利率。① 全球金融危机之后，股市一直处于震荡之中，走势很不明朗，因而货币基金受到越来越多投资者的青睐，成为许多稳健型投资者的首选。②

总体上来说，公募基金更加适合想要追求市场红利却缺乏专业投资知识或者没有足够的理财时间的非专业投资人士。公募基金的风险低，且更看重长期收益，相对而言更加稳健，故其基本不在追求短期高额收益的投资者的考虑范围内。

私募基金虽然也属于基金的一种，但是由于它和公募基金稳健作风相比全然不同的高风险、高收益的特征，我们将其放在“高风险理财产品”来讲。

（三）外汇

《外汇管理条例》第3条对外汇作出了广义解释：外汇指以外币表示的可以用作国际清偿的支付手段和资产，包括外币现钞（纸币与铸币）、票据、银行存款凭证、银行卡、债券、股票、特别提款权等。大众理解中的外汇通常指外币现钞。根据《外汇管理条例》的定义，外汇的本质为被国家认可且能够用来购买商

---

① 张千千：《余额宝收益率首次跌破2%所为何故？》，载新华社，http://www.xinhuanet.com/enterprise/2020-04/09/c_1125833322.htm。

② 参见李慧敏：《投资理财技巧速查宝典》，清华大学出版社2013年版。

品、服务等的外国货币及其等价物。

目前中国虽然正在逐步放开外汇市场，但是从事外汇业务需获得相应的许可证或牌照，否则根据《外汇管理条例》第46条将面临没收违法所得、处违法所得1～5倍以下的罚款、处50万～200万元的罚款、停业整顿或吊销业务许可证乃至承担刑事责任的风险；对于外国企业，根据《外商投资法》第21条，外国投资者在中国大陆境内经营过程中可自由汇入、汇出外汇。因此，实践中部分国内外汇投资者会选择在海外设立公司后再返回国内从事外汇业务，以换取更大的自由度。

用一个简单的小故事来作类比：有一天，一个外星人到地球参观，看到地球上有两棵果树，一棵种在北美洲，另一棵种在南美洲，都结了果子。外星人很眼馋，对地球人说："我要买你们的野果吃。"地球人说："好，但要先确定你到哪里去买。到墨西哥去买，1比索1个；到美国去买，1美元1个。"外星人说："我没有钱啊。""其实，你不用花钱就可以做到。你先从墨西哥借一个果子，到美国去换1美元。墨西哥政府规定1美元=13个比索，所以你拿1美元到墨西哥去，就可以换13个果子。拿1个果子还给墨西哥人，你就白得了12个果子；你再拿12个果子去换12美元，再到墨西哥去换156个果子；拿这156个果子再去换156美元，再到墨西哥去换2028个果子……这样下去，墨西哥的果子就都被你买光了！"现在很多人把中国的商品廉价销售到外国，就是利用了这个差价，他们不求最高价格出手，但已有巨额的利润空间。[1]

投资外汇只需要很小的资本，投资门槛较低，但外汇投资极难实现稳定盈利。一方面，外汇波动影响因素太多；另一方面，外汇市场参与者太多，其中很多是专业的金融机构或者借助专业机器的参与者。对于个人投资者而言，进行短期外汇投资的盈利可能微乎其微。此外，部分人士在外汇交易中使用数倍的杠杆，汇率的微小跳动都有可能导致交易者赚取或者损失一大笔钱。[2]

（四）收藏品[3]

收藏是一项与时间、空间共守宁静的活动，它能丰富人们的精神世界，提升审美水准，陶冶性情。收藏的对象包括邮票邮品、货币（纸币、金银纪念币、流通纪念金属币等）、珠宝玉器、艺术品（古玩、书画等）、票券、徽章等。收藏兼具兴趣爱好和投资双重价值，但是入行门槛较高，需要具备辨别真伪及鉴赏的能力，还需要有独到的投资眼光，因此对于投资者要求较高。

财富管理行业发展至今，其实很多收藏品已经具备了超出财务投资的价值。比如，以珠宝首饰为例，“钻石恒久远、一颗永流传”的宣传标语正在变成现实。在家族成员出生、成年或者是

---

① 参见李慧敏：《投资理财技巧速查宝典》，清华大学出版社2013年版。

② ［新加坡］潘添礼：《高净值人士投资指南》，韩燕、曾令波泽，中信出版社2020年版，第40～41页。

③ 参见汤小明：《创富法则》，四川人民出版社2017年版。

其他的特殊人生时刻，很多高净值家族会斥资几千万元甚至上亿元去购置钻石原石，并聘请专业的珠宝设计师，按照自己家族的理念、精神和审美需求，将珠宝原石锻造成精美的首饰，同时赋予其家族印记，并以此作为家族传承的载体和家族的象征。所谓君子可寓意于物，睹物思人，正是这个道理。

（五）黄金[①]

始于2009年的希腊债务危机，使国际金价突然呈爆炸式增长，很多投资者纷纷将自己的投资方向转向黄金市场，黄金再度成为全球金融市场的焦点。投资市场上流行这样一句话：“保值通货数黄金。”为什么黄金在投资者眼里有如定海神针一般的作用呢？

一般情况下，商品都会遵循市场经济的特点：如果供不应求，那么价格会上涨；如果供大于求，那么价格自然会下跌。但是，黄金是一种不可再生的资源，其储备量在整个世界是有限的，稀缺度只会增加不会减少。因此，黄金不但具有抵抗通货膨胀的功能，还有一定的货币功能与投资价值。在股市动荡不稳、其他投资产品前景不明时，黄金投资受到了越来越多投资者的青睐。在中国，另一项抵抗通货膨胀的资产是房地产，但其需要大量的资金投入并且周转率低，而黄金却没有这样的限制。

① 参见李慧敏：《投资理财技巧速查宝典》，清华大学出版社2013年版。

虽然说黄金是避险的最佳投资工具，但是这并不意味着黄金投资就不存在风险。实际上，黄金并不是生息货币，它只能通过价格波动来使投资者获取收益。如果是工业用黄金还可能产生类似利息的收入——租赁收入，即把黄金租出去，到期再收回，但是个人客户通常接触不到这类产品。

三、高风险理财产品

（一）股票

造就富翁的方式有很多，除了中彩票之外，股市无疑是最快速的一种。股票神奇的地方就在于它可能在短时间内将投资者投资的资金翻几倍甚至几十倍，从而使投资者在短时间内暴富。

股票是股份证书的简称，是股份公司为筹集资金而发行给股东的作为其持股凭证并能取得股息和红利的一种有价证券。迄今为止，股票造就的富翁人们耳熟能详，比如股神巴菲特。但值得警惕的是，在股市中赔了钱的人，也为数不少。

以 2015 年中国股灾为例，中国股市经历了伤筋动骨的震荡。2014 年，上证综指上涨 53%，深证成指上涨 34%；进入 2015 年，上证综指继续增长 60%，深证成指甚至暴涨 122%。然而，从 2015 年 6 月起至 2015 年年末，上证综指最大跌幅高达

60.08%，深证成指最大跌幅达65.34%。[①] 股民高位买入、被套牢、亏损惨重甚至血本无归的案例并不少见。股票这种伴随高风险和高收益的理财产品，投资者们在看到其高收益时也要擦亮眼睛，“股市有风险，入市需谨慎”。

（二）P2P

自2007年6月国内第一家从事P2P借贷业务的公司“拍拍贷”在上海成立起，中国P2P借贷业务经历了一轮高速发展，高峰期达到5000多家。此番发展在2018年戛然而止。自2018年年初至2018年7月，根据报道有超过700家P2P平台暴雷，涉及资金数千亿元人民币。[②] 2018年的集体暴雷将P2P平台的风险暴露在公众的视野中，并令而无数投资者倾家荡产。

P2P，就是Peer – to – Peer，即个人对个人借贷，而P2P平台就是一个把债主和借方联系在一起的中介：投资者可以通过P2P平台，把钱直接借给P2P平台上需要贷款的用户，而到约定的时间时，对方会支付相应的本金和利息。投资者可在平台上根据自己的偏好选择不同金额、不同风险、不同收益等的项目进行借

① 徐平生：《2015年股票市场分析与走势分析》，国家信息中心经济预测部，2015年11月4日，载https://www.sjc.gov.cn/News/455/5415.htm。

② 朱朝锋：《P2P平台“暴雷”不断，投资人应当如何维权？》，载环球网，https://baijiahao.baidu.com/s?id=1606772477992441530&wfr=spider&for=pc，最后访问日期：2018年7月23日。

款，具有较高的自主选择性和灵活性。

美国等金融业比较发达的国家，从2005年左右就开始发展P2P，到今天已经形成了比较成熟的体系。而P2P真正进入我国只不过是近些年的事，市面上各类P2P平台、金融产品层出不穷，带来了一定的隐患。

P2P的风险来自两个方面：一是发生违约的风险，即借款人无法按期还本付息带来的风险。二是平台跑路的风险，即平台老板携款潜逃、人去楼空带来的风险。部分P2P平台纯粹是以高息为诱饵进行诈骗的工具。一旦发生平台老板跑路事件，投资的本金与利息往往早已消失无踪。根据“网贷之家”提供的数据，中国正常运营的P2P网贷行业正常运营平台数量已由2018年6月的1959家降至2019年5月的914家，无法正常运营的平台数量超过50%。[①]

（三）私募基金

在2020年6月12日中国证券投资基金业协会发布的已注销私募基金管理人名单中，轩鸿系的深圳市轩鸿基金管理有限公司和深圳市轩鸿资本管理有限公司因经营异常赫然在列。轩鸿基金的“暴雷”有迹可循。早在2019年，就有知

① 果粒：《复盘丨“雷潮”一周年：P2P发生了哪些变化？》，载网贷之家，https://www.wdzj.com/news/yc/4549971.html，最后访问日期：2019年6月22日。

情人士向《国际金融报》透露轩鸿基金旗下私募理财产品出现无法兑付的情况，涉事理财产品规模近20亿元。

轩鸿对外声称从事房地产投资12年，但截至2019年案发，轩鸿基金仅购买3处店铺与22套商业公寓。与此形成对比的是，轩鸿基金募集的用于投资房地产的资金规模庞大，其共发行39期赎楼产品，每期规模均为8000万元。根据《证券时报》报道，在募得资金后，轩鸿未成立赎楼团队，以“拆东墙补西墙”的方式偿还利息，涉嫌非法吸收公众存款。① 此外，根据中国证券投资基金协会对外公告，2019年共有558家私募基金管理人失联，因此被注销的私募基金管理人达259家。失联原因为私募基金可能存在违约、经营异常甚至非法集资等游离于中国证券投资基金协会监管之外的行为。

私募基金，是指通过非公开的方式向投资者募集资金而设立的基金，其投资对象包括股票、股权、债券、期货、期权、基金份额及投资合同约定的其他投资标的。私募基金对投资者也有着比较高的要求，要求投资者具有两年以上的投资经历，并且家庭金融净资产不低于300万元，或者家庭金融资产不低于500万元，或者近3年本人年均收入不低于40万元。

① 高雯：《刚刚，轩鸿系私募被注销！涉嫌非吸57亿终爆雷》，载资产界，http://www.zichanjie.com/article/871136.html，最后访问日期：2020年6月13日。

从投资对象的角度来看，私募基金可以分为私募证券基金、创业投资基金（Venture Capital Fund）、私募股权基金（Private Equity Fund）和其他类别的私募基金。

1. 创业投资基金和私募股权基金

南非 MIH 投资集团创造了私募股权投资中的神话。在 2001 年互联网市场低迷的时候，MIH 先后从 IDG、盈科手中接盘腾讯 32.8% 的股份，成为腾讯第二大股东，当时腾讯的估值是 6000 万美元。2017 年，腾讯的市值已达到数千亿美元，MIH 依然拥有腾讯 30% 以上的股份，是腾讯最大的单一股东。

创业投资基金和私募股权基金都属于股权投资。股权投资是在一级市场即股票和债券的首发市场的投资，而股票的投资属于二级市场的投资。创业投资基金就是人们常说的风险投资基金。风险投资基金和私募股权基金是主要投资于非上市公司或者是初创公司的股权，投资者在获得股权后，不一定靠公司上市进行变现，也可以通过转让、公司被收购、兼并等方式变现。股权投资从 20 世纪 60 年代的硅谷开始兴起，它是金融史上的一项非凡的创新。简单来说，创业者凭借自己的想法、技术、商业模式，依靠外部投资者提供的资金，二者共同创办一家公司，这样的投资就是创业投资或风险投资。世界上第一家通过创业投资建立起来的巨头公司是英特尔。英特尔在 1968 年创立时的早期资金就是源于“风险投资之父”阿瑟·洛克的投资。从此风险投资就成了美国支持新创企业，特别是高科技创新企业的一种最普遍的形式。20 世纪 80 年代，风险投资开始进入中国市场，百度、腾讯、小米等公司都曾依靠风险投资的支持。①

私募股权投资和创业投资在本质上并没有太大的差别，不过在投资阶段选择、风险偏好上面有着明显区别。公司融资通常有所谓的天使轮、A 轮、B 轮、C 轮等。创业投资一般是在 A 轮或天使轮，属于比较早期的投资，承担更多的风险；私募股权投资通常属于比较后期的投资，私募股权还会大量参与公司的改组、兼并、收购、增资扩股等，风险相对创业投资基金较低。② 但是，在实际业务中，两者的界限并不总是那么明显，私募股权有时也会投资早期企业，创业投资也会适度投资快要上市的企业。

私募股权基金在所有投资工具中处于“高风险、高收益”的最高点。就收益而言，一方面，私募基金可以投资公募基金无法投资的资产，灵活配置的优势更加突出；另一方面，它通过被投资的企业上市、兼并收购后的资本增值实现盈利。被投资的企业一旦成功上市，投资者就可以获得几十倍甚至几百倍的投资收益。就风险而言，首先，其单笔创业投资的失败概率一般较大。越是早期项目，越容易投资失败。其次，私募股权投资的损失更大。创业投资和私募股权的投资金额都比较高。创业投资的单笔投资金额通常是数百万元，私募股权单个项目的投资额一般要数

---

① 参见向松祚：《看得懂的金融投资课》，中信出版社2020年版。

② 参见向松祚：《看得懂的金融投资课》，中信出版社2020年版。

千万元。投入的资本越多承担的风险自然就越大，因此，私募基金称得上是投资中风险最高的项目之一。此外，私募股权基金周期长的特点进一步扩大了其风险。①

从资产配置和收益性的角度来看，私募股权投资其实并不适合大多数人，而适合有条件和投资经验丰富的高净值人士或家庭。不过无论投资者是谁，都应该谨慎选择、量力而行。

2. FOF

近年来，在私募基金中出现了一种新型的相对安全的投资方式，即FOF②（Fund of Fund），直译为“基金中的基金”，在国内亦被称作母基金，是一种专门投资其他基金的基金。FOF并不直接投资股票或债券，其投资范围仅限于其他基金，投资者通过投资FOF可以间接地持有各类基金、股票、债券等。FOF的产品逻辑与财富管理中的“风险分散”原则颇为相似。因私募基金的投资门槛高，少则上百万元，多则数千万元，故构建一个相对有效的组合对资金量的要求非常大。而通过FOF投资，既可以降低准入门槛，也能满足高净值家庭对资产配置的全方面需求，分散了投资风险。

FOF资产配置的核心是通过多种资产的配置来调整风险，获

---

① 参见金李、马雪梅：《与财富同行：金李财富管理通识课》，人民邮电出版社2020年版。

② 参见薛桢梁：《中国财富管理顾问营销实战》，中信出版社2019年版。

取调整后的收益。短期内，有些资产可能会出现趋势性下跌，或有些资产配置的功能根本没有体现出来，因此，它适用于长期投资。如果用 FOF 来对接养老金、退休金之类的产品，那么其长期持有以获取收益的特点就更能满足人们对资产管理的需求了。

四、房地产

相对其他很多国家而言，中国家庭的资产中房地产的比重要高出很多。根据中国人民银行调查统计司城镇居民家庭资产负债调查课题组 2019 年进行的调查，我国城镇居民家庭的实物资产中，74.2% 为房地产；居民住房资产占家庭总资产的比重为 59.1%，高出美国居民家庭 28.5%。① 不少中国家庭甚至将 80% 以上的资产配置在房产上，很多超高净值人士在国内国外很多大城市配有房产。

房地产作为一种投资手段，其收益来自房产或土地本身的升值和租金收益。房地产可以抵抗通货膨胀和物价上涨，如果地区经济发展良好，则其本身可能升值；如果出租，则其可以在平时带来比较稳定的现金流。除此之外，房地产投资也有既耐久又能保值的优点。但是房地产投资成本高，不像一般商品可以在短时

① 中国人民银行调查统计司城镇居民家庭资产负债调查课题组：《央行报告：中国城镇居民家庭户均总资产317.9万元》，2020年4月24日，载 https://finance.sina.com.cn/china/2020-04-24/doc-iircuyvh9569535.shtml。

间内买入、卖出，房地产交易通常要几个月甚至更长的时间才能完成。房地产投资很难在短期内变现也造成了它流动性低和灵活性低的特点。

现阶段，房地产已经不适宜作为未来长期、主要的投资工具。一方面，房住不炒的大原则在中央政府的多次房地产调控措施、政策指导文件中被反复提及，投资炒房已经被时代大势所抛弃；另一方面，从长远角度来看，生育率降低最终的后果一定是住房需求减少，房产投资终究会出现供大于求、房价趋稳的局面。此外，根据2020年5月18日中共中央、国务院发布的《关于新时代加快完善社会主义市场经济体制的意见》，目前对“房地产税”的立法已处于“稳妥推进”的状态中。一旦“房地产税”相关立法通过，房地产投资将面临新的税负。投资者持有的房产数量越多或房产面积越大，潜在适用的税率可能越高。最终，部分房地产投资者持有房屋所需支出的费用可能高于通过炒房获得的收益，届时不动产的金融工具属性将逐渐褪去，居住属性将成为其最重要的属性。

第八部分

家族慈善事业

凡人为善，不自誉而人誉之；

为恶，不自毁而人毁之。

——宋·苏轼《拟进士对御试策》

第一节
慈善事业对家族的重要意义

一、中国慈善文化的血脉

中华传统文化绵延数千年，自古以来都强调积善行德、乐善好施。早在商周时期，就已经出现了善恶报应论。正所谓“积善之家，必有余庆；积不善之家，必有余殃”，这种朴素的善恶报应观，是中国古代慈善思想的发端。

以孔孟为代表人物的儒家学派，核心思想即“仁”。孟子的“性善论”认为，“恻隐之心，人皆有之；羞恶之心，人皆有之；恭敬之心，人皆有之；是非之心，人皆有之。恻隐之心，仁也；羞恶之心，义也；恭敬之心，礼也；是非之心，智也。仁义礼智，非由外铄我也，我固有之也”（《孟子·告子上》）。他举例说，一个小孩掉到井里，人们都会因为同情而施救，但这种感情和行为，不是为了获取荣誉和利益，而是出于人性的冲动。孟子认为，人固有的上述“四心”是善的端倪和萌芽，使人可能为善。人要成为一个善人，还要加强后天修养；修养的过程，就是保持人性之善的过程。[①] 以儒家为代表的善文化从人性本善的具体德性出发，对人作出了人性向善的设定。在“罢黜百家、独尊儒术”之后，仁的思想一直贯穿了中国的封建社会，至今仍然在引导人们积德行善。

以老子为代表的道家学派，也强调“善”之于万物的根本意义。老子的慈善思想是以“道”为核心的。《老子》中写道，“天道无亲，常与善人”；“上善若水。水善利万物而不争，处众人之所恶，故几于道”。水善于滋养万物，而不与万物相争，停留在众人讨厌的低洼地方，所以最接近道。水对万物的态度体现了平等的精神，施惠行善亦应秉持朴实公平的原则。[②]《老子》第17章写道：“孰能有余以奉天下，唯有道者。”意思是，行善者有能力把有余的东西供给天下，以改变“损不足，奉有余”的不公现象。社会发展造成了贫富不均，慈善捐赠是公权力干预之外的社会财富再分配，增进了社会公平。[③] 老子“损有余而补不足”的天道观，也是当今中国社会慈善思想的源头之一。

---

① 周中之：《慈善伦理的文化血脉及其变革》，载《东南大学学报（哲学社会科学版）》2015年第6期。

② 参见张颖：《老子慈善思想及其现代价值研究》，杭州师范大学2013年硕士学位论文。

③ 周中之：《慈善伦理的文化血脉及其变革》，载《东南大学学报（哲学社会科学版）》2015年第6期。

二、迫切需要高净值家族参与的公益慈善

慈善行业对于整个人类社会的可持续发展具有至关重要的作用，如为各项可持续发展项目提供筹资机会、链接伙伴关系等。[①] 根据中国慈善联合会发布的《2018 年度中国慈善捐助报告》，2018 年，中国内地接收国内外款物捐赠共计 1439.15 亿元，较 2017 年小幅下降 4.05%，捐赠额占 GDP 总量的比例为 0.16%。与其他有关国家相比，中国的公益慈善事业还有很大的发展空间。中国公益慈善事业的发展，需要高净值家族的参与和推动。

中国特色社会主义的本质及先富带动后富的发展观，内在地要求高净值家族帮扶贫困人群。邓小平同志说过："社会主义的本质，是解放生产力，发展生产力，消灭剥削，消除两极分化，最终达到共同富裕。"为了实现共同富裕的目标，邓小平同志制定了改革开放的大政方针，允许一部分人先富裕起来，先富带动后富。2015 年 11 月 27 日至 28 日，中央扶贫开发工作会议在北京召开。中共中央总书记习近平出席会议。他强调，消除贫困、改善民生、逐步实现共同富裕，是社会主义的本质要求，是我们党的重要使命。

---

① 《慈善与可持续发展——中国行动》，载联合国开发计划署官网，https://www.cn.undp.org/content/china/zh/home/library/poverty/philanthropy - for - sustainable - development - in - china.html，最后访问日期：2017年9月4日。

改革开放至今，邓小平同志的设想在党和国家的贯彻下一步一步地实施着，一部分中国人确实在党和国家的支持下先富起来了。根据胡润研究院发布的《2019 胡润全球富豪榜》，2019 年中国 10 亿美金级富豪共计 658 位，比美国多出了 74 位，这也是中国 10 亿美金级富豪首次超越美国，位居世界第一。按照党和国家的设想，这部分先富起来的人，有“义务”带动没有富裕起来的中国人，走向共同富裕。

先富带动后富的重要方式之一，便是慈善。慈善力量是助力脱贫攻坚的重要力量。过去几年，民政部会同有关部门，将“引导社会慈善力量参与脱贫攻坚、决胜全面建成小康社会”作为工作的首要任务。2020 年，国家脱贫攻坚战进入决胜阶段，更需要高净值家族身体力行，散财积善，助力扶贫，书写慈善力量参与减贫脱贫的“中国故事”。①

许家印——恒大集团 5 年累计投入 110 亿元精准扶贫②

2018 年 9 月，许家印连续八届获得“中华慈善奖”，并

---

① 《对十三届全国人大二次会议第6788号建议的答复》，载国务院扶贫开发领导小组办公室官网，http://www.cpad.gov.cn/art/2019/12/19/art_2202_108661.html。

② 《最走心的扶贫宣言！许家印内部讲话饱含泪点亮点》，载澎拜新闻，https://m.thepaper.cn/wap/resource/v3/jsp/newsDetail_forward_1948025，最后访问日期：2018年1月12日。

入选“世界最具影响力十大华商人物”。2018 年 10 月 24 日，许家印入选中央统战部、全国工商联“改革开放 40 年百名杰出民营企业家”。许家印带领恒大集团精准扶贫的事迹，被收入了中国社会科学院《扶贫蓝皮书：中国扶贫开发报告（2017）》。

多年来，恒大集团积极参与多个贫困地区的扶贫工作。2015 年 12 月，恒大集团结对帮扶贵州省毕节市大方县。通过产业扶贫、搬迁扶贫、教育扶贫、就业扶贫等一揽子措施，截至 2018 年年底，大方县 18 万贫困人口全部稳定脱贫，培训 10 万余人，创造 7 万余人的就业。此后，恒大集团继续进行极大投入，将成功经验复制到乌蒙山区等其他贫困地区。

三、慈善：家族永续的密码

各个民族的慈善伦理传承至今，起到了提升民族凝聚力、形成统一价值观的关键作用。在慈善伦理慢慢融入人们的思想、融入人们点滴的日常生活中时，超高净值家族也越来越重视家族慈善的力量。

罗斯柴尔德家族慈善事业①

罗斯柴尔德家族是欧洲乃至世界久负盛名的金融家族，家族已经传承了到了第六代。在过去200多年的家族基业传承过程中，慈善文化始终为罗斯柴尔德家族文化中一个重要的组成部分。其家族十条家训之一，即与慈善事业相关：

犹太人之间互帮互助，共同发展事业；

世代保持捐赠的慈善传统。

早在罗斯柴尔德家族创始人梅耶还在世的时候，罗斯柴尔德家族就开始进行慈善捐款。前以色列总理西蒙·佩雷斯这样评价罗斯柴尔德家族："历史上从未有一个家族像罗斯柴尔德家族这样，为了铸就历史，做出如此慷慨的捐赠！"过去200年间，罗斯柴尔德家族在世界各地的善举不胜枚举。

坚持家族慈善事业与对社会的慷慨捐助，这成为罗斯柴尔德家族财富的"DNA"。② 时至今日，中国的超高净值家族，也意识到了家族慈善是家族传承的重要组成部分。为何超高净值家族如此重视慈善事业？除了善乃人之真情的自然流露外，这些家族

---

① 参见［英］尼尔·弗格森：《罗斯柴尔德家族》，顾锦生译，中信出版社2012年版；陈润：《赚钱是一种信仰——罗斯柴尔德家族历经六代的完美传承》，山西经济出版社2010年版。

② 龚乐凡：《私人财富管理与传承》，中信出版社2016年版，第511～512页。

一定也体会到了慈善之于家族传承及社会发展的效用。

（一）家族慈善与社会资本的积累

根据清华大学五道口金融学院的研究成果，家族传承涉及六大资本，即产业资本、金融资本、人力资本、家族资本、社会资本和智慧资本。前两种资本是有形的，后四种资本是无形的。在这六种资本里面，公认的最难传承的资本，便是一个家族的社会资本。社会资本指家族和外部世界之间的联系，比如和客户、供应商、银行、传媒、公众的联系。一个消耗社会资本的典型反面教材就是“康师傅黑心油事件”。康师傅曾经做得非常好，可是却在 2017 年年初被迫彻底退出台湾市场，因为公众发现该公司在生产方便面的过程中大量使用地沟油。①

消耗社会资本易、积累社会资本难。有研究表明，家族慈善事业与社会资本的积累往往呈正相关，尤其是线下志愿服务，能起到事半功倍的效果。罗斯柴尔德家族持续的慈善事业尤其是宗教事务方面的慈善事业，与其家族保持对宗教事业的影响力密不可分。同样，在我国，持续的慈善事业也有助于积累社会资本。

首先，通过持续不断地践行慈善，企业和个人可以在社会上积累良好的口碑与评价。2019 年年底，中国暴发了新型冠状病毒

① 高皓：《管理好6大资本，破解家族财富传承难题》，载和讯网，http://bschool.hexun.com/2016-08-10/185427387.html。

疫情，韩红本人身体力行、亲赴一线，通过韩红公益慈善基金会高效运送物资，及时公开物资使用情况，获得了社会公众的广泛认可和赞扬。此后，韩红过去数年坚持在慈善第一线的种种事迹，再次被各大媒体争相报道、被网友广泛转载和力挺。社会公众普遍的认可和赞扬，便是一种无形的社会资本。

其次，通过坚持不懈的慈善事业，家族成员可以与慈善链条上的每一方都建立紧密的联系。以开展慈善捐赠项目为例，捐赠项目的顺利落地，往往需要经过项目策划、项目备案、组织募捐、实施捐赠、新闻报道、后续跟进等多个环节，其中要与团队成员、监管机构（民政部门）、其他捐赠人、受助人、媒体等不同领域的人产生联系，提供了建立良好社会关系的机会。特殊领域或者社会影响较大的慈善项目，有时候还涉及与政府部门、研究机构、金融机构以及其他公益组织等的密切合作，这能够为家族后代成员建立广泛的朋友圈。

（二）家族慈善与后代教育

1. 统一的家族价值观

家族统一价值观的形成，不仅需要言传，更需要身教。身体力行地参与慈善事业，以慈善活动凝聚每一位家族成员，日积月累，便会在无形之中形成“一个家族——一个经久不衰的慈善故事——一个为人称赞的慈善形象”的良性循环。这种无形的家族荣誉感，有助于强化每一位家族后代的“家族”观念，让其自发地认为，既然是家族的一员，就要以这个家族的标准要求自己，践行取富于民、用富于民、散财积善、助人为乐等优良的价值观，维护家族形象。

牛根生一家的慈善事业

蒙牛集团创始人，前董事长、总裁牛根生是家族慈善事业的坚实倡导者。2004 年年底，牛根生携家人发起老牛基金会；自成立以来，老牛基金会一直秉承牛氏家族慈善理念。牛氏家族认为："小胜凭智，大胜靠德；财富越多，责任越大；予人帮扶，于己修善；倡导施者感恩受者；人人行善，则事无不善；快乐大小看爱你人数多少。从无到有，满足个人，这是一种小快乐；从有到无，回馈社会，这是一种大快乐！"

自 2006 年以来，牛根生陆续辞去蒙牛集团总裁、董事长等职务，从企业家转为慈善家。在其影响下，家族成员全部投身公益慈善事业，其子女发起成立"老牛兄妹公益基金会"，进一步扩展家族慈善事业。老牛基金会的官网上，专门设置了家族简介栏目，用突出的字体写着："家族成员常常聚在一起诉说着慈善的那些事。"牛根生的妻子、儿子、儿媳、女儿和女婿的照片，也都清晰可见，于无声处体现着老牛基金会的家族基因和温度。

2. 全面认识客观世界的机会

一个人能有多大的成就，很大程度上不仅取决于他本人认知的局限性，也取决于他能否客观地认识到其他人的局限性。

《晋书·惠帝纪》中有这样一个故事：晋惠帝统治年间发生了饥荒，百姓没有粮食吃，只能挖草根、食观音土，许多百姓因此活活饿死。消息传到了皇宫中，晋惠帝听完了大臣的奏报后，大为不解，经过苦思冥想后终于悟出了一个“解决方案”：“百姓肚子饿没米饭吃，为什么不去吃肉粥呢?”“何不食肉糜”往往用来形容人对事物没有全面的认识，这种现象在今天也广泛存在。

慈善事业，无疑是增强高净值家族后代对社会全面客观认知的很好的方式。通过亲赴一线参与慈善救助，家族后代可以直观地感受到弱势群体的生存现状，尤其是极端贫困人群、残疾人群、留守儿童、孤寡老人等。了解到有些地区仍然极端缺乏教育资源、医疗资源的现状，正确认识贫富差距，增强后代对中国社会的客观认识，有助于让后代对社会大众产生共情，教育后代以提供更多就业岗位、救助弱势群体、改善社会环境等为己任，开阔其心胸，增强其责任感。除此之外，慈善项目的推进过程，也是锻炼后代演讲、领导、为人处世等综合能力的好机会，这是普通的校园环境所无法给予的。

四、慈善：个人幸福感的重要来源

除了对社会、对家族有不可忽视的价值之外，慈善事业还有助于促进每个慈善参与者的身心健康，可以在一定程度上提升幸福感。[①]“赠人玫瑰，手有余香”“助人为乐”，这是中国的两句俗语，其反映出来的便是一个经久不衰的道理：帮助别人的同时，自己也会感到快乐。林语堂曾说，人生最重要的是一颗善心，世界上到处为那无私的、肯爱人助人的人建立纪念碑，这种纪念碑不一定是用大理石或铜来做成，而是建立在他人的心灵中。能被人铭记和缅怀，何尝不是一件乐事？

慈善捐赠行为是一种亲社会行为。有关研究认为，个人做出亲社会行为、给予别人支持，是一段愉快的经历，会增加个人的幸福感。在对温州的中小企业主就慈善捐赠与幸福感的关系进行调查时发现，慈善捐赠六次以上的被试组在总体情感指数和主观幸福指数上显著高于捐赠两次及以下的被试组。[②] 无独有偶，一项关于大学生参与网络公益和幸福感关系的研究也表明，大学生参与网络公益与主观幸福感之间存在显著的正相关，网络公益参与的各个维度与大学生的积极情感、生活满意度之间呈现显著的正相关。[③]

---

① 龚乐凡：《私人财富管理与传承》，中信出版社2016年版，第503～505页。

② 唐闻捷：《民营企业家慈善捐赠行为与主观幸福感——基于温州地区中小型民营企业家的调查》，载《浙江社会科学》2013年第8期。

③ 杨杨：《大学生网络公益参与、网络社会支持与主观幸福感的关系研究》，福建师范大学2018年硕士学位论文，第57～58页。

时寒冰：做慈善让我拥有幸福感①

时寒冰是我国著名的经济趋势研究专家、财经评论家、《上海证券报》首席评论员、中央电视台特约评论员、中国财经传媒特约观察员。2010年12月，他被30多万网民公推为2010中国互联网九大风云人物之一，被广大网民称为“中国底层民意的真实代表”“21世纪中华民族的优秀子孙”“中国最有良心的一批文人”。同年，被《环球时报》推选为“中国十大直言君子”之一。

时寒冰曾说：“我也是个农村娃，能深切地感受到贫困家庭孩子的上学压力。当时我的父母坚持供我和弟弟、妹妹上学，很苦。”他一直有个心愿，就是帮助山区的贫困学生，给他们一个学习和改变命运的机会。据了解，2008年至2011年，时寒冰资助了贵州、云南、广西、河南等地的200多名贫困学生，并在许多地方捐建了多媒体图书馆。2010年资助云南干旱灾区居民的那次活动，对他影响很大。时寒冰说：“知道云南的旱情后，我就带了10万元前往灾区。”当时他为当地每户居民捐资2000元，帮助他们修建水窖。

时寒冰觉得，慈善不仅仅是帮助别人，也是帮助自己。“在做慈善的过程中，我有很多感触，发现自己参加的慈善

① 申利超：《时寒冰：做慈善，让我拥有幸福感！》，载洛阳网，http://news. lyd. com. cn/system/2011/12/13/010020932. shtml。

活动越多，就越喜欢参加。做了 4 年慈善，我自身也改变了很多。”时寒冰笑着说，原来他很喜欢和别人斗嘴、论战，觉得特别有激情，但做慈善后，他更愿意做一些实实在在的事儿，尽己所能地帮助社会上需要帮助的人。时寒冰称，一个人可能改变不了社会，但却能改变另一个人的状况，看着他人因你而改变，获得幸福、成功的机会，你也会有一种莫大的幸福感。

善自心中生，慈以爱做魂。人们最初践行慈善、帮扶弱者，是出于人们内心最自然的真情和对他人的共情。在长年累月践行慈善的漫漫长路上，慈善之于个人、家族及社会的意义越发显露出来，这也成为高净值家族参与慈善事业的重要推动力。

第二节
参与慈善事业的途径

有研究表明，中国超高净值家族的慈善事业整体上缺乏持续性与战略性。2009 年至 2016 年，福布斯中国慈善榜历年的更替率超过 52%，2014 年至 2016 年的更替率甚至高达 86%，这意味着每年慈善榜单上高达一半的企业家会被换新，仅在慈善榜单上出现过一次的单次捐赠者占比很高。[①] 其实，很多时候，相比不想参与或者不愿参与慈善事业的家族，没有足够的时间、精力和人手，不知道怎么持续开展慈善事业的家族占大多数。

自 2005 年 9 月民政部正式就促进慈善事业提出立法建议以来，中国的慈善事业立法已经历了十余个春秋。2016 年 9 月 1 日，在社会各界的呼吁和期盼下，《慈善法》正式实施。《慈善法》是我国公益慈善领域的第一部综合性、基础性的法律，为我

① 清华五道口全球家族企业研究中心：《中国超高净值家族公益慈善研究（发布会精简版）》，载清华大学五道口学院官网，http://www.pbcsf.tsinghua.edu.cn/upload/default/20191223/8d8cfcbb86f73e1705d0d33d07755b82.pdf。

国的公益慈善事业正式树立了系统的规则。根据《慈善法》的规定，开展慈善事业有多种方式可以选择，其中慈善组织（包括基金会、社会团体、社会服务机构等）和慈善信托是持久开展慈善事业的优选载体。如果家族暂无具有持续性、战略性的慈善事业规划，则可以通过单次慈善捐赠的方式，实现家族的慈善理想。

一、慈善基金会

基金会是20世纪初产生的现代公益组织形式，其产生与工业革命和现代企业的管理息息相关。它消化吸收了公司法人的治理结构，在非营利部门中具有独特功能。在我国，基金会是指利用自然人、法人或者其他组织捐赠的财产，以从事公益事业为目的，按照《基金会管理条例》的规定成立的非营利性法人。① 目前，高净值家族开展慈善事业的主要载体，便是慈善基金会。

在中国，基金会取得较大发展，是在2004年的《基金会管理条例》正式出台之后。根据基金会中心网披露的数据，2004年，中国基金会整体数量为775家；截至2019年9月19日，中

① 《基金会管理条例》第2条规定："本条例所称基金会，是指利用自然人、法人或者其他组织捐赠的财产，以从事公益事业为目的，按照本条例的规定成立的非营利性法人。"

国基金会整体数量已经达到 7542 家。[①] 近 10 年来，慈善基金会的数量一直在增长，体现出越来越多的中国人包括中国高净值人士参与战略性慈善事业的决心。

根据《基金会管理条例》第 3 条之规定，基金会分为面向公众募捐的基金会（公募基金会）和不得面向公众募捐的基金会（非公募基金会）。实践中，高净值家族及其企业设立的基金会，一般都是非公募基金会，这主要是出于以下几点原因：

一是只有非公募基金会才能使用个人姓名、企业名称等作为基金会的字号，公募基金会不允许使用个人名称。如果选择公募基金会，那么像马云基金会、河仁慈善基金会这类名称就都无法注册了。

二是高净值家族及其企业往往有稳定的资金来源，一般不需要通过持续的公开募资来开展公益活动。

三是高净值人士往往对于慈善事业有自己的目标和规划，而公募基金会的资金用途往往会受到捐赠人及捐赠项目的限制，灵活性较差。

四是公募基金会要求公益事业支出不低于上一年度基金会总收入的 70%，而非公募基金会每年的公益事业支出，只需要不低于上一年基金余额的 8% 即可。这意味着对于非公募基金会中的大部分资金，家族都有自由运作与使用的权利。

---

① 基金会中心网、明善道（北京）管理顾问有限公司主编：《中国企业基金会发展研究报告——2016》，北京联合出版公司2016年版。

（一）企业基金会

1. 企业基金会的概况

2019 年年底，新冠肺炎疫情在中国武汉暴发，并扩散至中国多地。社会各界均参与到“众志成城、联合抗疫”的行动中来，很多中国上市公司以身作则，捐款捐物，协助战“疫”。根据中国上市公司协会的统计，截至 2020 年 2 月 24 日，共计 1099 家中国上市公司为抗击新型冠状病毒肺炎疫情进行了慈善捐赠，包括捐款，捐赠口罩、防护服、药品等医疗物资、生活物资等，以实际行动践行了上市公司的社会责任。① 这充分体现了中国企业在大灾大难面前勇于担当的精神。

企业基金会，指的是由企业参与发起、提供运营资金、参与运营管理并具有独立法人资格的基金会。事实上，很多企业，尤其是由家族控制的民营企业，都是通过设立企业基金会的形式参与慈善事业的。企业基金会在慈善事业中扮演着非常重要的角色。2008 年汶川地震之后，越来越多的企业尤其是上市公司注册成立了企业基金会，使之成为企业践行慈善事业、履行社会责任的重要平台。

---

① 中国上市公司协会：《抗击疫情，上市公司在行动——上市公司驰援一览表（持续更新中）》，载中国投资者网，https://www.investor.org.cn/information_release/news_release_from_authorities/hyxhfb/202004/t20200402_425415.shtml。

阿里巴巴公益基金会①

2010年5月，阿里巴巴集团宣布从2010年起将集团年收入的0.3%拨作公益基金，主要用于环境保护，并由阿里巴巴集团旗下4家公司［阿里巴巴（中国）有限公司、阿里巴巴（中国）网络技术有限公司、淘宝（中国）软件有限公司、支付宝（中国）网络技术有限公司］联合发起设立基金会，原始基金为5000万元人民币。经民政部审批，阿里巴巴公益基金会于2011年12月22日正式成立。

阿里巴巴集团致力于成为一家真正为社会创造价值的企业，倡导用商业的手法实现公益梦想。阿里巴巴公益基金会形成了与阿里巴巴集团相自洽的社会责任观：

我们相信：人人都有社会责任，在网络化的便捷环境下，人人也有能力履行社会责任。

我们确信：社会责任对企业不是负担，在每一家企业的商业模式中，都可以找到自身与社会责任的结合点。

我们坚信：企业社会责任应内生于企业的商业模式，唯其如此才能实现可持续发展。

自成立以来，阿里巴巴公益基金会每年都会发布上年度的社会责任报告。2017年，脱贫攻坚成为阿里巴巴的首要战

---

① 根据阿里巴巴公益基金会官方网站资料及《2018/2019阿里巴巴集团社会责任报告》公开内容整理，详见 http://www.alijijinhui.org/index.php，最后访问日期：2020年2月25日。

略，阿里巴巴集团的36位合伙人共同宣布成立100亿元脱贫基金，并制订了从教育脱贫、健康脱贫、女性脱贫、生态脱贫、电商脱贫五大方向设计解决方案的战略。2019年，阿里巴巴《企业基金探索适合中国国情的“互联网+脱贫”路径——阿里巴巴脱贫基金在五大领域的成功实践》入选首批“全球减贫案例征集活动”最佳案例。

2. 企业基金会的设立初衷

企业或者企业家设立企业基金会的初衷多种多样，但通过企业基金会来实现企业的战略性慈善目标、践行企业的社会责任，无疑是每一个企业基金会设立的初心。

企业战略性慈善追求社会效益和经济效益的统一，是企业长久履行社会责任的一种慈善行为。战略性慈善的目的并非纯粹“利他”，而是在履行企业社会责任的同时，结合企业发展战略有针对性地开展慈善活动，在实现企业战略目标的前提下取得企业、社会与非营利性组织三方的共赢，使得相关利益者利益最大化。①

一个企业拥有众多的利益相关者，如股东、供应商、销售商、消费者等。企业基金会的设立可以让利益相关者感受到企业

① 林军、乔璐：《我国企业战略性慈善实施的制约因素》，载《甘肃社会科学》2014年第6期。

对各方关注点的重视，从而提高企业利益相关者的积极性，增加他们对企业的支持程度。① 研究表明，企业的战略性慈善捐赠对于企业竞争优势的获取和保持具有明显作用，企业基金会的捐赠目标、捐赠方式、捐赠额度、捐赠领域等，都与企业的主营业务密切相关。

腾讯公益慈善基金会②

腾讯公益慈善基金会是由腾讯公司发起筹备，2007 年 6 月在国家民政部注册的全国性非公募基金会，是中国第一家由互联网企业发起的公益基金会。腾讯公司成立于 1998 年 11 月，是目前中国最大的互联网综合服务提供商，也是中国服务用户最多的互联网企业。

腾讯公益慈善基金会的战略性慈善规划，和互联网密切相关。秉承着“人人可公益的创联者”的理念，腾讯基金会推动了互联网与公益慈善事业的深度融合与发展，通过互联网的技术和服务推动公益行业的发展。以“腾讯网络捐赠平台”“益行家”“腾讯公益网”等产品为平台，腾讯公益基

---

① R. Edward Freeman& David L. Reed，*Stockholders and Stakeholders*：*A New Perspective on Corporate Governance*，California Management Review，Vol. 25：3，pp. 88 - 106(1983).

② 根据腾讯公益慈善基金会官方网站公开信息整理，详见 https://gongyi. qq. com/jjhgy/index. htm，最后访问日期：2020年3月3日。

金会致力于培养亿万网友的公益习惯，推动人人可公益的生态建设。

腾讯公益慈善基金会的每一个里程碑事件，均和互联网密切相关，如图 8－1 所示。作为一家互联网企业，腾讯的终端客户，无疑是每一个使用各种 APP 和互联网的个人；其"全民公益"的理念在消费者与腾讯集团之间建立了更深的关系，在消费者心中树立了良好的企业社会形象。

除此之外，战略性慈善一般具有战略性、主动性、长期性、互利性等特点。通过有组织、有计划、有模式、有专业人员的系统性运作，这种慈善活动能使企业而得到长远的发展。在企业举办的公益活动中，如果未能被全面监督，那么企业高管可能会通过慈善活动谋取个人利益，导致股东等的权益受损。企业通过建立企业基金会，将企业的公益活动和企业的日常经营活动分离，企业高管不直接执行慈善活动事务，也就失去了对捐款的完全掌控。

最后，企业开展的慈善活动，也未必全部都和企业业务直接相关。从事与企业核心业务无关的慈善行为时，应该更侧重长期性和专业化，因此，有必要设立独立于企业的机构——基金会来从事这一活动。企业的员工的主要任务是为企业创造经济价值，没有过多的精力也没有相当的经验和能力兼顾公益慈善的工作。设立企业基金会这一独立的机构，由更加专业的人士去处理相关

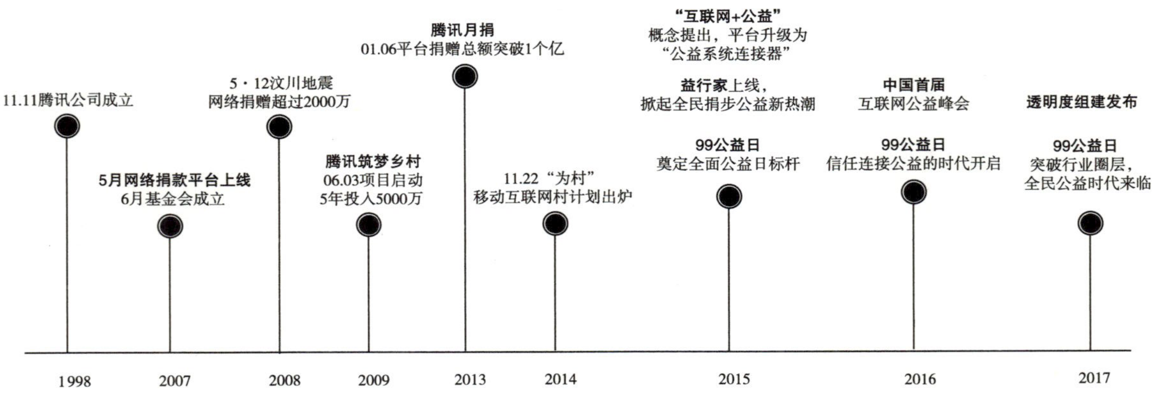

图 8-1　腾讯基金会发展历史

事宜，可以提高效率，减少资源的浪费。[①]

3. 企业基金会的常见问题

（1）缺乏自主性

企业基金会依赖企业的资金，甚至与企业之间存在管理层人员的混同，故有时会出现“为企业服务”的情况。脱胎于企业的企业基金会，有可能需要为企业及管理者获取社会资源、赚取社会名誉，甚至为企业的产品销售铺路，难以实现独立的公益目的，最后沦为企业的附庸。在企业或者企业基金会遭受负面丑闻比如财务丑闻的时候，对双方造成的打击无疑是巨大的，不仅企业基金会设立的初衷荡然无存，而且对企业的声誉造成的影响也是无可挽回的。

（2）缺乏有效监督

完善的内外部监督机制，可以促进基金会决策的合理性和有效性，有利于实现其公益目的。由于缺乏有效的内部和外部监督，部分企业基金会的合规运营情况堪忧。企业基金会的内部监督主要依靠理事会和监事来实现，而理事会和监事会的成员往往来自企业，虽然理论上有监督的职能，但是在实践中，他们很难去质疑自身所作出的决策。企业基金会的外部监督则涉及政府、媒体、第三方评估机构等，除了《基金会管理条例》中明确规定

① 李新天、易海辉：《公益慈善中的代理问题及其治理——以企业基金会为视角》，载《浙江工商大学学报》2015年第4期。

企业基金会必须定期接受具有资质的第三方机构的评估以外，其他方面的外部监督仍然存在一定的缺陷和漏洞，需要改进。[①]

（二）家族慈善基金会

1. 家族慈善基金会的概况

家族慈善基金会，并非法定的基金会形式，通常是以个人或家族成员捐赠或遗赠财产的方式设立的，按照设立人的意愿对基金会财产进行保存、管理、捐赠和投资的基金会。家族慈善基金会通常以其设立者或家族姓氏为名，如闻名世界的盖茨基金会、福特基金会、洛克菲勒基金会等。

真正意义上的家族基金会兴起于19世纪末20世纪初的美国。“一战”前，美国成为世界第一大经济体，因而出现了大量富可敌国的大财阀们，他们投身于慈善事业并且建立了自己的家族基金会，比如约翰·洛克菲勒创立了洛克菲勒基金会，这也成了世界上最早的家族基金会，经历上百年仍屹立不倒，成为现代慈善事业中里程碑式的标志。[②]

经过百余年的发展，家族基金会已经成为解决社会问题、推动社会创新发展、助力公益慈善事业发展的重要推动力量。在中

---

① 陈钢、李维安：《企业基金会及其治理：研究进展和未来展望》，载《外国经济与管理》2016年第6期。

② 卢德之：《现代慈善的新主角该何去何从——中国家族基金会发展的困境与突围》，载《史学月刊》2013年第3期。

国，真正意义上的家族基金会仍然处于刚刚起步的阶段，根据《中国家族慈善基金会发展报告（2018）》，截至2018年年底，我国共有家族慈善基金会268家，占全国基金会总量的4%，但家族基金会的捐赠支出在基金会总体捐赠支出中所占比例在不断上升。①

河仁慈善基金会②

2019年新型冠状病毒肺炎疫情发生以来，在曹德旺先生的建议下，河仁慈善基金会捐赠1亿元人民币，专项用于支持湖北省（7000万元）、福建省（3000万元）开展抗击新型冠状病毒感染的肺炎疫情工作。除此之外，福耀玻璃集团积极发挥跨国企业的优势，从日本、德国和法国等地集中采购防疫物资，包括口罩、隔离衣、护目镜、橡胶手套等，价值将近130万欧元。

河仁慈善基金会由福耀玻璃工业集团股份有限公司董事局主席曹德旺先生捐资创立，是全国第一个经由国务院审批、以金融资产（股票）创办的全国性非公募家族基金会。基金会的名称，来自曹德旺先生的父亲曹河仁，名称中蕴藏

---

① 魏璞祯：《中国家族慈善基金会发展报告（2018）》，载中国公益研究院官网，http://www.bnu1.org/show_1357.html，最后访问日期：2019年7月16日。

② 根据河仁慈善基金会官方网站公开信息整理，详见 http://www.hcf.org.cn/web/，最后访问日期：2020年3月3日。

“上善若水，厚德载物”之意。

河仁慈善基金会的成立，开创了家族用股权设立慈善基金会的先河。2011 年 5 月 5 日，在河仁慈善基金会成立大会上，曹德旺先生与其妻子陈凤英女士，正式宣布向河仁慈善基金会捐赠个人所持福耀玻璃股份有限公司 3 亿股股票，过户当日市值 35.49 亿元人民币。曹德旺先生不仅捐出家族巨额资产，而且每年都安排时间实地考察公益慈善项目，用切实的慈善行为践行着中国企业家的精神，得到了各级政府的大力支持与社会各界的普遍认可。

2. 家族慈善基金会的特征与作用

（1）自主性、灵活性

家族基金会基于家族捐赠的资产设立，一般采取非公募形式，无须外部资金。这通常意味着：第一，家族成员在基金会的组织管理中担任重要角色，在基金会的管理上拥有较大的自主性。第二，由于基金会的资产非公开募集而来，在财产的捐赠安排上，基金会往往拥有更大的灵活性，能够将资金投入家族成员感兴趣的领域，从而实现家族的慈善目标。

（2）助力家族传承

家族传承，尤其是家族理念和精神的传承，需要一个现实的载体。家族基金会不仅仅是一个进行慈善救助的实体机构，也是一个家族精神文化的寄托和传承的重要载体，承载着家族声望与名誉，是家族传承中不可缺少的无形资产。家族基金会将家族精神延续和传承下来，通过一代又一代家族成员的努力而发扬光大，同时为整个社会的精神文明构建提供了好的榜样。①

家族慈善基金会可防止后代家族成员腐化，以创始人的价值观教导后代家族成员。基金会的设立与运作在某种程度上支配了后代家族成员可分得的财产，有利于避免后代挥霍财产。此外，在家族财产被用于慈善事业的过程中，后代家族成员可逐渐理解创始人回报社会的想法，从而在潜移默化中受到教育、产生同理心。

（三）基金会的设立和管理

1. 基金会的设立

我国《慈善法》规定了慈善组织的直接登记制度，即设立包括慈善基金会在内的慈善组织应当向县级以上人民政府民政部门登记，国务院民政部门和省、自治区、直辖市人民政府民政部门是基金会的登记管理机关，如表 8 – 1 所示。

① 张映宇：《家族基金会的三大作用》，载《公益时报》2017年8月29日，第15版。

表 8－1　基金会的登记管理机关

性质	登记主管部门	
	国务院民政部门	省、自治区、直辖市民政部门
公募基金会	全国性公募基金会	本行政区域内地方性公募基金会
非公募基金会	原始基金超过 2000 万元，发起人向国务院民政部门提出设立申请的非公募基金会	不属于左侧规定的非公募基金会

设立基金会，要有完善的基金会章程，章程中应载明基金会的名称及住所，设立宗旨，公益活动的业务范围，原始基金数额，理事会的组成、职权和议事规则，理事的资格、产生程序和任期，法定代表人的职责，监事的职责、资格、产生程序和任期，财务会计报告的编制、审定制度，财产的管理、使用制度，基金会的终止条件、程序和终止后财产的处理等内容。

根据《基金会名称管理规定》，公募基金会的字号不得使用自然人姓名、法人或者其他组织的名称或者字号，非公募基金会的字号可以使用自然人姓名、法人或其他组织的名称或者字号。

2. 基金会的管理

(1) 基金会的决策机构

根据《基金会管理条例》的规定，基金会下设理事会，理事会是基金会的决策机构，依法行使章程规定的职权。理事会作为基金会内部核心部门，承担了多重的使命。保持理事会决策的科学性，密切监督管理层的行为，有利于实现基金会的平稳发展。为此，丰富理事会人员构成、引进更多专业人才、确保理事会决策的独立性是必须要解决的问题。

（2）基金会秘书处（长）

基金会的秘书处是基金会的常设行政办公部门，往往负责主持基金会的日常工作，领导会务工作和重大活动的组织工作，组织落实理事会决定的重要事项，负责组织起草和审核修改以基金会名义发出的重要文件、工作汇报、理事长讲话以及重要文字材料，签发以基金会名义发出的文件、函电，负责基金会重要宾客的接待组织工作，检查各部对基金会安排确定的各项任务以及会长批文的贯彻落实情况，等等。目前，中国很多的基金会秘书处只有秘书长一个人，负责对接处理全部的日常行政事务。

（3）基金会各部门/组/委员会

基金会往往会根据自身的慈善目标，设立不同的部门/小组/委员会。例如，腾讯公益慈善基金会下设了公益产品组、运营合作组、技术开发组、体验设计组、财务管理组、CSR 项目组等工作小组，确保基金会的高效运行。河仁慈善基金会秘书处上设资产管理委员会、项目管理委员会，下设项目管理部、财务管理部、综合办公室，以实现河仁慈善基金会的高效运转。

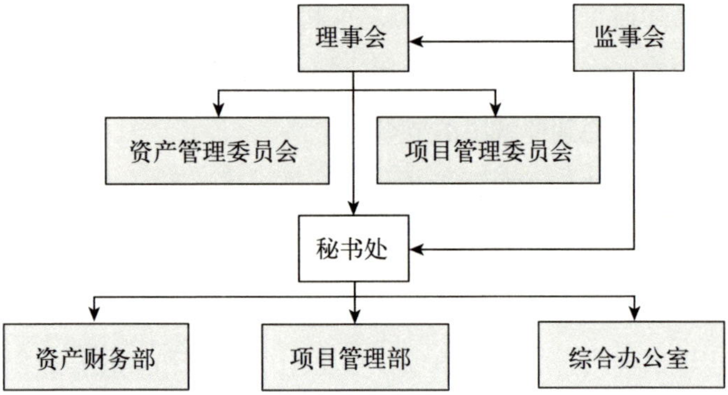

图 8－2　河仁慈善基金会组织架构

（4）基金会财产的管理和使用

基金会应当根据章程规定的宗旨和公益活动的业务范围使用其财产；捐赠协议明确了具体使用方式的，应根据捐赠协议的约定使用。公募基金会每年用于从事章程规定的公益事业的支出，不得低于上一年总收入的 70%；非公募基金会每年用于从事章程规定的公益事业的支出，不得低于上一年基金余额的 8%。基金会工作人员工资福利和行政办公支出不得超过当年总支出的 10%。

（5）基金会的监督

与需要保密的商业机密不同，公益慈善需要的是公开透明，这样才能形成基金会和社会的良好互动。基金会既要设立内部监督机制，也要接受来自民政部门及社会公众的外部监督。其中，内部监督主要表现为，基金会组织架构中要有专门的监事，以履行日常的监督工作。此外，基金会应当于每年 3 月 31 日前向登记管理机关报送上一年度工作报告，接受年度检查。工作报告中应载明财务会计报告，注册会计师审计报告，开展募捐、接受捐赠、提供资助等活动的情况以及人员和机构的变动情况。检查通过后，基金会需要将年度工作报告在官方媒体上公布，以接受社会监督。

总的来说，通过设立基金会的方式开展战略性慈善事业，是目前高净值家族的普遍做法。慈善基金会以其独立的法人资格、专门的税收优惠政策、灵活自主可控的慈善活动安排以及与家族传承相辅相成等优势，获得了高净值家族的青睐。但是，基金会也存在一定的弊端，比如设立门槛高、管理运营费用较高、投资管理能力较弱等，这也使一部分人望而却步，或者寻求其他更好的慈善组织形式。

二、慈善信托

自 2019 年 12 月新型肺炎疫情暴发以来，慈善信托为抗疫工作贡献了巨大力量。在中国信托业协会的倡议下，国通信托有限责任公司发起设立了“中国信托业抗击新型肺炎慈善信托”，首期募集资金 1000 万元，捐赠方包括中航信托、中信信托、外经贸信托等。此外，许多信托公司也发起设立了自己的专项慈善信托，助力抗疫，如光大信托的新冠肺炎疫情防控专项慈善信托、华信信托的“华信信托—抗击新型肺炎慈善信托”、华宝信托的

“华宝善行·抗击新型冠状病毒肺炎疫情专项慈善信托”等。

信托是一种基于信任关系而让与财产的行为。早在17世纪初，英国的《慈善用益条例》便规定了慈善信托的相关内容，成为现代慈善信托制度的起点。慈善信托是欧美国家极具创造性的一项法律制度，历经数百年的发展，逐渐成熟和完备，成为慈善事业中不可或缺的存在。在我国，慈善信托起步较晚，直到2001年我国《信托法》出台后，才有了与英美国家不完全等同的“公益信托”制度。2016年出台的《慈善法》确立了慈善信托的法律地位。其实，慈善信托是公益信托的一种，只不过政府在其管理层面进行了一定的简政放权。2017年7月，随着《慈善信托管理办法》的正式出台，在法律层面，慈善信托拥有了一套相对完善的管理制度。

根据《慈善法》的规定，慈善信托属于公益信托，是指委托人基于慈善目的，依法将其财产委托给受托人，由受托人按照委托人意愿以受托人名义进行管理和处分，开展慈善活动的行为。对新型冠状病毒肺炎的救助非常符合慈善信托基于特殊公益目的的要求，因此众多信托公司在抗疫中发挥了重要作用，成为金融界抗疫的一道亮丽的风景线。

中国慈善联合会发布的《2019年中国慈善信托发展报告》显示，截至2019年12月31日，全国共备案慈善信托273单，财产规模29.35亿元，慈善信托数量逐年递增，社会各界积极探索和实践慈善信托；其中，2019年我国慈善信托稳步发展，设立慈善信托 119 单，较 2018 年增长 37%。尽管备案数量没有爆发式增长，但是自《慈善法》出台以来，我国慈善信托平稳发展的态势保持 3 年不变，正慢慢进入高净值家族的视野，并在慈善事业中发挥着越来越重要的作用。

鲁冠球三农扶志基金慈善信托[①]

2018 年 6 月，鲁伟鼎先生设立的“鲁冠球三农扶志基金”慈善信托在杭州市民政局成功备案。为实现“让农村发展、让农业现代化、让农民富裕，以影响力投资、以奋斗者为本、量力而行做实事”的宗旨，该慈善信托致力于开展扶贫、济困、扶老、救孤、恤病、助残、优抚、救灾等慈善活动，促进教育、科技、文化、卫生、体育、环保等事业发展。该慈善信托永久存续。

该慈善信托实行董事会决策、受托人管理、监察人监督的治理结构和决策机制。董事会是决策机构，决定投资与运营管理的重大政策、议事规则、年度收支预算及决算、资助对象和资助计划等，其决策独立于受托人。受托人万向信托履行诚信、谨慎管理的义务，依照鲁伟鼎的意愿和信托文件的规定来行使管理权。与此同时，为了让慈善信托的受托人

① 根据媒体新闻报道、承德露露（000848）公开披露的收购报告书、法律意见书、证监会反馈意见回复等内容整理而来。

万向信托能够更好地履行管理职责，该慈善信托还设立了信托监察人监督机制，设信托监察人一名，首任监察人为鲁伟鼎之子鲁泽普。

通过慈善信托的路径和方式，将公司股权无偿用于慈善事业和国家三农事业，是当前金融业服务于实体经济的一个创新性的有效途径，对国内其他企业家也产生了积极的引领作用。

（一）慈善信托的设立

1. 慈善信托的设立目的

根据《慈善信托管理办法》第 7 条之规定，设立慈善信托，必须有合法的慈善信托目的，这些慈善目的包括：

（1）扶贫、济困；

（2）扶老、救孤、恤病、助残、优抚；

（3）救助自然灾害、事故灾难和公共卫生事件等突发事件造成的损害；

（4）促进教育、科学、文化、卫生、体育等事业的发展；

（5）防治污染和其他公害，保护和改善生态环境；

（6）符合《慈善法》规定的其他公益活动。

目前，为防控新型冠状病毒肺炎疫情而设立的诸多慈善信托，均可以列入“救助公共卫生突发事件而造成的损害”这一慈善目的之下。许多 2019 年新设立的慈善信托都响应了国家脱贫攻坚的号召，在精准扶贫方面持续发挥重要作用，覆盖教育扶贫、就业扶贫、产业扶贫、基础设施扶贫、健康扶贫等多个方面。

2. 慈善信托的主体

（1）委托人

委托人是慈善信托必备的主体之一，是决定设立慈善信托的人。根据《慈善法》《慈善信托管理办法》的规定，慈善信托的委托人应当是具有完全民事行为能力的自然人、法人或者依法成立的其他组织。这意味着，个人、企业、事业单位、政府部门、慈善组织等，均可以成为慈善信托的委托人。根据中国慈善联合会发布的《2019 年中国慈善信托发展报告》，自然人委托人和企业委托人占慈善信托设立者的绝大多数，其中自然人委托数量与去年相比翻了一倍，这说明越来越多的个人开始通过慈善信托来参与慈善事业。

（2）受托人

受托人也是慈善信托架构中必备的主体，是接受委托人的委托来管理运作和分配信托财产的人，可以由委托人信赖的慈善组织或者信托公司担任。目前，从已经备案的慈善信托架构来看，信托公司担任单一受托人的情况占绝大多数，信托公司与慈善组织共同担任受托人的数量其次，慈善组织担任单一受托人的慈善信托数量最少。这体现出客户对于信托公司在慈善信托设立、运作等各方面能力的信任。当然，慈善信托的受托人违反信托义务或者难以履行职责的，委托人可以变更受托人。

（3）受益人

慈善信托的受益人，即有权通过分配而得到部分或全部信托财产的人。《慈善信托管理办法》第10条规定，慈善信托的委托人不得指定或者变相指定与委托人或受托人具有利害关系的人作为受益人。这意味着，在慈善信托里面，委托人和委托人的亲属等原则上均不能成为受益人，无法享受信托财产权益。这主要是为了避免委托人为特定当事人进行利益输送，确保慈善信托的纯粹公益性。实践中，委托人往往只能根据信托目的来界定受益人的大致范围、人数或遴选标准，基本无法直接指定受益人。

（4）监察人

监察人是有权对受托人的行为进行监督的人，他们维护的是委托人和受益人的权益。监察人不是慈善信托架构中的必备主体，不设立监察人，不影响慈善信托的成立（但是在公益信托之中，监察人是必备主体）。若监察人发现受托人有违反信托文件中的义务或者法定的信义义务的行为，其有权以自己的名义向法院提起诉讼，以保护委托人和受益人的权利。从我国目前的慈善信托实践来看，信托监察人多是律师、会计师、慈善组织或者委托人的近亲属等，不过也存在委托人不设监察人，或者由委托人内部的员工、公司法务人员担任监察人的情况。

（5）保管人

《慈善信托管理办法》规定，对于资金信托，应当委托商业银行担任保管人，并且依法开立慈善信托资金专户。可见，资金类慈善信托，必须要委托商业银行进行资金保管。商业银行下设的托管业务部门，履行对资金类慈善信托中的资金托管职责；对于股权、房产等非资金类慈善信托，不涉及托管，但当事人可以委托第三方进行保管。慈善信托财产与信托公司自有财产的相互区分，往往都是通过商业银行专门的托管账户实现的，这也有利于保证受托人履行职责的合规性。

（6）投资顾问

在慈善信托架构中，投资顾问这个角色是比较少见的。对慈善信托财产的投资管理，一般都由信托公司主导。但是如果委托人一方有长期合作的、非常信任的投资顾问，那么委托人也有可能会继续聘请其协助打理信托财产。

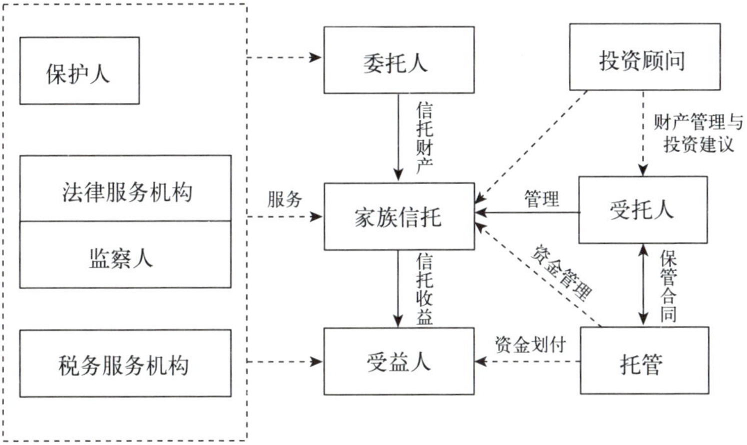

图 8－3　家族信托基本框架

3. 慈善信托的备案

慈善信托的主体均签署完毕信托文件后，受托人要在 7 日内将相关文件提交受托人所在地的县级以上人民政府民政部门备案。慈善信托的设立实行备案制而非批准制，这大大降低了设立难度，体现了政府对设立慈善信托的支持。

关于不备案是否影响慈善信托的设立这一问题，笔者认为，备案制度设计的目的，是通过备案及时公开慈善信托信息，方便民政部门的监管和社会监督。故不备案，不会影响慈善信托的设立，只是委托人无法享受到相应的税收优惠。

4. 慈善信托的财产

曹德旺说过："做慈善不是富人的专利。我捐几十个亿，和你们拿工资的人捐几千块是一样的，因为你已经尽力了。"目前，我国的法律法规并没有规定初始慈善信托财产量的准入门槛；也就是说，从理论上讲，即使是 1 元人民币，也可以设立一个慈善信托。实践中，初始慈善信托资金只有几万元的情况也并不少见。应注意的是，慈善信托财产及其收益，应当全部用于慈善目的。

（二）慈善信托与慈善基金会的对比

与慈善基金会相比，慈善信托在设立门槛、运作成本、资产投资专业度、资产隔离等方面，具有较大的优势；但是在税收优惠等方面，则存在一些不足。

1. 设立门槛低

设立一家慈善基金会，最低注册资本为200万元人民币；然而，慈善信托没有最低初始资金的要求。中诚信托公布的《2019年度慈善信托研究报告》显示，在2019年度备案的108个慈善信托中，有55%的慈善信托资金规模不足100万元，资金规模在20万元以下的有35单，其中一单慈善信托的初始资金仅为5000元。前述数据充分说明，慈善信托设立的资金门槛较低，非常适合有慈善理想，但是刚开始系统性参与慈善事业的高净值家族。

2. 运作难度和成本低

慈善基金会的运作，往往需要专职工作人员、专门的办公场地以及专业的慈善项目管理能力，妥善运作难度较大，综合运作成本较高。相比而言，慈善信托主要由受托人按照委托人的意愿和慈善信托目的进行管理运作，不需要委托人聘用专门的人才并提供场地，对于委托人来说，慈善信托的运作难度和成本较低，向慈善信托"出资"即为其最核心的义务。

3. 资产投资运作专业

目前，一半以上的慈善信托受托人均为信托公司。信托公司作为专业的金融机构，金融从业人员数量及质量相对较高，在信托资产投资管理、保值增值等方面，优势非常突出，可以提升慈善资产的收益。相比之下，很多慈善基金会并没有配备专业的投资顾问。2019 年，仅有不足 30% 的慈善基金会选择通过投资等方式使基金会资产保值增值，可见基金会对于自身资产的投资管理能力较弱。

4. 具备资产隔离功能

根据《信托法》《慈善法》中的相关规定，慈善信托中的财产是独立存在的，既独立于委托人，也独立于受托人，因此，通过慈善信托作出的慈善安排基本不会受到委托人未来财务状况的影响。相比之下，慈善基金会则不具有资产隔离的功能。清华五道口全球家族企业研究中心发布的《中国超高净值家族公益慈善研究报告》显示，高净值家族参与慈善事业，很大程度上会受到家庭资产状况的影响，资产状况良好时便会多捐一些，资产状况较差时便会少捐或不捐，这不利于家族战略性慈善事业的发展和持续性慈善习惯的养成。

5. 尚无专门的税收优惠

目前，若想享受慈善捐赠相关的税收优惠政策，则企业或个人必须要向已经取得“公益性捐赠税前扣除资格”的慈善组织进行捐赠，并取得合法的捐赠票据。严格来讲，慈善信托只是一种合法的契约型安排，并非一种慈善组织，也没有开具捐赠票据的资格，因此，向慈善信托中注入的捐赠财产无法直接享受税收优惠。不过，经过金融机构和慈善组织的创新，现在出现了“信托公司+慈善组织”的双受托人模式，有效化解了慈善信托财产无法享受税收优惠的难题。

（三）分割利益家族信托

所谓分割利益家族信托，即对家族信托中的受益人进行区分，将信托财产一部分分配给慈善组织，另一部分分配给家族成员，分割利益家族信托可以进一步分为“公益先行信托”和“剩余公益信托”。

公益先行信托，指的是将一定比例或者一定数额的信托财产优先支付给特定的公益组织，在公益信托存续期限届满之后，由委托人或者委托人指定的受益人受领剩余的信托资产。剩余公益信托又称公益余额信托，是指委托人设立一个信托，把财产交付公益法人，并由该公益法人作为受托人对财产进行管理处分。在信托文件约定的时间内，信托财产产生的部分收益要优先支付给特定的受益人，这里的特定受益人通常是委托人的亲属、朋友。在委托人死亡或者信托期限届满后，该信托中剩余的信托财产就捐赠给公益法人用于慈善事业。

分割利益家族信托，较好地实现了家族传承安排与家族慈善事业的结合。目前，信托公司在实操家族信托业务时，已经设计出了慈善事业与家族传承并行的分割利益家族信托，以满足高净值客户的需求和期待。只不过，单纯的分割利益家族信托安排，在我国还无法享受税收优惠。

（四）信托与慈善基金会的结合

如上所述，慈善信托和慈善基金会各有其优势和不足。为了更好地落实慈善目的，使慈善工作能够长久、高效、稳定地运转，其他国家的高净值家族在其慈善实践过程中，发展出了“信托＋慈善基金会”的融合慈善模式，这一模式优势主要体现在以下两个方面：

第一，有利于落实税收优惠政策。税收是国家调节贫富差距的主要方式之一，慈善捐赠也是对贫富差距进行调节的方式之一。对于参与慈善事业的企业和个人，国家已经通过税收优惠的法律政策进行明确鼓励。然而，我国目前只有慈善组织有权开具捐赠票据，其他机构和受助个人不能开具捐赠票据。因此，慈善组织的参与，有助于委托人获取税收优惠。

第二，有利于实现慈善财产稳定增值与慈善事业高效运作的结合。如上所述，信托公司作为金融机构，其从业人员具有较强的投资管理能力，在一定程度上有利于实现慈善财产的保值增值，但是慈善组织这方面的能力往往偏弱。如果仅有慈善组织的捐赠安排，那么慈善资金就会出现捐一笔少一笔的情况。信托公司的投资理财能力，能够在一定程度上使慈善财产“取之不尽、用之不竭”。但是，在慈善工作的运行和管理上，慈善组织基于其专业的人员和丰富的项目经验，则更胜一筹。在慈善项目的策划、运作、执行和跟进等方面，慈善基金会可以和慈善信托形成专业互补。

比尔·盖茨及梅琳达·盖茨、何享健[1]

2000 年 1 月，微软公司创始人比尔·盖茨与妻子梅琳达·盖茨在美国华盛顿州西雅图市成立了比尔·盖茨及梅琳达·盖茨基金会（Bill & Melinda Gates Foundation），旨在让所有人过上健康而富有成效的生活。2006 年 10 月，为将捐赠财产的管理与使用职能分离，原基金会改名为“比尔·盖茨及梅琳达·盖茨信托”（Bill & Melinda Gates Foundation Trust，以下简称盖茨信托），负责管理捐赠的财产，使之保值升值；另外新设立比尔·盖茨及梅琳达·盖茨基金会（Bill & Melinda Gates Foundation，以下简称盖茨基金会），负责将基金会的财产捐赠给符合条件的受助对象。当盖茨基金会需要对外捐赠时，盖茨信托将资金划拨给盖茨基金会，以便顺利实现慈善目标。

2017 年 7 月 25 日，美的集团创始人何享健公布了采用

① 柏高原、汤杰、刘红玉：《解构比尔·盖茨夫妇的慈善之道》，载敦和·竹林计划，http://www.charityalliance.org.cn/zhulin10/11412.jhtml，最后访问日期：2018 年4 月25日。

"信托+基金会"双结构的60亿元慈善捐赠计划，由将要设立的"和的慈善信托"接受1亿股美的集团股票的捐赠，信托的受益人为已经设立多年的广东省和的慈善基金会（以下简称和的基金会），另将20亿元人民币现金直接捐赠给和的基金会。何享健的捐赠计划与盖茨夫妇的慈善设计异曲同工。两者的相同之处在于，将慈善财产的管理权与使用权分离，通过不同机构的分工合作来更好地实现慈善目的。两者的不同之处则在于，盖茨信托与盖茨基金会的组织形式均为信托，盖茨夫妇同时担任受托人，而何享健的慈善计划由慈善信托与基金会分别承担，其中慈善信托的受托人为信托公司。导致差异的主要原因是两国的法律制度不同。

目前，通过"信托+基金会"的架构开展慈善事业，已经有了成功的先例；家族信托、慈善信托都可以与基金会进行结合，从而为高净值家族提供更完善的慈善路径。

三、慈善捐赠

慈善捐赠，指个人、企业或者组织基于慈善目的，自愿、无偿地向他人赠与财产的行为。对于绝大多数刚开始接触慈善的人来说，偶然、多次、不持续的慈善捐赠行为，也是奉献善心的很好的方式。在中国，每一次大灾大难都会引发数额巨大的捐赠款，其中捐赠的主力军，便是想要为不幸的受难者提供一些帮助的偶然捐赠者。例如，根据国家民政部公开的统计数据，2008年，社会捐赠款合计高达479.3亿元，是2007年社会捐赠款的近4倍，是2009年社会捐赠款的7倍多。这是因为2008年汶川地震的发生，极大地调动了全国人民的捐赠积极性，如表8－2所示。

表8－2　接收社会捐款和衣被

指标	2001年	2002年	2003年	2004年	2005年	2006年	2007年	2008年	2009年
接收社会捐赠款	11.7	19.0	41.0	34.0	60.3	83.1	132.8	479.3	66.5
接收社会捐赠衣被	12635.4	22961.1	19648.8	8957.2	10355.0	7123.6	8756.8	115816.3	12476.6

（一）慈善捐赠的主体

对于高净值家族来说，选择慈善捐赠的方式来开启慈善事业，无疑是最便捷、最明智的一种选择。高净值家族，既可以家庭成员个人的身份来参与慈善捐赠，也可通过家族企业进行慈善捐赠。实证研究表明，民营企业进行的慈善捐赠越多，越能够获得包括银行融资在内的多项隐性优势。[①] 因此，仅从企业自身经营发展的角度考虑，多进行一些慈善捐赠，也是有益无害的。

① 李维安、王鹏程、徐业坤：《慈善捐赠、政治关联与债务融资——民营企业与政府的资源交换行为》，载《南开管理评论》2015年第1期。

（二）慈善捐赠的对象与方式

捐赠人既可以直接向需要帮助的人进行捐赠（直接捐赠），也可以把资金或实物等捐赠给慈善组织，由慈善组织进行捐赠（间接捐赠）。民营企业的直接捐赠对象，可以设定成自己的职工本人、职工家属等，如给职工子女捐赠奖学金，以增加员工对企业的认可度和归属感。只不过，企业直接将资金捐赠给个人的，一般无法取得税收优惠资格。

慈善捐赠，除了捐钱之外，也可以通过提供无偿的慈善服务实现。提供无偿的社区慈善服务，往往能够在一定范围内提升企业形象。比如，如果一家民营企业是以生产销售医疗器械为主营业务的，那么在开展慈善服务的时候，他们可以选择敬老院、儿童福利院、社区医院等单位，提供无偿的体检、康复体验服务。这个过程中，企业不仅可以提升自己的形象，还可以让对口的消费者直接体会到医疗器械的用途和功效，一举多得。

慈善捐赠是高净值家族及其家族企业初涉慈善领域时一种很好的选择。慈善捐赠的优点是基本没有运营管理成本，捐赠数额大小可灵活决定，其不足之处是家族成员对于慈善事业的参与较为浅显，较难借此对下一代进行系统的慈善理念培养和教育。但是，对初涉慈善捐赠的企业来说，当对慈善事业形成了较为全面、深刻的理解之后，再逐渐通过慈善信托开展专项慈善计划，或者通过设立基金会来开展战略性慈善事业，不失为一种明智的选择。

第九部分

家族智囊团

三人行，必有我师焉。

择其善者而从之，其不善者而改之。

——《论语》

坤 未 丁 午 丙 巳 巽
140 135 130

正所谓单丝不成线，独木不成林。家族在发展壮大的过程中，往往需要亲朋好友、合作伙伴、同学师长、各领域专业人士、领导以及员工下属的帮助与支持，没有哪个家族能抛开亲朋好友与其背后的社会关系，独隐于世。有了众人的帮助，才能事半功倍。而其中，家族顾问及家族办公室，可在垂直领域中提供更专业的服务，正在慢慢成为助力家族发展的智囊团，为家族的发展提供助力。

第一节

家族顾问

聘任会计师事务所、律师事务所等为企业提供财务或者法律服务、担任常年顾问，已经成为大多数民营企业尤其是上市公司的必备选项。然而，家族顾问却尚未得到正式普及，没能像企业顾问那样为大部分高净值家族所接受。其实，家族在发展的过程中，也时常需要寻求专业人士的意见和辅助，这些专业人士可以统称为家族顾问。

为什么家族顾问尚未得到家族的普遍重视？这可能与高净值家族普遍重企业、轻家庭的现状有关。很多高净值家族靠经营企业起家，企业家夫妇们的绝大部分时间，往往放在了企业经营上，而非用于处理家族事宜、维护家族关系。然而，对于大部分人来说，一半以上的幸福感往往来源于家人。家族关系处理不好，家族事务一团糟，对家族企业也会造成很大的负面影响。家族顾问，是帮助家族处理家族事务、协调家族内部关系的重要外部力量。

一、可靠的家族顾问应具备哪些特质

笔者服务过的高净值家族普遍反映，他们认识很多理财师、律师或者会计师等，但是往往无法与这些人建立深度信任，不太敢把自己家族的内部事务完全放心地交由顾问打理。概括成一句话就是：很多家族普遍认为，忠实可靠的家族顾问实在是太难找了。

为什么家族会有这样的感受呢？这主要有以下两点原因：其一，很多时候，家族顾问和家族并非完全站在同一立场上。以理财顾问为例，家族的需求往往是找到性价比高、安全性高的金融产品，但是很多理财顾问需要依托于背后的金融机构，只能推荐自己金融机构的产品。为了满足全方位的资产配置需求，家族往往就需要找不同机构的顾问来提供服务，这在无形中增加了沟通成本。其二，家族顾问往往都是某一个领域的专业人士，有着自己的本职工作，并非为某一个家族提供全职服务。这种非全职性决定了家族顾问不可能对家族的所有需求都在第一时间进行响应和满足，而这可能使看重服务感受的家族产生一种受到怠慢或者顾问不负责任的感觉。当然，不同的家族考察家族顾问是否合适的重点不一样，但是概括来说，合适的家族顾问往往能满足以下要求。

（一）专业性强

专业性要求家族顾问在具备专业知识和能力的基础上，能够满足高净值家族的各项需求，帮助家族解决实际问题。譬如，对于理财顾问来说，专业性首先要求顾问能够帮助家族识别投资理财骗局，帮助家族排除风险较大、收益不稳定的理财产品，遴选出的大部分理财产品能够保证一定的投资收益。对于法律顾问来说，专业性一般要求其能帮助家族预先规避法律风险，及时回答家族提出的咨询问题，出现争议时能够通过谈判等方式快速解决问题。专业是家族顾问的看家本领，理解能力、沟通能力都是专业性的一部分。如果家族顾问缺乏专业性、无法用合法合规的方式帮助家族高效解决问题，那么将很难获得家族的青睐。

高净值家族对于专业服务，往往有较高的定制化需求。千篇一律的同质化服务，往往实现不了家族的目的。以家族信托来说，很多信托公司推出了标准化的家族信托服务，只要初始信托资金达到 1000 万元，就可以设立一个家族信托。但是，这类家族信托，往往不允许修改信托文件，不允许家族对信托财产的分配作个性化的设计，往往无法实现客户的特殊需求。其实，高净值家族往往希望自己接受的服务是独特的、个性化的，能够契合自己家族的实际需求。无论是信托、保险还是其他的家族服务，针对家族的需求提供定制化服务，都是专业性的一部分。

（二）注重保密

保密的重要性毋庸置疑。高净值家族大多低调，不希望自己家族的事情、个人的隐私被无关的人知道，以免节外生枝。因此，家族顾问在提供服务的过程中以及服务完成后，理应严格保守家族秘密，保护家族及家族成员的隐私。这意味着，除了参与服务项目的工作人员之外，家族顾问要对其他一切人保守家族秘密，包括本团队的其他成员、自己的配偶、朋友等；不仅要对家族及家族成员的隐私保密，还要对为该家族提供服务这件事本身进行保密，避免将家族客户的隐私及信息用于任何与提供服务无关的目的。保密要求其实是专业人士的基本准则，但是在此事上，家族顾问却并非都能让客户放心。

（三）响应及时

响应及时也是高净值家族遴选家族顾问的重要考察维度。如上文所述，家族顾问往往都有自己的本职工作，并非为家族提供全职服务，因此，他们并不会把所有的精力都放在一个家族身上。然而，高净值家族为家族顾问支付了高额的费用，往往都希望自己的各方面需求都能在第一时间得到响应。若家族顾问的响应不及时，一方面可能导致家族错过解决问题的时机，另一方面可能错过客户希望接洽的时间段，另行约时间沟通往往会拖延较久。因此，为家族提供顾问服务，要求家族顾问合理平衡自己的工作量，对服务期内的每一个客户都能保证响应及时和工作效率。

二、主要的家族顾问类型

家族顾问的服务可能是阶段性的，即专项顾问；也可能是长期的，即常年顾问，这主要取决于家族的需求。从服务内容上来看，家族顾问基本上可以分为法律顾问、保险顾问、理财顾问、税务顾问、移民顾问、教育顾问、私人医生，等等。这些顾问在各自的领域内扮演着自己的角色，为高净值家族和人士分忧解难。

（一）家族法律顾问

法律顾问不仅可以充当高净值人士的私人律师，还能担任家族财富安全的守卫者，可以有效防范、化解生活中的种种风险，帮助家族解决争议，化解矛盾和冲突。不同的家族根据自己的需要可以选择聘请常年法律顾问，也可以就某一专业问题寻求法律顾问的帮助。

1. 处理私人事务

高净值人士在有私人法律需求时，往往不会选择向企业内部的法律部门寻求帮助。这时，聘请专业的家族法律顾问就显得尤为重要了。高净值人士及其家族聘用私人律师作为自己的智囊，辅助决策、处理私人事务，已渐成时尚。律师能够根据高净值人士的个人和家庭情况，提出合乎高净值人士需要和当下处境的最好建议和法律意见，防范法律风险，解决法律难题。同时，律师注重对客户服务的保密责任，保障客户的个人隐私安全，这对高净值人士来讲是十分重要的。

在我国，对于大多数律师来讲，家族财富管理都是一个新兴的业务领域，律师在该领域能够提供的法律服务还有很大的发展空间。笔者相信，随着中国高净值人士需求的增加，家族法律顾问的服务内容也将从传统的家事领域向更复杂的业务领域转型。除了婚姻协议、遗嘱、赠与之外，信托、保险、税务筹划以及复杂架构设计等家族治理的内容，也将逐渐成为私人及家族律师服务内容的主流。

2. 防范婚姻风险

传媒大亨贝佐斯离婚后个人财产遭受重创，王宝强离婚损失巨额财产……高净值人士的婚姻风险有目共睹。在婚变风险防范方面，法律顾问可以发挥很大的作用。比如，婚前、婚内协议不仅可以保证个人及家族财富的稳定性，也能够在家族企业和个人之间建立一道防火墙，有效地隔离风险。又如，对于家族或者夫妻一方不方便出面沟通的话题，律师可以代为出面沟通，缓解尴尬。

退一步讲，即使夫妻双方不得已走到离婚的地步，法律顾问也能通过代表委托人谈判、起草离婚协议等方式，最大限度地减少委托人的损失。高净值人士的家族资产往往庞大、复杂，在处理离婚纠纷时，现金、房产相对容易分割，相对难以计算、难以权衡的是夫妻名下的公司股权，尤其是上市公司的股权。如果没有专业的法律顾问提供帮助，贸然离婚不仅可能对高净值人士个人造成损失，而且可能引发整个家族财产的动荡。

3. 防范合同风险

家族购买物品或者服务时，所涉金额往往动辄几十万、上百万元，其规模不亚于公司采购物资。如此大额的采购，往往需要签署合同，落实各方的权利义务。然而，在处理私人事务时，部分高净值人士习惯于不看合同，直接就把合同签了。事后产品出现问题或者对服务不满意时，才发现维权困难，自己既没有时间和精力去维权，合同上也处处都是不利于家族这一方的条款，直接认栽又让人感觉像吃了哑巴亏……其实，家族在签订大额采购合同，甚至在签署投资理财协议、购买保险和信托时，最好能有一个私人律师来把关，事前把可能出现的情况都在合同中写清楚，明确地确定自己的权利，一旦出现争端，可根据合同的约定来维权。

4. 帮助解决争议

家族与服务提供一方发生冲突也是法律顾问需要解决的问

题。比如，在高净值客户选择出境旅游时与航空公司、旅行团发生争议时，法律顾问就应当发挥自身解决争议的特长，为客户解决问题、化解矛盾。

此外，与钱有关的争议也时常发生在高净值人士的生活中。一方面，高净值人士大多有投资理财的习惯。高净值人士委托理财公司打理财富，没有获得预期收益的，也要由法律顾问来帮助维权。另一方面，债务纠纷在高净值人士的生活中也比较常见。家族企业的融资渠道有限，有时会面临资金周转的困难，高净值客户不论是作为借款一方还是出借一方都是有可能的。法律顾问不仅要能够为客户提供低风险的借款合同，而且在合同发生履行迟延或者履行不能等情况时，要能够运用自己的专业能力最大限度地降低委托人的损失。

5. 助力财富传承

财富传承服务是家族律师最常见的服务内容，也是每个家族基本上需要的服务。财富传承服务一般包括家族财产的汇总梳理、家族财富传承模式的选择、财富传承金融工具的利用、财富传承方案的设计与执行、配套法律文件的撰写，等等。财富传承是对继承的提前规划，是一项法律事务，有律师在旁出谋划策，往往能够事半功倍。

（二）家族保险顾问

保险的概念产生于17世纪伦敦的一个咖啡屋中。那时，英国开始发展其海外利益。虽然哥伦布的发现驱散了“跌落世界尽头”的观念，但海洋运输始终都存在切实的风险。一艘船的沉没会给船东、拥有船上产品或货物的商人造成财务灾难。因此，船东和商人都想分摊每次运输的风险。有时，这些人通过寻找合作伙伴来分担风险和收益。有时，他们前往爱德华·劳埃德位于伦敦塔街的咖啡馆签订合约，由对方主动承担运输中的某些风险——不是作为合作伙伴分享收益，而是作为“保险商”收取固定费用。可见，保险从一开始就与风险相伴相生，保险的存在就是为了规避风险。

“天有不测风云，人有旦夕祸福。”保险的最大功能就是把未来不确定的风险，通过相对确定的契约形式事先规避。从某种程度上说，保险是对家族和个人的兜底保护。在家族出现意外或者债务纠纷时，保险能够为家族提供至关重要的保障。因此可以说，保险是每个高净值家族必备的保障之一。家族保险配置顾问，正是家族在遴选保险时的好帮手。

1. 提供专业咨询服务

家族保险顾问能够运用自身的知识和经验，帮助高净值人士配置最适合自己及家族的保险。在美国，保险顾问与医生、律师的地位是一样的。因为他们提供的是咨询服务，能够为客户解释清楚不同类型保险的作用和价值，而不是单纯地销售产品。在我国，各大保险公司都有专业的保险销售人员，对于高净值人士及其家族，这些保险销售人员也在转型，成为首批能为家族提供咨询服务的专业人士。此外，独立的第三方保险配置顾问也在兴起，他们可以根据客户的需求遴选适合客户家族的保险，且不会拘泥于某一家保险公司的产品，这对于有综合保险配置需求的家族来说，是非常有价值的。

如今，保险市场错综复杂。就普通家庭而言，对保险的需求相对简单明了，以与汽车、住房相关的财产保险为主。然而，就高净值家族而言，对于保险的需求则与普通家庭有所不同。

高净值人群的保险需求，除一般的财产险、终身寿险、年金保险、高端医疗保险及意外险等之外，还包括特殊的绑架险及其他罕见保险。根据《2019 年私人财富调研报告》，人寿保险是唯一继续以两位数（15%）的速度增长的资产配置，而且这一增长趋势在未来还会延续。此外，年金类保险也比较受高净值人士的青睐。年金险是指投保人或被保险人一次或按期缴纳保险费，保险人以被保险人生存为条件，按年、半年、季或月给付保险金，直至被保险人死亡或保险合同有效期届满。年金险能够保障被保险人在年老或丧失劳动能力时获得一定的经济收益，是一种“强制储蓄”，在高净值人士的保险配置中发挥着越来越重要的作用。

保险顾问的职责就是在充分了解客户的需求后，为高净值人士科学地配置保险，使高净值客户的需求能够得到最大限度的满足。

2. 有效降低风险

“保险不是用来改变生活的，而是用来防止生活被改变的。”这句话道出了保险的真相。对于高净值人群来说，在婚姻存续、企业经营、财富传承等过程中都存在不同的风险。保险作为一种风险管理及风险对冲的工具，是财富配置中的重要一环。聘用家族保险顾问，可以更有效地发挥保险产品降低风险的功能。

以医疗保险为例，虽然高净值人群积累的财富一般能够完全覆盖医疗支出，但这并不意味着他们不需要通过保险产品来转嫁风险。面对疑难复杂的疾病，高净值人士一方面需要通过保险来分摊医疗费用，另一方面需要借助保险机构来获取更优质的医疗资源，获取一个遍布中国乃至于全世界的强大医疗体系网络。这种世界范围内的顶级医疗资源网络，不是普通家族可以轻易获得的。

3. 辅助财富管理

根据泰康与胡润研究院发布的《中国高净值人群医养白皮书》，有95%的高净值人群购买了商业寿险。商业寿险最大的价值在于，可以集财富杠杆功能、财富传承功能、风险隔离功能和税债筹划功能于一体，较好地契合了高净值人群的需求。专业的保险配置顾问，可以在配置保险的过程中，帮助客户实现一定的财产保险和传承需求，实现保险本身价值之外的附加价值。

- 实现财产的保值

人寿保险能够在一定程度上实现家族财富的保值增值，满足家族财富的传承需求。定期寿险的财富杠杆率可以在 10 倍以上，年金保险、终身寿险的财富杠杆率虽然远不及定期寿险，但也高于银行的普通理财产品。而且，保险作为以保障为主的金融理财产品，其增值收益可以被固定在合同之中，而不受银保监会禁止刚性兑付规定的限制。

- 实现保险的其他辅助功能

寿险具有较强的债务筹划能力。合理的保险架构设计，可以实现投保人个人财产与企业财产的有效隔离，避免债务追偿。对于高净值家族来说，保险商品也由单纯的保障性商品逐渐演变成理财商品和保全财富的工具。而保险顾问可以透过完备的商品平台，在合法合规的范畴内，缜密地规划保险组合，从而成功且有效率地保存客户创造的财富。

4. 协助办理理赔

理赔难是中国保险行业尽人皆知的通病，大家普遍觉得买保险时什么都好说，但是理赔时却十分困难。当然，这种局面的出现，并不是保险销售人员或者保险公司单方面造成的。产生这种局面的原因，既有可能是投保时保险销售人员没讲清楚，也有可能是出险不在理赔范围之内，还有可能是投保人准备的理赔材料不完备……专业的保险配置顾问，一般提供的是从保险产品的遴选、购买到跟踪理赔的一条龙服务，能够在一定程度上缓解理赔难的问题。

总而言之，随着我国家庭财富水平的持续提升，家族保险规划越来越被中产阶级和高净值家庭所关注和重视。通过聘用家族保险顾问来有效利用各类家族保险产品，可以有效提升家族财富的长期安全性和确定性，在获得长期稳健收益的同时，低成本且便捷地实现多种家庭资产配置以及家族资产长期规划的个性化需求。

（三）家族理财顾问

关于理财，相信绝大多数人听过“鸡蛋不能放进同一个篮子里”“你不理财，财不理你”等口号。这些道理看似简单易懂，但真正操作起来必须依靠专业的力量。缺乏经验和专业知识的家族成员，在面对种类繁多的理财产品时很容易挑得眼花缭乱。理财顾问存在的终极价值，就是帮助高净值人士创造更多的财富，实现“钱生钱”的目标。根据专长的理财产品不同，理财顾问也可进一步细分，如银行的客户经理，信托公司的信托顾问，证券公司的股票、债券顾问，基金公司的基金顾问，第三方财富管理公司的财富顾问，等等。理财顾问任职的公司不同，配置理财产品的侧重点也会有所不同，以下选择几个常见的理财机构进行介绍。

1. 私人银行

私人银行最早于 16 世纪出现在瑞士日内瓦，18 世纪后期在英国发展成型，20 世纪在美国快速发展，迄今在欧美已经有 500 年的发展历史了。在我国，国内私人银行尽管只有十几年的发展历史，但是，随着高净值人群和财富的不断增长，私人银行的服务也在不断发展。随着财富的积累，我国的高净值人群越来越倾向于广泛而多样化的一对一私人专属理财服务，对专业理财团队的需求也在日益增长。

国内的私人银行一般属于商业银行的一个业务部门。与普通的零售银行业务不同的是，私人银行的服务对象并非一般储蓄用户，而是可投资资产超过一定数额的高净值人士。此外，从服务内容上看，私人银行提供包括私人定制在内的“一揽子”财务计划、财富传承以及许多非金融服务。从服务体验上看，高净值人士在私人银行享受服务时，其安全和隐私都能够得到很好的保障。

2007 年 3 月，中国银行私人银行部率先在北京、上海两地同时开业，成为我国第一家开办私人银行业务的中资银行。自 2007 年 8 月开始，招商银行先后在深圳、北京、上海等地成立近 30 家私人银行中心，基本覆盖国内主要经济区域。截至 2013 年年底，招商银行的资产规模已经达到 5700 亿元，赶超工商银行成为我国资产规模最大的私人银行。截至 2015 年，我国开办私人银行业务的机构有近 20 家，准入的境外私人银行机构有 8 家。近几年，私人银行在中国的发展在经历了各家金融机构跑马圈地占领市场的快速发展阶段之后，开始逐步进入精耕细作挖掘客户潜在价值的阶段。我国商业银行的私人银行业务部门在与高净值客户多年的接洽中，逐渐建立起了自己的品牌信誉，客户对其的信任感和归属感不断增强。此外，随着家族财富形式复杂度的提高，高净值人士更加愿意借助综合性商业银行的私人银行部门这一平台和资源来更加精准迅速地获取市场信息，进行更全面的理财分析和规划。调查显示，以商业银行的私人银行部门为主要投资理财渠道的客户占到了一半。①

迄今为止，私人银行在西方已经形成了较为成熟的服务模式，以至于很多人用“从摇篮到坟墓”来比喻私人银行的服务。的确，私人银行的首要目标就是为客户实现财富的保值和增值。私人银行作为专业的第三方投资和资产管理机构，与企业内部的投资部门相比往往收益更大。除此之外，有些私人银行还帮助客户进行财富规划、子女教育和家庭移民规划以及遗产管理等服务。

总体上看，私人银行能够实现的职能包括：（1）资产的保值和增值；（2）财富安全和隐私保护；（3）财富传承；(4）资产合理配置。在资产的保值、增值方面，私人银行投资顾问会为高净值人士提供全方位的投资产品设计服务。以客户的利益为先，私人银行的专家团队可为高净值人士筹划资产组合战略，涵盖存款、基金、结构性产品、债权、外汇、保险等多元化的资产类

---

① 余蕾：《我国商业银行私人银行业务发展研究》，首都经济贸易大学2014年硕士学位论文，第1页。

别，在此基础上甄选出最合适的投资产品，充分为客户分散风险，从容面对市场波动，提升回报潜力。在财富的安全和隐私保护方面，私人银行的理财顾问都十分重视客户个人信息和财务信息的隐私性，能够最大限度地保障投资的安全性。在财富传承方面，私人银行能够对家族财富的代际传承进行很好的规划，保障长期和可持续的理财回报。在资产合理配置方面，帮助客户打理资产、完成资产配置是一个私人银行理财顾问的必备技能。理财顾问会在了解客户需求和市场环境的情况下，对高净值人士的投资现状进行分析，进而设置合理的资产配置方案，使收益最大化。

此外，私人银行的海外资产配置职能也值得关注。以前人们常说，资产分散配置法是将资产分布在现金、房地产、股票等资产种类中。但是，如今这个方法又有了新的维度，那就是拥有人民币及外汇资产，以及跨越数个国家和地区的资产。一方面，财富国际化的重要特征之一便是充分利用不同国家法律的优势为家族发展创造更大的获利空间；另一方面，通过时间和空间维度的筹划，达到人、财、物的最优化安排，化解“黑天鹅”事件可能给财富甚至人身安全带来的折损风险。①

2015 年，境外投资继续保持较快发展，增速明显高于整体财富管理市场。随着投资者对人民币贬值预期的增强、对海外市场

---

① 龚乐凡：《私人财富管理与传承》，中信出版社2016年版，第180页。

了解程度的加深以及国际市场不平衡状态的加剧，海外市场资产配置需求将有望继续快速增长。此外，人民币国际化战略和“走出去”战略，也为海外投资创造了更好的条件，资产配置全球化的时代正在到来。① 国内一些私人银行已经开始为高净值人群提供海外资产配置服务。

2. 证券公司

近些年来，国内证券公司发展迅猛，各大证券公司推出了各式各样的理财产品。证券公司发行的理财产品可随时购买，购买方式较为灵活便捷，且购买后可以随时终止。这些都是证券公司理财的特点和优势。

首先，证券公司的投资理财顾问能够帮助客户理解财务知识，了解理财业务，理解投资机会、投资误区；在全面了解并分析客户的财务状况和需求的基础上，帮助客户确定理财目标，量身定制投资方案。其次，理财顾问可以帮助客户解读投资管理报告，评价投资组合的运作是否符合客户的目标。最后，证券公司理财顾问还能够根据现实情况及时调整投资方案，帮助客户对上一年的投资决策作一个回顾，确定是否要维持目前的资产配置或根据客户的财务目标作出调整。

---

① 《胡润百富：2015年中国高净值人群资产配置白皮书》，载搜狐网，https://www.sohu.com/a/81367300_221908。

3. 第三方财富管理机构

第三方财富管理机构起源于美国、加拿大等西方国家，在中国香港地区起步于20世纪90年代。中国大陆的第三方财富管理机构起步于2005年左右，现正处于快速发展期。在欧美等发达国家，第三方财富管理公司占财富管理市场份额的60%以上，在中国台湾、香港等地区也占30%左右，而在中国大陆，目前这个数字还不到5%。可见，内地的财富管理市场前景非常广阔，潜在的财富管理市场还有待开发。

随着中国国力的增长和高净值人士的增多，第三方财富管理业从无到有、快速发展，其力量较之于银行、基金、保险、证券、信托等传统金融机构也不容小觑。第三方财富管理机构是市场上独立的金融服务者，它们不代表银行、保险等金融机构，而是根据客户的具体资产情况，客观地分析其财务状况和增值需求，包括资产构成、投资方向、投资偏好等内容，由此判断所需投资工具，并提供综合性的理财规划及财富管理服务。然而，与大金融机构相比，第三方财富管理机构往往体量较小，抗风险能力较差，经营管理也不是很规范，经常出现暴雷等问题，因此，任用第三方财富管理机构的理财顾问需要谨慎。

（四）家族税务顾问

许多家族企业对于税务风险并不陌生，但这并不代表高净值家族对于合法避税与逃税有科学的判断和认识。部分高净值人士对于税务安排尤其对国际化资产配置所涉及的各类税负缺乏整体规划和考虑，从而给家族财产带来了巨大的风险。此外，在境外房产发生继承的时候，继承人可能先要缴纳相当于资产价值近50%的遗产税方能实现资产的过户，这往往是很多中国高净值人士在买房时所“万万没想到”的。许多国家和地区的遗产税可以直接让财富缩水50%以上，这类问题是高净值人士在国际化资产配置过程中需要面对的。

因此，对于高净值人士而言，聘用专业的税务顾问为自己和家族的各类投资、消费出谋划策是十分必要的。

1. 合理合法节税

一般来讲，税务顾问在接受委托后，会运用其税收、财会等方面的专业知识，根据高净值人士的要求，充分利用国家税收优惠政策，通过合法、科学的税收筹划，帮助高净值人士合理合法节税。

2. 化解涉税风险

随着中国的税收法律逐步完善、征管趋严，中国版 CRS 即《非居民金融账户涉税信息尽职调查管理办法》已于 2017 年 7 月 1 日正式施行。高净值人士要在新法背景下合理防范海外投资等活动中的涉税风险就需要依靠专业的税务顾问。

专业的税务顾问会帮助高净值人士解答“哪些境外资产面临CRS带来的风险”“境外间接持有房地产CRS如何界定”“调整海外资产配置可能面临什么税法风险”“境外机构如何识别非税收居民身份”等方方面面的问题。

（五）家族移民顾问

随着财富的积累，越来越多的高净值人士不仅选择到海外投资，而且选择海外移民，故财富全球配置、身份全球配置越来越成为高净值资产人群的倾向。因大部分人不懂国外的经商环境，买房就成了投资移民的首选。但对于移民到哪个国家、如何处理自己的纳税身份和双重征税等问题，高净值人士并非都了如指掌。因此，高净值家族的移民尤其需要专业人士的规划。移民顾问能够帮助高净值客户了解现行的移民政策，提出移民解决方案，并与投资顾问共同探讨合理、合法的资金安排建议。

除了上述顾问之外，家族还会根据自己的喜好聘用专门的珠宝配置顾问、家族教育顾问、家族私人医生等，以满足家族的多方面需求。确实，高净值人士和家族有必要聘用真正属于自己的顾问，以保证其获得中立的、客观的信息。只有通过独立顾问的意见，排除利益冲突，才能相对客观地审核产品或者投资机会、判断和评估相关风险。而且，随着高净值客户需求的不断增长，顾问所服务的往往不是其个人，而是针对家庭提供整体服务。高净值客户对财富管理业务的需求从“产品需求”转向“定制化资产配置需求”。财富管理机构业务经营应从传统的“产品销售”转向“以客户为中心”的综合服务。

第二节

家族办公室

有些家族可能会觉得，逐个寻找顾问来为其提供服务，工程量过于浩大，有没有一个专门的公司或者机构，能够满足家族的全方位需求呢？家族办公室在这种呼唤中应运而生。截至2020年8月20日，以“家族办公室”为关键词在天眼查网站上检索，能够查到中国内地范围的745家公司，其或以“家族办公室”为公司名称，或有家族办公室的商标品牌，或者兼而有之。这还不包括大量的虽未以家族办公室命名但实际上承担着为家族管理资产职责的公司或企业。家族办公室究竟是什么？近几年其为何异军突起？

一、解码家族办公室

根据家族财富管理行业内的共识，家族办公室是家族财富管理的最高形态。综合来看，相较于较为单一的专业咨询与管理，家族办公室在服务范围与服务专业性上具有相当的优势。而关于什么是家族办公室，目前存在多种定义。

综合而言，家族办公室是指为（超）高净值家族提供包括资产配置、财税管理、法律咨询、后代教育、礼宾接待、家族传承规划等综合服务并满足其个性化需求的专业机构。在家族办公室市场较为成熟的美国，家族办公室具有明确的法律地位与定义。在美国，家族办公室是指除家族外无其他客户，不以投资顾问身份向公众提供服务，由家族全资拥有并由其中一位或多位家族成员完全控制的专业机构。① 需要注意的是，该定义为狭义定义，仅覆盖受家族实际控制的家族办公室，而未赋予独立的、依靠专业服务自给自足的家族办公室明确的法律地位。

家族办公室一般由不同的领域专家组成，专注于（超）高净值人士或家族全方位的财富管理及私人需求等事务。家族办公室通过雇佣具有银行、信托、保险、财务、法律、会计、税务、教育、证券投资等背景的各行业专业人才，凭借其丰富的从业经验为（超）高净值人士或者家族提供定制化的、更加私密的综合配套服务，使家族更为省心地在资产配置、信托规划、风险控制、法律、税务、慈善与传承规划等方面享有“一站式”的统筹方

---

① Scott A. Moehrke& Nadia Murad & Alpa Patel & Josh Westerholm, *Family Offices: Structuring for Investment Adviser Compliance*, KIRKLAND & ELLIS (Dec. 13, 2018), https://www. kirkland. com/publications/private - investment - and - family - office - insights/2018/12/family - offices - structuring.

案，从而最大限度地确保家族及其财富的延续。这是任何单一的财务顾问、法律税务顾问等所无法企及的。

（一）家族办公室的前世今生

19 世纪，欧洲经济飞速发展，家族办公室即发源于此时。20 世纪 80 年代，美国成为世界上唯一的超级大国，家族办公室在美国得到了极大的发展。由于家族财富管理本身的敏感性与统计口径的不同，家族办公室的数量统计始终未有权威、准确的数据。截至 2019 年，根据 Family Wealth Report 统计，美国存在大约 6000 间家族办公室，[①] 而根据 Campden Wealth 的同年统计，则有 7300 家。[②] 中国作为新兴市场，其家族办公室业务起步比较晚，现在正处于井喷式发展阶段。

（二）欧美家族办公室的起源和发展

很多人认为备受赞誉的洛克菲勒家族办公室开创了家族办公室的先河，是先驱一样的存在。我们无法否认洛克菲勒家族办公室的伟大，但从历史的角度而言，家族办公室的产生远远早于 19

① Graham, A. *Single Family Offices — Who Knows the Numbers*?. Family Wealth Report online. 26 July 2019.

② *Burgeoning family offices manage $5.9 trillion*, Wealth Advisor (Jul. 17, 2019), https://www.thewealthadvisor.com/article/burgeoning-family-offices-manage-59-trillion.

世纪。有学者认为，在恺撒大帝时期，古罗马帝国拥有全球25%的财富，古罗马人会雇佣一些人来管理这些财产。这些人被称为“majordomo”，即“管家”，他们因此被部分学者视为家族办公室的起源。①

也有部分学者认为，家族办公室最早起源于11世纪欧洲十字军东征。欧洲贵族们经常带兵出征，于是就将自己的财产托付给其他贵族保管。后来，这种做法流传的范围越来越广，逐渐开始成为常态，就慢慢衍生出了专门为贵族打理财产的机构。这类机构不仅管理本家族的财富，也为其他有需求的家族提供财富管理和投资服务，很多学者将其视为家族办公室的最早雏形。“二战”时期，受到纳粹迫害的犹太富人们开始将钱存在瑞士银行，于是，这股风潮开始冲击全球的金融服务行业，“类家族办公室”的业务得以进一步发展，这类业务的范围类似于今天的私人银行业务。

第二次工业革命后，家族办公室开始在美国兴起，并蓬勃发展起来，创造了巨额财富。在当时的北美，家族企业是支撑国家经济的基石，约占美国国内生产总值的64%，约占加拿大国内生

① Jan van Bueren, *Family Offices — A History and Definition*, Tharawat Magazine (May. 9,2016), https://www.tharawat-magazine.com/rise-family-office/family-offices-history-definition/.

产总值的45%。[①] 家族企业的成功离不开当时家族办公室的蓬勃发展，很多家族及其企业采用家族办公室的方式来管理其资源。[②] 有记载的较早的现代意义上的家族办公室就是1868年美国托马斯·梅隆设立的家族办公室和1882年约翰·洛克菲勒设立的家族办公室。

工业革命后兴起的家族办公室典范：洛克菲勒家族办公室

美国实业家、慈善家和私营企业家约翰·洛克菲勒，被认为是家族办公室历史上的关键人物。作为标准石油公司的联合创始人，他控制了19世纪80%~90%的世界石油产业。截至1937年他去世时，他的财富高达14亿美元，占美国经济的1.5%以上，相当于今天的2550亿美元，因而他的财富被认为是历史上最伟大的财富。1882年，洛克菲勒成立了一个由各领域的专业人士组成的办公室来协助他进行复杂的商业运作，并满足家族日益增长的投资需求。这一机构化、专业的投资团队被认为是世界上第一个现代化的单一家族办公室，尽管当时洛克菲勒在设立这个机构的时候并未将其称为“家族办公室”。除了对家族日常事务的管理和对家族财富的

---

① Joseph H. Astrachan, *Family Business, contribution to the U. S. Economy: A Closer Look*, Family Business Review Vol. 16: 3, pp. 211 – 219 (2003).

② Kirby Rosplock, *The Complete Family Office Handbook: A Guide for Affluent Families and the Advisors Who Serve Them*, Bloomberg Press, 2014, p. 11.

> 管理与组合性投资以外，家族和实业的代际传承规划以及慈善事业也是这个专业机构的任务之一。① 1980 年，洛克菲勒家族办公室在美国证券交易委员会注册，成为一家名为洛克菲勒金融服务公司的投资顾问公司。② 截至 2013 年，洛克菲勒金融服务公司为来自全球的 260 个家族管理着 231 亿美元的资产，成为世界上首屈一指的独立联合家族办公室，客户包括来自全球各地的富有个人、家庭、家族办公室和机构投资者。③

随着时间的推移，很多高净值家族及其管理的企业不断发展壮大，只依靠家族内部成员对家族、企业等事务进行管理和规划已经无法满足高净值人士日益增长的需求。在欧美国家，随着洛克菲勒家族办公室的成功，其他很多著名的人物也开始以其为榜样，推动了家族办公室的持续发展。家族办公室的数量不断增加，体系也越来越完备和成熟，家族办公室这一概念逐渐扩展到

---

① Jan van Bueren, *Family Offices — A History and Definition*, Tharawat Magazine (May 9,2016), https://www. tharawat – magazine. com/rise – family – office/family – offices – history – definition/.

② 王翔、杨飘：《世家：洛克菲勒家族》(上)，载新财富，http://www. xcf. cn/newfortune/texie/201209/t20120920 _ 354816. htm? COLLCC = 870082885&COLLCC = 98330949&COLLCC = 719087941&COLLCC = 4259080517&COLLCC = 417098053&。

③ 高皓、刘中兴、叶嘉伟：《FO 光谱模型：定位你的家族办公室》，载《新财富》2014年第6期。

了亚洲等新兴市场。

（三）中国家族办公室的起源和发展

欧洲的家族办公室可以追溯到古罗马恺撒大帝时代，有专门的管家为家族企业主、国王或者地主提供专业化的财富管理服务。这种类型的管家，在中国也有比较早的历史。在古代仕宦、富商的大家族中，总管事和账房一同承担家族管家的职能，这可以被视为家族办公室的雏形。

随着西方家族办公室的成功对国内相关服务行业的冲击，以及改革开放以来中国财富管理市场日新月异的发展，家族办公室也开始在中国兴起，受到越来越多高净值人士的青睐。然而，国内家族办公室行业的发展还很不成熟，缺乏统一的行业标准、法律规范和从业者资格限制，其特点主要包括以下三个方面：

1. 服务范围比较单一

发达国家的家族办公室致力于为客户提供“升级版”、全方位、定制化的专属服务。相比之下，目前国内部分家族办公室的服务内容较为单一，主要集中于某个领域，远远达不到“家族办公室服务”所要求的广度和深度。比如，很多由法税系专业人士组成的家族办公室，服务的侧重点在法律风险防范、税务筹划、家族传承等，而对于投资理财这一核心业务需求，服务能力异常薄弱，甚至都提供不了投资理财服务。

这种现象产生的原因有以下两点：第一，家族办公室提供全方位服务的能力普遍不足。我国家族办公室行业起步较晚，缺少欧美地区现代意义上的家族办公室百余年来所积累的经验与能力，短时间内难以提供对等的高质量服务。家族办公室仅提供个别领域的服务，这其实是我国家族办公室行业发展现状的真实体现。第二，部分家族办公室的服务内容受到专业背景限制。目前，家族办公室的设立存在不同背景，保险系、银行系、证券系、法税系等不同背景下的家族办公室各有所长，但对本专业其他领域的服务不甚了解，因此仅能提供个别领域的服务。

2. 业务堆砌现象比较严重

目前，市场上确实也存在一批提供综合服务的家族办公室，其往往是财富管理行业的从业者相互合作、共同成立的家族办公室。这类家族办公室往往聚集了保险、信托、理财、法律、税务、教育等各个领域的从业者，虽然其看起来服务范围广泛、功能强大，但实际上，每个专业人士都有自己固定的工作和任职单位，并没有全身心地投入家族办公室业务中来。这些家族办公室为客户提供的往往都是短暂的、一次性的服务，而非跟随家族发展的长期服务。因此，这类综合家族办公室即使以“家族办公室”的名义将各类专家集合到了一起，却并不能发挥出家族办公室的实质作用，与普通的财富管理公司区别不大，难以摆脱机械化堆砌的局面。

3. 家族尝试小获成功

尽管由专业人士成立的家族办公室的发展并没有取得实质性突破，但是由家族发起设立、为本家族提供服务的家族办公室却逐渐崭露头角，获得了阶段性的成功。这类家族办公室提供的服务以资产配置、投资理财为主，并逐渐涉及其他服务领域。

中国家族办公室的成功经验——蓝池资本

2015年4月，《华尔街日报》报道称，阿里巴巴集团的核心创始人之一蔡崇信即将在香港成立一个规模巨大的家族办公室，主要用于处理阿里巴巴首次公开募股带来的数十亿美元的财富。该家族办公室即位于香港中环，由马云和蔡崇信出资的“蓝池资本”。

蓝池资本主要致力于长期投资，投资的主要方向为对冲基金、医疗健康、人工智能、大数据云计算等领域。其中，蓝池资本对医疗健康行业尤为看重，在其投资的所有8家公司中，医疗健康行业的公司就有5家，占比高达62.5%。马云从2011年就开始在医疗健康行业进行布局，在推出阿里健康之后，在医药O2O平台、健康保险、云医院平台、远程医疗平台、医学影像平台、药品零售等领域进行了全面的整合与布局。可以说，蓝池资本作为马云和蔡崇信的联合家族办公室，将大部分投资集中在医疗健康领域，契合了马云的商业布局,[①] 家族办公室的投资策略和实业的发展规划是相辅相成的。

博泽家族办公室[②]

博泽家族办公室是于洪儒家族于2009年创立的，最开始设立时，只是为了满足本家族数十亿元资金的资产管理需求。可以说，博泽家族办公室在起步阶段以满足单一家族的资产管理、财富传承需求为主要目标。多年来，博泽家族办公室为于洪儒家族提供单一的、高水平的服务，在家族办公室各功能板块精耕细作，已成长为国内较为领先的、拥有全球视野的单一家族办公室。

由于为自己家族管理财产非常成功，近几年来，陆续有其他高净值家族希望博泽家族办公室能协助其打理家族资产。于是，博泽家族办公室逐步开放，也开始为其他家族提供以资产管理为核心，以法律、税务、传承等筹划为辅助的家族办公室服务，变成了联合家族办公室。作为真正意义上的家族办公室，博泽在家族治理（家族宪章、传承研究）、财富保护（架构、工具）、家族传承（二代培养、家族慈善、

① 《蓝池资本：马云巨额财富背后的“神秘大管家”》，载可来投资，http://www.guba.com/column/84006.html，最后访问日期：2019年1月21日。

② 整理自博泽家族办公室官方网站，详情请见 https://www.bozeasset.com/index.php?topid=navAboutContent，最后访问日期：2020年8月21日。

品质生活）等家族办公室综合功能建设上积极探索、稳步实施，已经形成了具有自身特色的家族生态系统。

为什么家族设立家族办公室的尝试比较容易获得成功呢？原因有二：第一，家族作为家族办公室服务的对象，往往最知道自己想要的是什么。而专业人士设立的家族办公室，往往是站在自己专业的立场上，且专业人士往往并非亿万富翁，即使和高净值家族经过长时间的沟通磨合，也不一定能精准地体会到客户内心深处的需求。第二，高净值家族为自己打理资产获得成功后，更容易取得其他高净值家族的信任。家族办公室服务往往涉及巨额资产的管理，即便是受银保监会监管的银行、信托公司等金融机构，取信于客户都需要很长时间。对于一家尚无专业行业统一监管、没有大公司背书的家族办公室来说，建立起基础信任的难度可想而知。然而，如果一个家族的单一家族办公室业务很成功的话，其对于亲朋好友的吸引力是显而易见的。事实上，这种模式也是家族办公室最初得以发展的雏形。

中国家族办公室的进一步发展，有赖于其法律地位的确立。在家族办公室市场相对成熟的美国，部分符合一定法律要求的家族办公室拥有独立的、法律承认的地位，而不必以投资公司、资产管理公司或咨询公司的名义存在。在国内，法律对家族办公室独立地位的认可值得期待。一方面，家族办公室法律地位的确立可赋予家族办公室更明确的经营范围与责任承担方式，减少“摸着石头过河”的运营；另一方面，其也有利于国家对家族办公室行业进行管理与监督，从而有效减少市场乱象。

二、家族办公室的类型

从家族办公室资产管理规模以及设立者和所有者的角度而言，可以将家族办公室划分为单一家族办公室（Single Family Office）和多家族办公室（Multi - family Office）。根据家族企业和家族办公室之间的关系，又可以将家族办公室划分为内置型、外设型、套现分离型、一体型和控股型。此外，家族办公室还可根据产生背景作出划分。

（一）单一家族办公室和多家族办公室

1. 单一家族办公室①

单一家族办公室是一种标准化的家族办公室，它由某一拥有巨大财富的家族设立，仅为该家族提供服务且为该家族所有。除了与资产有关的服务以外，单一家族办公室还提供比如家族内部关系的处理等服务，致力于搭建一个服务内容相对全面的服务平台。对于超高净值客户及其家族而言，单一家族办公室提供的专

---

① 谢玲丽、张钧主编：《中国家族办公室：家族（企业）保护、管理与传承》，广东人民出版社2013年版，第26～27页。

属定制化服务和极其周密的隐私性，成为其最大的优势。此外，因单一家族办公室的产生原因与工作宗旨系为某个家族服务，家族办公室的利益与客户即家族的利益一致，故单一家族办公室一般不会与客户产生利益冲突。但需要注意的是，作为一个实体机构，单一家族办公室的日常运营成本也同样是巨大的，因而它通常适用于可供管理的金融资产金额较高（一般是 1 亿美元以上）的家族。

2. 多家族办公室[①]

根据家族办公室设立、所有与运营的情况，多家族办公室可分为联合家族办公室、多客户家族办公室与机构型家族办公室三类，三者的共同特征是其为不止一个家族提供服务。部分多家族办公室同时服务的家族数量达数百个。多家族办公室的类型与规模无关，与从业人员数量也没有直接关系。例如，戴尔电脑创始人设立的单一家族办公室以 130 亿美元的资产管理规模傲视大部分多家族办公室。

具体而言，联合家族办公室由多个家族根据事先达成的合意共同设立或在一个家族设立后因与其理念一致的家族加入而设立。其中，多个家族共同所有并控制联合家族办公室、共同享受

① 《家族办公室》，载 MBA 智库 · 百科，https://wiki.mbalib.com/wiki/%E5%AE%B6%E6%97%8F%E5%8A%9E%E5%85%AC%E5%AE%A4，最后访问日期：2020年4月16日。

其所提供的服务。出于多个家族共同设立、共享服务的原因，每个家族为家族办公室设立所投入的费用较低。联合家族办公室存在的前提为多个家族间能达成合意或本身家族理念便相近，否则联合家族办公室需要针对不同的家族理念设计不同的服务方案，成本过高，且实质上变成了多客户家族办公室。

多客户家族办公室是指由专业人士设立，通过专业知识为不止一个家族提供服务的独立机构。多客户家族办公室的设立与运营都体现了相当大的独立性，其不为家族所有，运营不受家族控制。多客户家族办公室的独立性及与客户产生利益冲突的可能性介于联合家族办公室与机构型家族办公室之间。

机构型家族办公室一般脱胎于大型金融机构、咨询机构或法律机构，人员由机构内部在现有员工的基础上挑选组成，并可选择是否以独立的法律实体形式存在。由于其存在或产生为专业机构运营计划的一部分，即便以独立形式存在，其也属于特定机构的附属机构或子公司。在此背景下，机构型家族办公室有其本身的利益追求，即实现自身或背后机构的利益最大化。因此，机构型家族办公室与客户之间出现利益冲突的可能性比联合家族办公室和多客户办公室更大。以证券公司设立的家族办公室为例，家族在委托此类家族办公室管理资产时，其可能更倾向于推荐证券公司承销的股票、债券等。

（二）内置型家族办公室和外设型家族办公室

根据家族企业和家族办公室之间的关系，可以将家族办公室的类型按照两个发展阶段进行划分。在第一个阶段，家族企业是家族财富的源泉，家族企业主导着家族办公室的定位和发展。在这个阶段，家族办公室可分为“内置型家族办公室”、“外设型家族办公室”和“套现分离型家族办公室”。其中，外设型家族办公室适用于家族企业的成熟期，套现分离型家族办公室则更适用于家族企业股权出售后的时期。在第二个阶段，家族办公室成为家族财富的源泉，家族办公室主导着家族财富的延续和再生，并逐渐发展成新的家族企业。在这个阶段，家族办公室可分为“一体型家族办公室”和“控股型家族办公室”，后者多适用于多代传承后成员人数庞大且家族企业事业类型较多的家族。[①]

1. 内置型家族办公室

内置型家族办公室往往出现于家族企业创业初期，是家族办公室早期的存在形式。这种家族办公室通常是以企业内部的一个部门或者分支的形式存在，比如战略投资部或者战略发展部等。内置型的家族办公室的职能一般由深受企业家信赖的CFO或财务团队等承担，兼顾对企业和家族事务的管理。由于内置型家族办公室的运营成本可分摊在企业日常运营成本之中，所以在家族企业尝试设立家族办公室的发展道路上，这样形式的家族办公室往往可以成为一个很好的开端，中国很多的家族办公室是以这种形

① 龚乐凡：《私人财富管理与传承》，中信出版社2016年版，第141～142页。

式存在的。[1]

三星集团秘书室——内置型家族办公室的典范

三星集团是韩国最重要的财阀，其旗下子公司业务涉及电子、机械、化工、军事、纺织、金融、服务等各个领域，世界上最高的建筑——迪拜塔也是三星集团承建的。三星有近20种产品的世界市场占有率居全球企业之首，在国际市场上彰显出雄厚的实力。2012年，三星集团员工超过42万名，销售额2686亿美元，占同年韩国GDP的24%，因而对韩国经济具有举足轻重的影响，有“三星共和国”的美誉。目前的会长是创始人的三子李健熙，他长期占据韩国首富的位置。而第三代接班人李健熙唯一的儿子李在镕也成了韩国的第三大富豪。[2]

在三星集团70多年的发展历史中，李氏家族与之风雨共济、共同成长。而三星集团秘书室作为集团的内置家族办公室，在集团管理和家族治理方面发挥了重要的作用。三星集团的秘书室在设立之初主要负责情报收集和分析、企划、日常事务管理等辅助工作，一度成为韩国最强大的情报分析组织。1999年，二代接班人李健熙将秘书室调整为“结构调整本部”

---

① 高皓、刘中兴、叶嘉伟：《FO光谱模型：定位你的家族办公室》，载《新财富》2014年第6期。

② 高皓、刘中兴、叶嘉伟：《重权在握的三星集团秘书室：内置式家族办公室典范》，载《新财富》2014年第2期。

（下设财务组、人事组、企划公关组和监察组）。到2006年，其又转型为“战略企划室”（下设战略支援组、人事资源组、企划广告组和经营诊断组）。虽然，秘书室以及其下设的各个小组分别隶属于三星集团的各子公司，由子公司拨出经费负责其日常运营，但是，从实际权力角度而言，秘书室的的确确是三星的最高权力机构，掌控人事任免权，子公司掌控财务和投资决策权。秘书室在管理企业的同时，也承包了李氏家族从礼宾护卫到衣食住行、从税务筹划到财富传承的方方面面。①

三星的秘书室在李家几十年的发展中发挥了重要的作用，在家族和企业的发展与传承方面做出了重要的贡献。然而，随着家族财富和企业资产日益分离的趋势不断加强，内置型的家族办公室也开始暴露出一些缺点。比如，内置型家族办公室在面临家族利益和企业利益的抉择时，会更偏向于家族，从长远的角度来看，不利于企业的发展。

2. 外设型家族办公室

外设型家族办公室通常是以独立的法人实体如有限公司、家族信托或家族基金会等形式存在，并且与家族企业平行，主要负

① 高皓、刘中兴、叶嘉伟：《解剖“秘书室”：三星共和国最顶级的中枢与大脑》，载虎嗅网，https://www.huxiu.com/article/27992.html，最后访问日期：2020年5月15日。

责家族在实业以外的分散投资，缓冲经济波动对财富的影响，一般适用于家族企业发展的成熟期。外设型家族办公室可以与家族企业有一定的业务或金融往来，但很少介入企业经营。例如，美的集团创始人何享健的儿子何剑锋所掌管的盈峰资本，就可以看作与美的集团并行的外设型家族办公室。内置型家族办公室和外设型家族办公室经常出现在家族企业的创业阶段。

总而言之，不论选择的是哪一种家族办公室类型，高净值人士在设立家族办公室的时候都应结合家族和企业的发展现状、未来前景与战略规划来决定。

三、家族办公室的价值

家族办公室的功能是全方位的，其价值自然也是多元的。可以说，只要高净值家族有需求，一个完善的家族办公室就应有能力予以满足。

（一）财富管理与传承

1. 家族信托规划[①]

家族信托筹划已经是中国家族办公室一项较为成熟的业务。

---

① 秦遵想：《中美家族办公室对比研究——以 YK 集团为例》，华中科技大学2017年硕士学位论文，第18～19页。

家族办公室可根据家族的具体需求设计、搭建境内外家族信托。与专业信托公司相比，家族办公室在这方面最大的优势在于其对家族需求的深刻了解。以贝西莫家族办公室为例，其家族办公室在服务每一个家族时会安排3名富有经验的专员了解该家族的背景和需求。只有在了解了家族需求后，才能最大限度地实现资产配置与家族财产传承方案定制化。就中国境内的家族信托而言，受托人一般只能由信托公司担任，但是家族办公室或者家族办公室中的工作人员可以担任监察人或者投资顾问，在家族信托的运行过程中发挥独特的作用。

2. 遗产及传承规划①

家族传承对于很多高净值人士来说是头疼的事，不知道何时下手、从哪下手。家族办公室可协助高净值人士进行完善的财产传承安排，综合运用各类金融工具，将生前传承和身后传承妥善结合，有效避免家族掌门人发生突发状况后因法定继承导致企业控股权分散的风险，并确保企业核心资产在预期的范围内传承。

3. 资产配置规划

投资是家族办公室最核心的服务，一般包括投前评估（如对投资标的的遴选和尽职调查）、投中辅导跟进、投后退出安排，

① 秦遵想：《中美家族办公室对比研究——以YK集团为例》，华中科技大学2017年硕士学位论文，第22页。

等等。与银行、第三方理财机构提供的投资顾问服务相比，家族办公室的定位决定了其首先为家族的利益考虑，可选择的投资标的往往更加广泛。家族办公室不仅可以从银行和第三方理财机构获得理财产品的信息，还可以通过直接投资、联合投资和俱乐部交易等方式为家族提供投资机会。

在2008年全球经济危机之前，许多家族办公室借鉴传统金融投资机构的模式，通过捐赠基金的形式进行投资。在全球金融危机后，许多家族办公室意识到，效仿传统金融投资机构的投资模式并非上策。① 于是，家族办公室将充分了解客户的风险承受能力、投资期限、投资理念等作为理财服务的必经程序，愿意花费更多的时间耐心听取家族成员和整个家族的实际投资需求，并为高净值人群量身打造更适合本家族的投资计划。② 家族办公室此时寻求的是资本在较长期限中的增值，投资期限有时甚至可以跨越家族的几代人，而不是寻求财产的短期收益。也正是因为家族办公室有着非常全面的服务管理模式，投资经验丰富且成熟，资产配置组合比较多元化，注重分散风险，能为家族提供适合家族自身发展的资源配置方案，并组合多种资源来实现家族本身对未来发展的远景，于是，越来越多的高净值人士及其家族，纷纷组建成立家族办公室来管理和运营本家族的资产。

---

① 龚乐凡：《私人财富管理与传承》，中信出版社2016年版，第151～152页。

② Richard C. Wilson, The Family Office Book: Investing Capital for The Ultra－Affluent, Wiley, 2012, pp. 233－234.

比尔·盖茨家族办公室的掌门人拉尔森说："我是一个风险厌恶者，我们选股的标准之一是该公司的市场表现与微软公司的股票没有关系。"他将盖茨家族的资产在债券、货币、股票、大宗商品、土地、直接投资以及私募股权等领域进行多元化投资以系统降低风险。据报道，从1995年至今，拉尔森运营比尔·盖茨家族办公室进行资产配置的复合年回报率高达11%。

（二）风险管控

1. 投资风险管理

2015年的中国股灾对很多股民来说是毁灭性的，因为大家没有通过分散投资或风险对冲来合理规避风险。类似的投资风险在2008年金融海啸中已有迹可循，当时有许多家族办公室蒙受了本可避免的损失。鉴于家族办公室财务状况无公开披露要求，该损失难以估量。投资是家族办公室的主要业务之一，投资风险管理对家族办公室具有显著的重要性。家族办公室中往往都有专业的投资经理，业务经验丰富，对市场十分敏锐，懂得分散投资，对于综合投资风险的把控往往要优于家族成员本身。

2. 合规性

高净值家族成员拥有的资产种类比较多，资产地域分布很广，因此需要家族办公室的专业人士提供专业的法律和税务规划，以规避可能的合规风险。从法律方面来看，高净值人士一方面缺少法律的专业知识，另一方面往往全身心投入企业的经营管理中，忽略了个人与企业之间需要设立防火墙。因此，在企业经营过程中很容易发生家族财富和企业资产混同、税务混同或者股权模糊的问题，一旦企业出现问题就可能牵连到家庭，最后甚至失去最基本的家庭财富保障。家族办公室可以帮助高净值人士设立在岸信托及离岸信托，实现风险隔离，合法合规地避免家族企业的控制权旁落，并可有效解决资产的继承和收益分配等问题。从税务角度来看，家族可能面临的问题一方面是资产管理税务优化，另一方面是投资收益分配税务筹划，所以家族办公室的职能之一就是为家族提供两个层面的税务服务——短期节税和长期税务筹划，从而为家族提供多角度、全方位的综合服务解决方案。除此之外，全球超过 140 个国家有遗产税，中国虽然暂时还没有遗产税，但政界、学术界和社会上对是否应该征收遗产税不断有热烈的讨论，很多家族办公室对此提前做好了准备，如设立境外信托等，在可能省税的同时，也能避免相关遗产继承手续。

3. 家庭保险配置

保险早已经成为高净值家族必备的风险规避工具之一，家族办公室可以协助家族作整体的家族保单规划，从健康风险、意外风险、传承需求、资产稳定增值需求等多个角度出发，协助高净值家族配齐人身保险。

事实上，人寿保险近些年来已经成为隔离风险、保护财富安全的重要工具之一。首先，在明确指定受益人的情况下，人寿保险的保险金一般不涉及遗产分配，并且受益人不需要缴纳个人所得税。因此，即使未来出台遗产税，人寿保单依然能隔离这部分政策风险，并可有效实现税务统筹的功能。其次，如果保单架构设计得当，则非理财性质的人寿保单一般不包含在破产债务追偿的范围里，因此即使家族企业经营不善、不幸破产，人寿保单也可以不受债务追偿。最后，人寿保单具有很强的流动性，在客户出现资金周转问题、急需融资时，大型商业银行和保险公司均接受保单质押，避免了融资难的问题。人寿保单的保额往往比较大，因而在财富传承规划和风险隔离中发挥着重要的作用。

4. 婚姻风险管理

2019 年，世界首富、亚马逊首席执行官杰夫・贝佐斯在推特上宣布结束与妻子麦肯齐・贝佐斯 25 年的婚姻。以贝佐斯 1371 亿美元、折合近 9400 亿元人民币的身价来看，麦肯齐最高可以分得折合人民币接近 5000 亿元的离婚费，可谓史上最贵的离婚。

事实上，因为婚姻破裂而导致家族财富流失的案例并不少见。家族办公室从家族和企业长期可持续发展的角度考虑，为了最大限度地避免这类问题给家族和企业造成不可逆转的打击，通常会在家族成员结婚前协助拟定一份婚前财产协议，并配合做好婚前、婚内财产保护的综合规划，来控制不必要的风险。高质量的婚前协议，不仅有利于婚姻的稳定，还可避免家族核心资产的流失，防止家族因重大的突发事件而分崩离析。除此之外，好的婚前协议还可以兼顾夫妻双方的利益，并能够充分保障子女未来的利益。

5. 人身安全

一个值得（超）高净值人士及其家族重视的问题是，他们往往更容易成为恐怖分子和犯罪分子的目标。1996 年 5 月 23 日，李嘉诚的儿子李泽钜在归家途中被绑架，劫匪要走了李嘉诚 10.38 亿港元的赎金。2020 年 6 月 14 日，与儿子何剑锋共同身价达 1800 亿元的美的集团创始人与实际控制人何享健在自己家中被绑架。虽然此类事件发生的概率比较低，但是一次事件所产生的创伤和破坏力往往是巨大的，甚至可能导致一个家族或企业的覆灭。因此，很多家族办公室会选择设立风险管理小组，来全面评估家族成员的健康安全状况以及是否存在其他薄弱环节。

（三）家族事务管理

1. 家族教育规划

家族办公室可以协助家族制订和完善家庭成员教育计划。人才的培养对高净值家族来说是重中之重，小到有关财务、法律、税务的专业知识，大到家族观念、家族治理能力的培养等，都需要有系统的教育安排，仅靠学校教育很难直接培养出完全符合家族需要的接班人。如果没有系统的教育，家族成员在就任接班人职务时往往准备不足。实践中，部分高净值家族通过联合家族办公室为子女提供理财教育，其中通常会有家族办公室专业顾问的参与，有些家族办公室还会从外部引入教育专家，或将家族子女送到相关的训练营。家族办公室还能够通过测试不同家族成员的技能、专长、态度和行为，来确定不同成员的潜能和优势，针对不同家庭成员的不同教育需求，制订更加详细、全面和个性化的教育方案，以满足高净值家族对不同类型人才的需求。

2. 家族慈善规划

家族办公室能帮助家族统一筹划慈善事业，并协助落地执行，以确保慈善捐赠的有效性和影响力。在高净值家族有多项慈善计划时，家族办公室的作用则会更加突出，因为通过家族办公室来实施的慈善计划，往往更加符合家族的治理体系和未来规划。[①] 有研究发现，家族办公室已经在家族慈善活动的管理中发挥着核心作用，并且其作用还在不断加强。家族办公室管理慈善活动及家族捐赠的趋势越来越明显，且更加专业化、多元化。家族办公室捐赠的慈善资金平均占其资产管理规模的2.5%左右，45%的家族办公室表示他们在做慈善时有明确的重点。[②]

---

① 中国银行业协会私人银行业务专业委员会、中国银行业协会东方银行业高级研修院：《私人银行理论与实务》，中国金融出版社2017年版，第165～166页。

② 彭彦杰：《慈善！超级富豪的事业重点》，载《第一财经日报》2015年12月7日，第A13版。

慈善是家族积累社会资本最有效也是最佳的方式。对于发展到一定规模的家族企业而言，尤其在该高净值家族成为当地举足轻重的一部分后，其家族形象管理也变得越来越重要。维护家族形象、管理家族慈善活动等是家族办公室典型的服务范畴。

3. 家族治理

一个成熟、业务全面的家族办公室应当承担、发挥其对家族治理的辅助功能。家族办公室可以通过参与家族宪章与家族议事规则的起草、负责家族大会或家族委员会的召开、执行家族委员会的决议等多个层面，为家族治理作出贡献，使家族治理机制更加完备、制度化。对于希望家族绵延不息、家族企业越做越大的家族来说，以家族治理为核心的家族传承规划是不可或缺的。

4. 移民规划

近年来，部分高净值客户出于为子女长远考虑、希望获得更加优越的生活环境、希望资产更加安全、避免高额税收等原因，开始进行移民规划。家族办公室能帮助高净值人士及其家人进行身份规划，一方面帮助其拥有国外护照或绿卡、方便出入境，另一方面帮助其为企业资产的未来规划如海外上市等做好充分准备。

5. 家族企业转型

诺亚财富发布的《2017 高端财富白皮书》显示，截至 2017

年，传统行业仍然是财富分布最为集中的地方，但财富正在向新兴行业转移并且转移速度不容小觑，随着这一趋势的延续，未来新兴行业中高净值人士的占比会越来越高。近年来，随着新经济和创业的兴起，第一代企业家逐步交班给第二代，年轻的高净值人士越来越多：30 岁以下的高净值人士已占到 8%，45 岁以下的高净值人士占比超过 50%。[①] 而与第一代企业家专注于传统行业相比，第二代接班人越来越偏好新兴行业，因此企业难免面临“二次创业”“企业转型”等问题。家族企业转型问题的本质，是以企业发展为基础的家族长期发展战略的转变。家族企业转型的背后还涉及现有家族企业经营模式的评估与处理，转型风险、成本与可行性，转入行业的调研，转型后的经营模式设计等相对专业的问题。这些问题的解决既需要投资、财务方面的专业建议，也需要对家族现状与规划的统筹认识。聘请外部专业机构进行调研存在调研结果过于机会导向、无法匹配家族长期发展战略的可能性。此时，家族办公室的专业服务可发挥外部专业机构不具有的优势，将家族企业转型与家族长期发展战略进行统一规划，实现家族企业转型的具体化、个性化安排。

现代社会是一个风险社会，高净值人士完全依靠个人的“单打独斗”来管理财富是不现实的。聘请专业的顾问或者家族办公室，来帮助高净值人士及其家族抵御风险就成了一种必要的手

① 赵路云：《中国高净值人群“画像”》，载《金融博览（财富）》2018年第8期。

段。家族顾问通过提供专业服务，使高净值家族在创富、守富、传富和享富的过程中得到权威且全方位的指导，为高净值人士的幸福及其家族的腾飞助力。

第十部分

家族跨境事务

进行全球化的企业家、各位前辈、各位同行，
今天非常残酷，明天更残酷，后天很美好，
但是绝大部分人死在明天晚上。

——马云

“一只南美洲亚马逊河流域热带雨林中的蝴蝶，偶尔扇动几下翅膀，可以在两周以后引起美国得克萨斯州的一场龙卷风。”进入 21 世纪后，世界各地因全球化而休戚与共。高净值人士在拥抱全球化所带来的机遇的同时，也在迎接因此产生的挑战。资本的全球流动、资产的跨境配置让跨境事务逐渐成为家族与家族企业无法避开的主题。

第一节

家族成员国际身份筹划

中国高净值人群存在成为世界公民的趋势。根据亚非银行（AfrAsia Bank）和 New World Wealth 共同发布的《2019 年全球财富迁移报告》，2018 年全球有 10.8 万高净值人群（财富超过 100 万美元）移民海外，其中 13.9% 来自中国内地，达 1.5 万人，排名世界第一。中国高净值家庭的国籍身份越来越国际化，甚至可能出现“小联合国”的家庭结构。的确，对于高净值人士而言，拥有外籍身份，意味着在税务筹划、免签政策、国民待遇与投资等方面有“更多”的选择，而“更多”的选择也就意味着更多的机会。

但是，移民绝不是多一本护照或多一张绿卡那么简单。它是一个家族的长期决策，关系到家族几代人的生活。除了应当考虑生活、医疗、教育等方面因素外，还应从国家的经济规模、发展趋势、投资环境、对中政策等方面进行综合考虑。

一、移民身份的选择

关于移民，高净值人士要考虑的因素非常多，自然环境、生活质量、教育条件、经济状况与税收政策都需要纳入考虑范围。

（一）子女教育

中国已成为美国、英国、澳大利亚等多个国家的第一大国际生源国。其中，留学低龄化的趋势已然显现，2005—2014 年 10 年间赴美“留高生”数目翻了上百倍。[①]

根据智库“新财富”2013 年的调查，76.7% 的移民将子女教育视为他们离开中国的首要原因。[②] 同一般留学相比，本国学生在学费、福利上通常能享受更好的待遇。一些国外高校出于本地保护主义考虑，不向海外学生开放一些优势和特色专业。移民可避免这个问题，为家族后代在学校和专业上提供更多选择。再者，欧美等国家更注重对孩子个性、创造力等方面的培养，有利于孩子不断提高创新意识和探索能力。

---

① 王德培：《中国经济2017：寻找经济“新大陆”》，中国友谊出版公司2016年版，第34页。

② 雷磊、刘志毅等：《去国外买“学位房”中国富人的教育移民潮》，载南方周末，http://www.infzm.com/contents/98223。

（二）资产保值、增值

有人认为，移民可作为一种资产保值、增值的尝试。获得移入地永居权或国籍后，高净值人士的国内资产可相对自由地转移到移入地或直接在移入地进行投资，实现离岸资产配置，分散将财产集中于某地的风险。

然而，此举有待商榷。首先，在中国政治、经济整体平稳向好发展的态势下，通过移民实现资产保值与增值显得有些多余。其次，移民成本较高，且境内财产往往无法悉数换汇出境，在遇到疫情和移民国政治动荡等问题时，移民者往往更容易受到直接伤害。最后，移民后高净值人士将在一定程度上失去在国内积攒的商业机会与资源。从以上角度来看，仅出于资产保值、增值目的而移民有“得不偿失”的可能。

不过部分高净值人士出于资产保值、增值的需要，仍会选择经济稳定的国家移民。以澳大利亚为例，其不仅自然环境和治安状况较好，而且没有遗产税规定，成为很多华人移民的首选。澳大利亚移民局的数据显示，近几年澳大利亚商业移民每年的名额是 3500 人，而来自中国的申请就能达到 2000 人左右，其中获签达 1000 多人。[①]

---

① 《媒体称内地富豪流向海外财富年超100亿元》，载 http://edu.sina.com.cn/bschool/2012-02-13/1743326918.shtml。

（三）税收优惠

移民对税务筹划也有深层次的价值。海底捞实控人张勇夫妇在海底捞上市前移民新加坡，主要考虑的可能就是税务筹划因素。甚至可以说，税收筹划是高净值人士国际身份规划的核心。

从税务筹划的角度，身份筹划更多地要考量哪些国家属于税收友好型、是否“全球征税”、需要承担哪些海外税负等。举个简单的例子，美国是不少高净值人士移民的第一选择。但是，美国除了个人所得税，还有遗产税等，税率较高。而且，取得美国绿卡的人士，会自动成为美国“全球征税”的对象。若仅从税务角度考虑，中国香港、中国澳门等豁免海外收入税收、本地税率较低的地区为更佳选择。

近些年来，欧洲的小国家塞浦路斯由于低税制颇受高净值人士的关注。塞浦路斯是欧盟成员国，也是一个低税制的国家，没有全球征税，且与52个国家签署了避免双重征税的协议。塞浦路斯的税收制度对企业与个人都十分友好，企业所得税统一为10%，个人所得税最高为35%，而且塞浦路斯公民免缴家族财产继承过程中可能适用的所得税和遗产税。[①] 相较于中国内地最高的个人所得税45%，塞浦路斯的税率明显低了不少。一度为挪威

① 驻塞浦路斯使馆经商参处：《塞浦路斯税收体制概要》，载中华人民共和国驻塞浦路斯共和国大使馆经济商务处官网，http://cy.mofcom.gov.cn/article/ztdy/200909/20090906522898.shtml。

首富的约翰·弗雷德里克森（John Fredriksen）为避税放弃挪威国籍，于2006年通过投资取得塞浦路斯国籍。① 此外，作为欧盟和欧元区的成员，塞浦路斯确保了投资者的资产安全和稳定，并向5亿多欧盟公民提供了市场准入以及贸易和税收优惠。作为回报，塞浦路斯护照持有者可不受限制地在所有欧盟成员国以及瑞士、挪威、冰岛和列支敦士登学习、生活或养老。可见，移民塞浦路斯是一个不错的选择。

“脸书”共同创始人通过移民规划避免3900万美元的税负

Eduardo Saverin是“脸书”（Facebook）的共同创始人之一，其国籍原为巴西。Eduardo在1992年到美国生活、工作，经过7年的努力成为美国公民。2009年，Eduardo搬到新加坡。2012年5月，Facebook在纳斯达克首次公开发行（IPO）。

如果Eduardo保有美国国籍，那么按照2012年美国的税收制度，就IPO而言他可能适用15%的资本利得税（CGT）与最高达35%的个人所得税，因为出售Facebook的收益将被计入资本利得。相比之下，新加坡最高的个人所得税税率

① Simon Bowers：The super – rich who have made Cyprus their home，载https://www. theguardian. com/world/2013/mar/18/super – rich – made – cyprus – home。

为 20%，而且不征收资本利得税与海外所得税。在高昂的税费面前，Eduardo 选择放弃美国国籍，加入新加坡国籍。根据专门追踪国际富豪动态的新加坡业者 Wealth－X 估计，Eduardo 主动放弃美国国籍，至少可以省下 3900 万美元税金。①

综合来看，移民国家的选择是一个统筹规划的过程，不仅要考虑家庭的生活品质和子女的教育，税收优惠这一因素也不容忽视。出于家族财富管理以及家族成员安全的需要，高净值人士需要提早做好国际身份的规划，为自己和家人的未来赢得更多时间与选择。

二、外国国籍的取得方式

在资本全球化的今天，随着世界金融趋势的变化，出现了中国人海外投资的热潮。大到国家“走出去”战略和“一带一路”倡议，小到企业跨境投资并购和个人投资者的海外资产配置，“走出去进行海外资产配置”已然成为一种趋势。其中，投资移民兼具取得外国国籍与全球资产配置的双层功能，越发受到高净

① Brian Briker：Unfriending the US：Facebook co－founder stands to save millions，https://www.theguardian.com/technology/2012/may/15/facebook－co－founder－save－millions.

值人士的青睐。

目前，除了英国和美国之外，在拥有移民法案且政策稳定的国家中，以下几个国家可以通过投资获得公民身份：圣基茨和尼维斯、多米尼克、格林纳达、安提瓜和巴布达、圣卢西亚、塞浦路斯、马耳他、瓦努阿图。此外，爱尔兰的福利房项目投资移民、马耳他的国债投资移民、加拿大的创业移民与欧洲多国的购房移民也可供选择。下面，笔者将详细介绍老牌强国英国和美国的投资移民政策。

（一）英国的投资移民

英国内政部发布的2019年第一个季度移民数据报告显示，2019年第一季度全球有131名主申请人取得了Tier1投资移民的签证，相比上一季度的92名增长了42%。在131名获得Tier1投资移民首签的主申请人中，有66人来自中国，占了总人数的50%，是2018年第一季度29人的近3倍之多。①

英国作为老牌经济强国，于2011年宣布放宽投资移民政策。2019年3月7日，英国内政部公布了新的移民法（Immigration Rules）的变更细则，新的Tier 1 Investor投资移民签证，依旧采取3年（首签）+2年（续签）的形式，5年后即可获得英国永

① 霈安咨询：《2019第一季度投资移民数据分析，英国Tier1投资移民签证激增42%》，2019年6月12日，载https：//kknews. cc/n/nlb8qm3. html。

久居留权，6 年后便可申请入籍并在英国和欧盟国家享受公共福利。并且，该签证的加速条件依然适用：若申请人投资 500 万英镑，则可在 3 年之后获得永久居留权；若投资 1000 万英镑，则可在 2 年之后获得永久居留权。对于首签的基本要求是：申请人必须年满 18 周岁；无刑事犯罪记录；在个人户口拥有不少于 200 万英镑（或等值外币）的现金款项作为投资资金；申请人在提交签证申请前必须开设受英国监管的投资账户，等等。值得注意的是，新政策对申请人投资款存款时间的要求由 90 天延长至 2 年。新政策下明文禁止的违法行为，由英国境内的违法行为扩大到世界上任何相关国家的违法行为。这说明：一方面，英国正在加大反洗钱审查的力度；另一方面，投资款未存满 2 年的投资移民申请人将面临更严格的资金来源审查。①

总体而言，英国的移民政策处于不断完善的过程中，在保留原有途径的基础上又增加了便于高净值人群快速取得英国国籍的加速通道，为高净值人士入籍提供了更多便利。

（二）美国的投资移民

胡润研究院发布的《2018 年中国投资移民白皮书》显示，美国依然是中国高净值人士投资移民的首选地。美国移民服务局的

---

① 《TIER 1（投资者）签证》，载 ASTONS，https://www.astons.com/cn/immigration-uk/Tier-1-Investor/。

数据显示，申请美国投资移民的中国公民人数正在逐年上升，所占比例也在不断增加。

按照美国移民法的规定，投资移民（EB－5）在职业移民中属于第五优先类别。如果外国投资者在美国投资 100 万美元（或者在失业率高的“目标就业地区”投资 50 万美元），除本人和直系亲属外，创造或保持至少 10 个全职工作岗位，就可以申请美国绿卡。美国的投资移民项目于 1990 年由国会批准，针对 EB－5 项目的签证数为每年 1 万个，通过投资移民拿到美国永久绿卡实际上要经过两个程序，分别是“I－526”和“I－829”签证申请。

“I－526”申请的是附带条件的“绿卡”，期限为两年。如果在获批后的两年内无犯罪记录、50 万美元投资款没有撤资、EB－5 项目正常运行并且满足足够的就业人数等条件，投资者便可以向移民局递交“I－829”签证申请。如果“I－829”签证申请获批，则投资者可以拿到无附带条件的永久绿卡。①

不得不说，美国的投资移民项目虽有许多优势和便利，但也存在一定的风险。第一个风险是绿卡的获取具有一定的不确定性。一般而言，在投资者证明其投资来源合法并完成投资后，取得两年期的临时绿卡是比较容易的。但是最关键的是，两年期限届满前，投资者需证明其投资创造了 10 个维持了 2 年时间的全职工作岗位，才有可能得到美国移民局的批准，撤销条件限制从而

---

① 闫亮：《大洋彼岸的陌生人：中国移民美国纪事》，新华出版社2016年版，第41页。

获得美国永久绿卡。第二个风险是投资风险。按照美国移民法律的规定，美国投资移民要求的投资是承担风险的投资行为。投资有风险，用于移民的投资同样有风险，如该项目经营不善，投资人的投资 5 年后可能无法收回。

当前，中美关系已经发生了实质性变化。美国已经退出了世界卫生组织，逆全球化发展，打压华为、抖音等中国企业，特朗普政府甚至拒绝中国留学生赴美国求学，将中美关系降至冰点。中美关系存在较大的不确定性，笔者建议高净值人士在现阶段慎重选择移民美国。

（三）投资移民的重要方式：购房

近些年来，购房移民的独特优势逐渐凸显出来。一方面，CRS 规则只要求申报金融资产和有现金价值的金融账户，对于实物资产如不动产、艺术品、珠宝等，不要求申报披露。因此，购房移民也成为越来越多高净值人士规划海外身份的首选方式。另一方面，在各国纷纷抬高准入门槛的时候，诸如希腊、西班牙、葡萄牙等欧洲国家却根据本国的特点，出台了一系列仅需按要求购买房产即可移民的政策，无语言、经商背景、资金来源申报等要求，可全家一步到位获得绿卡，十分方便快捷。

中国人已经成为澳大利亚房地产的最大投资者。在澳大利亚购置房产的成本与在中国大城市购置房产的成本相差不多，而且在价格、区位与产权方面具有一定的优势。有数据显示，中国人买走了澳大利亚约12%的新建房屋，尤其青睐悉尼和墨尔本这样的大城市。在这些大城市的某些小区，中国投资者购房比例甚至达到了100%。[①] 美国也同样如此，2014年至2015年3月期间，中国买家在美国买房的花费超过任何其他国家。在加州购买房产的外国买家中，32%是中国人。葡萄牙自2012年10月启动了投资移民政策。2015年1月葡萄牙移民局发布的官方数据显示：在两年时间内，中国人是葡萄牙投资移民的最重要群体，约占总人数的80%，其中，有95%的人是通过购置房产获得身份的。[②]

此外，购房投资移民还具有以下优势：第一，海外房产是永久产权，业主享有该地块以及房屋的永久使用权限并可世代传承。第二，收益稳定，在社会与经济稳定的情况下，海外发达国家的房产增长率、投资回报率较为稳定。第三，法律法规健全，海外房地产市场比较成熟，购房各个环节的监管都十分健全，有利于保障买家的合法权益。当然，在有些国家，房产持有成本较高，还有房屋空置税、遗产税等，打理起来较为麻烦。因此，通过投资房产移民的，也需要提前做好法律税务规则的尽职调查。

---

① 李强：《中国人澳洲买房将更加困难》，载新浪财经，http://finance.sina.com.cn/roll/20141203/003020979348.shtml?from=wap。

② 成薇：《买下美国：美国房地产投资秘笈》，科学普及出版社2016年版，第46页。

（四）技术移民

在投资移民之外，技术移民近些年来也备受瞩目。作为世界上引进国外人才最多的国家，美国在这个问题上比较有发言权。自20世纪20年代以来，美国的技术移民制度经历了近百年的历史，成为许多国家的范本。

据不完全统计，自第二次世界大战以来，美国从世界各地吸纳的高级专门人才超过50万人。美国移民理事会的一项数据显示，美国的STEM（Scicence 科学，Technology 技术，Engineering工程，Mathematics 数学）工作者中，近25%为外籍人士。[①] 外籍科技人才的大量引进，为美国带来了发展的原动力，使美国的科技一直处于领先地位。美国在第二次世界大战后取得的科技成果中，80%是由引进的外国人才完成的。美国核武器的研制、阿波罗登月计划的实施、计算机的诞生和应用，在很大程度上都是依靠移居美国的科学家实现的。在由移民创建的科技企业中，80%~90%是由来自中国和印度的移民创建的。来自中国和印度的技术移民，现在已经占据了硅谷1/4企业的领导岗位。[②]

加拿大作为近年来我国移民的主要目标国，对技术移民的政

---

① AA美国英文学院：《美国STEM人才严重短缺，1/4从业员为外籍人士》，载https://www.sohu.com/a/251134888_100219060，2018年8月31日。

② 张景安、[美]亨利·罗文等：《创业精神与创新集群：硅谷的启示》，中国科学技术出版社2015年版，第232页。

策支持力度也比较大。据加拿大移民部发布的2012年加拿大移民计划，2012年加拿大移民目标总人数不变，但将增加1万个技术移民名额，计划吸纳技术移民5.5万~5.7万人；新增1000个博士类移民名额；继续增加经验类移民至7000名左右。

三、国际身份下的税收风险及其应对

在进行国际身份规划的过程中，税收风险几乎是每一个高净值人士都会考虑的。甚至可以说，从家族或者家族成员迈出国门的那一刻起，税务风险就与之相随。如果高净值人士不能有效地规避税务风险，就会给家族带来巨大的财产损失。

宗庆后的涉外税务纠纷

2007年8月，娃哈哈集团创始人宗庆后陷入税务风波，被人举报“隐瞒巨额境内外收入，未如实申报个人所得税”。

IRS是美国联邦税务部门，于2008年4月15日向美国绿卡持有者宗庆后夫妇签发欠税通知，要求其缴纳1600余万美元税金，以及300余万美元罚金。宗庆后向美国联邦税务法庭提起诉讼申请，对所有征税项目都表示异议，理由是其“已在中国缴税”。之后，有知情人士透露宗庆后尚未向IRS提交其在中国已就这部分收入按期纳税的证明。有人认为，宗庆后隐瞒了应缴个人所得税的情况，并且疏忽了IRS

关于绿卡持有者应就其全球收入进行申报纳税的规定。宗庆后曾由于未向中国按期申报纳税，向杭州地税局补税近 2.8 亿元，而应向 IRS 申报、缴纳的部分，宗庆后却忽视了。[①]

这个案例事实上涉及双重征税的问题。双重征税是指两个或两个以上的国家依据自己的税收管辖权，对同一征税对象或者征税源，在同一征税期间征收同一或类似的税种，从而形成的重复征税。

我国企业在“走出去”的过程中会遇到双重征税的问题。因为，跨国投资不仅要面临东道国（地区）的所得税，作为居民企业还要面临居住国（地区）的所得税。如果是通过第三国（地区）间接走到东道国（地区）进行投资，则还要面临第三国（地区）的所得税。所以，“走出去”的利润最大化应当是基于以上税收考量的税后利润最大化。

根据我国的企业所得税法，“走出去”的企业从境外取得的投资收益（利润或股息、红利）无论是否负担了当地的所得税，都需向我国税务机关申报纳税；为了避免国际重复征税，我国在对企业的境外所得征税时允许其办理境外税收抵免，即用其负担的境外所得税冲减应在我国缴纳的企业所得税。尽管企业所得税制度中有这种避免双重征税的措施，且我国已经与 99 个国家签

① 新华社：《宗庆后称正在接受税务部门稽查》，载新浪财经，http://finance. sina. com. cn/chanjing/b/20080421/09444776762. shtml。

订了避免对所得双重征税的协定，但就目前的情况来看，境外税收抵免的相关规定对海外投资仍有一定的阻碍作用。一方面，我国企业到境外投资，如果当地的所得税税率较低，则其境外投资收益仍要按我国的企业所得税税率补税，无法享受到境外低税负的好处。另一方面，我国企业所得税的境外税收抵免限额是按“分国不分项”的原则确定的，在这种情况下，如果居民企业到多个国家进行直接投资，而东道国的税率有的高于我国、有的低于我国，那么就会出现在高税国实际纳税超过抵免限额而抵免不尽、在低税国实际纳税达不到抵免限额造成抵免限额结余的情况。①

由此可见，企业在境外履行纳税义务时，应当选择合理的措施减少境内税负，为避免面临重复征税问题，应在深入了解风险的基础上尽早做好税务筹划。

（一）CRS 背景下的税务风险

近年来，部分高净值人士在全球范围内通过离岸金融机构进行投资和资产配置，并将收益隐匿在境外金融账户以逃避居民国纳税义务的现象存在日益严重的趋势。与境内投资交易相比，跨国交易的信息难以掌握。长期以来，对于跨境个人税收的征管都

---

① 朱青：《鼓励企业“走出去”与改革我国避免双重征税方法》，载《国际税收》2015年第4期。

是一个世界难题，在此背景下，各国在加强税收征管合作方面达成空前的一致，《统一报告标准》（Common Reporting Standard，CRS）应运而生。

2015 年 12 月，国家税务总局签署了《金融账户涉税信息自动交换之多边主管当局间协议》。该文件规定，各签约协议国的金融机构，包括商业银行、保险公司、证券公司、信托公司等，需要向国家税务总局自动提交中国公民及税收居民的相关资产、投资资料。2017 年 5 月 9 日，国家税务总局等六部委共同颁布了《非居民金融账户涉税信息尽职调查管理办法》，这标志着中国版 CRS 终于正式落地实施。

如果某个高净值人士选择移民到未签署协议的非 CRS 辖区，使用这些辖区的护照在海外开户，那么由于这些辖区未参与 CRS，其金融资产信息将不会被交换回移民国。移民非 CRS 辖区虽然可以暂时避开 CRS 的锋芒，但未来有很大的不确定性。因为目前的非 CRS 辖区将来很可能会加入 CRS。推行 CRS 符合各国对富裕阶层征税的根本需求，在各国推行 CRS 的背景下，高净值人士应遵守相关法律法规，尤其注意以下三个方面的问题：

一是境外收益也将纳入税收监管。根据《个人所得税法》第 1 条，在中国境内有住所，或者无住所而一个纳税年度内在中国境内居住累计满 183 天的个人，为居民个人。居民个人从中国境内和境外取得的所得，依照本法规定缴纳个人所得税。也就是说，中国税收居民应当就海外所得主动申报和缴纳个人所得税。以往，在缺少有效监控的情况下，境外收益似乎沦为税收征管的法外之地。但在 CRS 全面落地后，包括境外投资在内的收益均要向中国税务机关履行纳税申报义务。CRS 的申报范围不仅包括个人账户，还包括个人设立的海外公司账户。

二是非法离境资产将面临补税的法律责任。根据《税收征收管理法》第 32 条，纳税人未按照规定期限缴纳税款的，扣缴义务人未按照规定期限解缴税款的，税务机关除责令限期缴纳外，从滞纳税款之日起，按日加收滞纳税款万分之五的滞纳金。高净值人士需要注意自己是否存在“应申报而未申报”的情况，2018 年 9 月金融账户涉税信息交换后，中国税收居民境外金融账户涉税信息会反馈到中国税务机关，未完税“收入”面临补税的法律责任。①

三是高净值人士作为境外税收居民在国内的财产和收入问题。目前，很多高净值人士都有境外身份，涉及的国家都是全球征税的国家，并且拥有成熟的税收征管体系，不仅税率很高，逃税还会造成非常严重的后果。当前，很多移民的大部分财产和主要收入在国内，随着 CRS 信息交换的进行，理论上这些移民在国内的金融账户信息也会自动交换给所在国家的税务机关。若存在逃税问题，可能会面临轻则补税罚款、重则牢狱之灾的严重后

① 韩宇：《私人财富保障与传承实务全书》，中国法制出版社2018年版，第198页。

果。因此，高净值移民的全球税收筹划问题，比国内高净值人士的税收筹划问题更加复杂，也更加紧迫和必要。

（二）税务筹划

在上述国际形势之下，高净值人士要处理好税务问题，一方面应做好税收居民身份的筹划，另一方面应提前进行以合法降低税负为目的的税务筹划。

首先，拥有海外资产的高净值人士将不得不考虑税务遵从的问题。大多数情况下，办理一纸护照并不能解决税务居民身份的转换问题，解决这一问题更重要的因素是纳税人实际居住的地点和居住时间。合理的税收居民身份筹划有利于纳税人减轻税负。比如，持有较多资产的人可移民到低税负地区，避免成为高税负地区的税收居民；还可通过合理安排家族成员的身份，利用不同的身份持有不同种类的资产，来达到合法减轻税负的目的。应注意的是，税务筹划应在合法合规的框架下进行。

其次，在全面执行 CRS 的地区进行投资、资产配置的高净值人士，也应当开展合法的税务筹划，以降低实际税负。部分境内高净值人士利用 BVI 等避税天堂架构进行避税，认为没有必要开展个人境外财富架构的筹划。然而，随着 CRS 及部分避税天堂经济实质法案的实施，无商业性质的避税地架构或将失去隔离功能，实际控制人将被穿透识别，有关信息将被报告到国内税务机关。

随着CRS的实施，境内高净值人士的境外财富架构筹划应提升到一个新高度。高净值人士可以选择在中国香港地区、新加坡等低税率辖区搭建实质经营架构，也可以在资产配置和管理中积极引入信托架构，以实现账户保密的功能。通过灵活安排财产持有人身份、中间架构的形式和注册地的选择、家族企业内交易模式和风险内控等，高净值人士依然可以合法、合理地实现税收利益的最大化。① 当然，信托内的财产并非完全可免于申报，信托公司作为金融机构，也需要将信托账户基本信息、年末余额、信托架构的当事人等信息进行申报。

在这方面，有大量的实践操作案例可供参考，最常见的操作就是搭建境外红筹架构并将海外控股公司转移至信托名下。除满足合规要求外，这一操作还具有以下功能：一是资产保护（降低政治风险、经济风险）；二是实现代际传承（实现平稳过渡、避免遗产税）；三是突破投资壁垒（突破资金规模、投资资质、行业准入、外汇管制等限制）；四是运营便利（顺利实现投资退出和文化融入、降低运营成本、克服融资障碍等）；五是保护高净值人士及其家族的隐私，以相对比较隐蔽的身份进行各种投资及重组操作等。②

通过以上论述不难发现，国际身份筹划和税务筹划息息相

---

① 易奉菊、黄驰主编：《CRS风暴下高净值人士税务风险与应对攻略》，立信会计出版社2018年版，第138页。

② 龚乐凡：《私人财富管理与传承》，中信出版社2016年版，第195页。

关。高净值人士在进行国际身份规划时要充分考虑自己的利益诉求，在法律许可的范围内选择最适合的税收居民身份，从而尽可能地减轻自己的税务负担。

第二节
资金的进出境

高净值人士实现一定的财富积累后，有进行资产全球布局的需要。近些年来，我国对外汇的管制越来越严格，高净值人士应注意资金进出境的合规风险，在合法合规的前提下进行资产的全球布局。

一、外汇管制趋紧

当前阶段，我国的外汇政策仍以国家统一管制为主，不鼓励居民持有过多的外汇，并对某些违规换汇的行为追究刑事责任。2019 年 2 月 1 日，《最高人民法院、最高人民检察院关于办理非法从事资金支付结算业务、非法买卖外汇刑事案件适用法律若干问题的解释》正式实施。该解释明确了对倒买倒卖外汇或者变相买卖外汇等非法买卖外汇行为的处罚方式，并且明确表明非法进行外汇交易并获利超过 10 万元人民币的，以非法经营罪定罪处罚。这些规定都释放着外汇政策趋紧的信号。

近几年来，国家外汇管理局定期公布外汇违规案例，对违反外汇监管规则的银行、企业及个人加大处罚力度，监管趋严。在这一背景下，如何合法地进行资产的全球布局、防范持有外汇过程中的风险是高净值人士应特别注意的问题。

（一）购汇额度限制

目前对于个人结售汇，2007 年国家外汇管理局颁布的《个人外汇管理办法实施细则》第 2 条第 1 款规定："对个人结汇和境内个人购汇实行年度总额管理。年度总额分别为每人每年等值 5 万美元。国家外汇管理局可根据国际收支状况，对年度总额进行调整。"超过年度总额的，如果是经常性项目，则凭有交易额的真实性凭证办理；如果是资本项目，则必须按照有关规定提前核准备案。"经常性项目"中最常见的是个人的消费行为，如到国外旅游时刷卡购买商品和服务等。

虽然目前信用卡刷卡消费尚未列入每年的购汇额度，但是自 2017 年 9 月 1 日起，在国外提现或刷卡消费人民币 1000 元以上的，境内发卡金融机构就需要向外汇管理局报送境内银行卡在境外发生的消费交易信息。此外，2016 年 12 月 28 日，中国人民银行公布《金融机构大额交易和可疑交易报告管理办法》，其中特别提及，将大额跨境交易报告标准调整为人民币 20 万元以上（含 20 万元），并将大额现金交易的报告标准下调为人民币 5 万元以上（含5万元）。

（二）移民资金出境受限

根据中国人民银行颁布的《个人财产对外转移售付汇管理暂行办法》，移民到其他国家或地区的人，可以选择移民财产转移。移民财产转移是指从中国内地移居外国，或者赴中国香港特别行政区、澳门特别行政区及台湾地区定居的自然人（以下简称移民），将其在取得移民身份之前在境内拥有的合法财产变现，通过外汇指定银行购汇和汇出境外的行为。但需注意，已经合法移民的中国公民有且只有一次机会向外管局申请移民财产转移，并且申请人必须将外汇直接汇往移民国或境外地区的本人账户，而不能在中国境内提取外币现钞。该申请项下的汇出金额也同样存在限制：首次可汇出金额不得超过全部申请转移财产的一半；自首次汇出满一年后，可汇出不超过剩余财产的一半；自首次汇出满两年后，可汇出全部剩余财产。全部申请转移财产在等值人民币20万元以下（含20万元）的，经批准后可一次性汇出。可见，只有金额较小的移民财产转移，经批准后才可一次性汇出。

（三）资金受严格监管

在外汇严控的大背景下，境内资金出境受到监管，对个人购汇的审查也趋于严格。中国公民每人每年外汇额度为5万美元，并且需要填写《个人购汇申请书》进行申报，更重要的是，投资移民、购置海外房产、保险等投资类用途并不包含在《个人购汇申请书》的申报范围内。高净值人士在购买外汇的过程中应当注意：不得虚假申报个人购汇信息；不得提供不实的证明材料；不得出借本人便利化额度协助他人购汇；不得借用他人便利化额度实施分拆购汇；不得将外汇用于境外买房、证券投资、购买人寿保险和投资性返还分红类保险等尚未开放的资本项目；不得参与洗钱、逃税、地下钱庄交易等违法违规活动。

二、资金进出境的合规风险

在严格的外汇管制政策之下，资金违规进出境存在很大风险。《外汇管理条例》第39条规定，有违反规定将境内外汇转移境外，或者以欺骗手段将境内资本转移境外等逃汇行为的，由外汇管理机关责令限期调回外汇，处逃汇金额30%以下的罚款；情节严重的，处逃汇金额30%以上等值以下的罚款；构成犯罪的，依法追究刑事责任。除罚款外，被外管局处罚的个人，纳入外管局“关注名单”管理，并纳入中国人民银行征信系统。个人如果被纳入银行“关注名单”，则两年内不可享受“通过电子银行办理结售汇业务”服务。

（一）“蚂蚁搬家”式转移资金的风险

个人每年购汇的额度为5万美元，因此部分打算在海外置业的高净值人士靠亲戚朋友帮助转账来实现资金的转移，这被人们形象地称作“蚂蚁搬家”式转移资金。除此之外，也有部分高净值人士利用国外身份在国外注册企业，以投资形式在中国开设机构，然后以关联交易等形式转移资金。

《国家外汇管理局关于印发〈经常项目外汇业务指引（2020年版）〉的通知》第47条规定，境内机构和个人不得以分拆等方式规避外汇管理。以分拆方式规避额度管理的，将面临被纳入外汇局“关注名单”的风险。被纳入“关注名单”的个人在被纳入的当年及之后连续2年内，办理个人结售汇时应当携带身份证、证明交易额的相关材料以便银行审查。如此一来，“蚂蚁搬家”可能使参与者未来每逢需要汇钱，就必须承担整理相关证明材料、到银行柜台办理业务的重大不便。

（二）对敲换汇的风险

对敲是一种非法换汇形式。例如，甲是美国人，在中国生活，需要人民币；乙是中国人，在美国生活，需要美元。二人对接上之后约定，甲把自己在美国的美元给乙，乙把自己在中国的等值人民币给甲，二人即完成了一次对敲。

对敲属于违法行为，轻则面临外汇管理局的行政处罚，重则涉嫌刑事犯罪。例如，在国家外汇管理局公布的澳门籍郑某非法买卖外汇案中，郑某在2013年2月至2015年7月利用本人的境内个人账户支付或收取人民币，同时利用境外账户收取或支付对应港币，为他人非法兑换外汇，交易共计 33 笔，违规金额合计 6501.57 万元人民币。其行为违反了《个人外汇管理办法》第 30 条的规定，构成非法买卖外汇行为，严重扰乱了外汇市场秩序。根据《外汇管理条例》第 45 条的规定，对郑某给予警告，并处以罚款 325.08 万元人民币。

又如，在刘欣荣非法经营案的一审判决［（2016）陕 0113 刑初 684 号］中，刘欣荣通过约定汇率、指定交易账户获利，涉嫌从事非法买卖外汇。法院认为，被告人刘欣荣伙同他人在国家规定的交易场所以外非法买卖外汇，扰乱金融市场秩序，情节特别严重，其行为已构成非法经营罪。

（三）地下钱庄换汇的风险

通过地下钱庄兑换外币的，不仅会受到外汇管理局的行政处罚，还可能涉嫌刑事犯罪。国家外汇管理局公布过多例非法买卖外汇案。例如，2016 年 8 月至 9 月，陈某为实现非法向境外转移资产的目的，将 2600 万元人民币打入地下钱庄控制的境内账户，通过地下钱庄兑换外汇并汇至其香港账户，金额合计 389.06 万美元。其行为违反了《个人外汇管理办法》第 30 条，构成非法买卖外汇行为。根据《外汇管理条例》第 45 条，对陈某处以罚款 169 万元人民币。

又如，黄光裕非法经营、内部交易案，法院认定黄光裕通过地下钱庄非法换汇。黄光裕于 2007 年 9 月至 11 月，违反国家规定，采用将人民币结算在境内、将港币结算在境外的非法外汇交易方式，将人民币 8 亿元直接或通过北京恒益祥商业咨询有限公司转入深圳市盛丰源实业有限公司等单位，通过郑晓微（另案处理）等人私自兑购并在香港得到港币 8.22 亿余元（折合美元 1.05 亿余元）。法院认为，被告人黄光裕违反国家外汇管理制度，在国家规定的交易场所以外非法买卖外汇，破坏国家金融管理法规，扰乱金融市场秩序，其行为已构成非法经营罪，且数额特别巨大，情节特别严重。最高人民法院在 2010 年的年度工作报告中对黄光裕案的判决予以认可。

总而言之，在我国当前外汇管理制度下，高净值人士应在合法的前提下进行资产的全球布局，避免自己的行为越线给自己带来不必要的损失甚至牢狱之灾。

第三节
家族企业的海外扩张

有数据显示，约30%的高净值人士和超过50%的超高净值人士持有境外投资。在已持有境外投资的高净值人群中，有将近60%的受访者表示未来会进一步增加境外投资金额。在目前没有境外投资的高净值人士中，超过50%的受访人士表示计划在未来进行境外投资。

高净值人群进行海外投资和扩张的动力主要来自三个方面：第一，境外市场多样化的投资产品和投资区域具备一定的吸引力，为高净值人士提供了更多的投资机会，有利于其实现利润最大化。第二，实现分散、对冲风险。世界不同经济区域和主要投资市场间的发展存在此消彼长的关系，跨境资产配置可系统性降低投资风险。第三，满足移民、教育需求。出于子女留学或个人移民的需要，部分高净值人士一部分时间会停留在国外，因此增加境外资产配置成为其必然需求。①

一、家族企业海外扩张的风险

“走出去”的过程不可能一直风平浪静，人生地不熟的环境中有许多政治、法律、市场上的风险与障碍。其中，经营风险是企业最常见的风险。跨国投资者在东道国进行投资或生产经营的过程中，由于市场条件、生产、技术、管理和决策等因素的变化，可能被迫面对价格风险、营销风险、财务风险、人事风险和技术风险等。对进行海外投资的高净值人士来说，经营风险容易受到关注，也较为容易通过商业手段解决。但除此之外，企业的海外扩张还存在其他潜在风险。

（一）政治风险

在全球化的背景下，部分国家逐渐对海外投资产生抵触情绪，进而采取极端手段保护本国利益。例如，2007 年俄罗斯全面禁止外国人在露天市场从事零售贸易的法律正式生效，致使近 20 万华裔受到影响。此外，东道国的政局动荡、民族或宗教冲突、战争、恐怖主义等情况也可能对中国高净值人士的海外投资产生

① 郭菊娥等：《家族企业财富管理理论与实践》，西安交通大学出版社2015年版，第30页。

不容忽视的风险。

华为 CFO 孟晚舟被捕

华为是全球领先的 5G 主设备商。普华永道的数据显示，2017 年，华为在 5G 研发方面的投资超过 130 亿美元，超过了苹果公司与微软。

在布局全球 5G 建设的背景下，2018 年 12 月 1 日，华为首席财务官（CFO）、华为总裁任正非之女孟晚舟途经加拿大时被捕。据路透社报道，加拿大系应美方要求而为。随后，12 月 6 日 A 股开盘时，华为中国大陆供应商个股与 5G 概念股全线下跌。2019 年 1 月 16 日，美国议员提出法案，计划禁止向华为出售美国芯片或其他部件。2019 年 1 月 28 日，华为、孟晚舟及两家华为分支机构被美国司法部以电信欺诈、银行欺诈、串谋诈骗美国、串谋窃取商业机密等 23 项罪名起诉。华为即日发表官方声明否认全部指控，截至 2020 年 9 月，孟晚舟、华为与美国的争端尚未解决。

具体来说，政治风险主要包括以下三种情形：

第一，征收和国有化风险。征收风险是指投资者因投资东道国基于公共利益的需要对私人企业的全部或部分资产实行征用、收归国家所有而遭遇的风险。能源领域的民营企业在海外投资时遭遇这种风险的可能性相对较大，这不仅使企业无法从投资中获益，还会使企业的巨大投资打了水漂。20 世纪 80 年代以前，直接征收或国有化风险在非洲普遍存在，如坦桑尼亚曾没收外国人财产达 35 次之多。近几年来，非洲各国竞相吸引外国投资，对外国人财产进行直接征收的风险日益减少，取而代之的是隐秘性更强的间接征收，其破坏性同样不容小觑。

第二，政策变动风险。这是指东道国政府变更政策给跨国投资者带来的经济损失。东道国在土地、税收、产业、市场等方面作出的政策调整，会不可避免地影响跨国投资者的经营和收益。例如，为扶持其国内产业，东道国政府突然对外国投资者颁布禁止性或限制性的政策，然后主动采取对外国投资者极为不利的行动。

第三，汇兑限制风险。汇兑限制风险亦称转移风险，即东道国因国际收支困难而实行外汇管制，禁止或限制跨国投资者将本金、利润和其他合法收入转移到东道国境外。

总之，政治风险看似离日常生活很遥远，而一旦出现，高净值家族就可能面临海外扩张血本无归的风险。

（二）税务风险

在进行境外投资、设立境外企业时，家族企业必须明确了解企业经营业务的复杂性与各个国家之间不同的税收体制对境外投资目的实现的影响。正如前文所述，世界各国的税收政策不尽相同，投资者只有充分考虑到投资东道国税收体制，才能保证投资资金、经营利润在合理税负后收回，而不致在双重或多重税负下将盈利和资本消耗殆尽。

在境外投资实践中，部分投资者由于缺乏对投资东道国税务法律法规和政策的充分了解或心存侥幸，未充分履行投资东道国的税务申报等合规性要求，进而在事后遭受各项处罚。因此，正确认识并有效控制境外投资税务风险尤为重要。①

（三）合规风险

各国对企业经营或收购行为存在不同规定，国际化投资中合规的重要性不容忽视。家族企业在海外扩张过程中，可能需要面对各种审批、许可及缴纳相关费用。此外，反商业贿赂、反垄断近年来也频繁影响中国企业的海外扩张之路。一旦交易规模达到一定数额或者交易对股权结构有重大影响，大多数国家就会启动强制性的反垄断审查。比如，菲律宾的竞争法明确规定，外国投资者的收购行为应当接受菲律宾当地部门的反垄断审查，当交易规模达到10亿比索（2000万美元，折合人民币约1.3亿元）或者交易导致外国投资者收购超过35%有表决权的股份时，对外国投资者收购行为的反垄断审查是强制性的，且反垄断审查的期限为60~75天。②此外，各国在环保标准、劳

① 孙小波：《投资加拿大》，中国政法大学出版社2016年版，第102页。

② 李志强主编：《中国企业赴菲律宾、越南、韩国投融资法律研究》，中国金融出版社2018年版，第30页。

动权益保障等方面的具体规定也可能成为部分行业海外扩张的重要考量标准。

二、家族企业海外扩张的方式

（一）跨国并购

家族企业的跨国并购是一项系统性工程，涉及政治、法律、文化等多个领域的风险防控。在当前海外并购政策法律日趋复杂、国际贸易保护主义抬头等国际大环境下，家族企业进行海外拓展时必须提早规划。一般来讲，出口起步—海外建厂—海外并购，是企业国际化进程的“三部曲”。扩大市场份额，寻求更高的利润增长点，是任何企业发展到一定规模后的必由之路，家族企业也不例外。

那么，家族企业在对外并购、扩张的过程中应当注意哪些方面呢？

第一，家族企业应明确自身在国际市场的战略目标。在战略方面，企业应注意国际战略与企业总体战略的相互协同。如果国内市场和海外市场各自为战，那么势必会耽误海外战略的开展，也不利于企业总体战略的实现。

第二，家族企业应重视海外拓展模式选择的影响因素。这些影响因素包括各国不同的政治政策环境，不同的市场及经济环境，如何处置、整合与东道国不同的文化差异和管理冲突等。家族企业的对外拓展不宜盲目进行，而应充分积累跨国公司在不同国家经营多年的国际化经验。

第三，家族企业应重视技术开发和人才储备，为海外拓展积累资源。万向集团的成功就是一个典型的事例。

万向集团的国际化之路

万向集团（以下简称万向）原本是一家从铁匠铺子发展起来的浙江乡镇企业，之后通过海外拓展在美国扎根，其生产的汽车零配件受到美国汽车行业的青睐。目前，万向已成为福特、通用、克莱斯勒等美国著名汽车制造商的重要合作伙伴。

从2013年开始，万向开始实施海外并购战略。2013年1月，万向以2.56亿美元收购美国A123系统公司。A123系统公司提供的锂离子电池以寿命长、高能量密度、高功率、安全性卓越领先锂离子电池市场。作为清洁能源汽车产业的标杆性企业，A123系统公司不仅得到美国政府的大量资助，还与通用、菲斯科、宝马等主流汽车厂商建立了供应合同关系。2014年3月，万向以1.49亿美元收购菲斯科。菲斯科成立于2007年，由阿斯顿·马丁前首席设计师创立，是美国专门生产增程式电动汽车的企业，也是全球最优秀的新能源汽车生产厂商之一。2009年，菲斯科推出搭载A123动力电池系统的首款电汽跑车“卡玛”，与特斯拉并驾齐驱。

2014 年 6 月，万向又收购了莱顿的“钛酸锂和非易燃电解液技术”。该技术将对 A123 纳米级磷酸铁锂（LFP）材料组合形成补充，大幅拓宽了后者的技术组合，同时，在国际市场上大大提升了万向的影响力。

连续几次对外出手，万向在技术与系统上进行了不断的升级，同时吸纳了一批科学家，在人才上取得了巨大的优势，这再次提升了万向的核心竞争力，成就了其世界知名企业的地位。此外，万向在接轨国际先进技术的战略前提下，还与美国知名的科研机构及院校建立了长期的合作机制，通过自主研发、对外收购、人员引进等方式，不断提高自身的技术水平，实现了走在行业的前列、保持领先地位、占据行业制高点的目标。①

（二）海外建厂

许多家族企业在国内发展壮大后，为了开拓海外市场，纷纷选择到海外投资建厂。尽管境外商城在带动本土产品出口方面起到了很好的“载体”作用，但仍遇到诸如融入当地市场、规范经营以及贸易壁垒等经营问题。在此背景下，一些企业开始考虑在境外设立工厂，既可以充分利用当地资源，也可以绕开贸易壁垒。最早的民营企业境外投资可追溯到 1991 年，该年 8 月浙江温

① 魏义光：《品牌中国梦》，中国法制出版社2015年版，第199页。

州商人叶康松在美国洛杉矶设立“美国康龙农业开发有限公司”，这是中华人民共和国成立后我国在国外开办的第一家私营股份合作企业。此后，民营企业或自发探索或在政府的“两个推动”下开展了多种形式的境外投资活动。

当前，我国奶粉行业的民营企业选择在海外建厂的比较多。在中国对新西兰出口至中国的婴幼儿配方奶粉实施零关税的背景下，2012 年 12 月 18 日，伊利集团宣布，将投资 11.03 亿元在奶源成本低、质量高的新西兰建配方奶粉厂，计划年产 4.7 万吨配方奶粉。伊利此次在海外斥巨资建厂，是通过收购新西兰南岛南坎特伯雷地区的新西兰大洋洲乳业有限公司来完成的。伊利下属境外全资子公司伊利国际发展有限公司及香港金港商贸控股有限公司出资 300 万新西兰元，完成收购该企业 100% 的股权。继伊利宣布斥巨资在新西兰建奶粉厂后，国内另一奶粉品牌雅士利紧随其后，宣布将投资 11 亿元在新西兰建厂。

但是，我国民营企业在海外建厂的过程中也面临着一些挑战，突出表现为以下两个方面：第一，企业对海外投资的信息获取不到位。在信息服务方面，我国民营企业主要依靠驻外使馆来了解驻地国的国情。由于使馆力量有限、主要精力用于外事接待，其提供的信息很难满足企业进行海外投资的全面需要。另外，在技术层面，我国企业在海外投资的可行性研究、项目开发与启动、人员培训方面投入不足。第二，企业的海外经营管理能力弱。中国企业的海外经营经验不足，与发达国家的企业相比有很大差距。从目前现实状况来看，中国企业并购的一般是国外亏损或正在走下坡路的业务或公司。国内企业花费巨资并购后必须处理原有的亏损，在处理亏损的基础上再招聘当地具有生产、仓储、配送与本土化运营等专业知识的人士，并进行统一管理。无论是弥补亏空，还是人才管理，中国企业都有一段很长的路要走。

因此，中国的高净值家族在决定海外投资建厂前应当制定科学的发展战略规划，认真分析海外建厂、产业转移的机遇和挑战，充分利用海外的市场和资源，找准自身的定位，发挥比较优势。同时，中国的家族企业还应大力培养海外业务人才，管理人员应具备必要的跨国经营知识、跨文化管理能力、在公司内部相互学习和转移知识的能力以及与不同国家管理人员配合工作的能力。

（三）海外上市

随着我国加入 WTO，我国在海外上市的家族企业也逐渐增多。例如，万向集团借壳控股的 UAI 公司在美国纳斯达克上市；金义集团收购、重组新加坡上市公司；浙江玻璃集团成为第一个以自然人控股发起在香港上市的公司。但是，不可忽视的是，作为民营企业的家族企业在海外上市的过程中往往面临着以下障碍：

第一，较高的上市费用和高额的维持成本。在纳斯达克，企业要负担4% ~7%的承销费和约420万美元的公开发行费用，再加上会计费与律师费，成本将更高。[①] 在香港，根据数据统计，通过IPO上市的企业平均每家花费6812万港元，平均占募资总额的10.57%；各企业上市费用占募资总额的比例中，最高的为41.9%，最低的为6.2%。[②] 显然，如果企业本身规模小而融资额又不是很大的话，那么上千万的上市费用明显不合算。上市公司集资的数额越大，费用占比就越低，因此如果筹资金额低于500万美元，则可能得不偿失。此外，上市失败也会产生300万美元左右的费用。中小企业在海外上市，除了面临成本高昂、收益与付出不成比例、市场压力巨大的艰难局面之外，还要考虑企业未来的成长，由于地域和监管等因素，上市公司的维持成本比上市费用更高。

第二，能否得到国际投资者的认可是一个未知数。目前，国内部分高净值人士对IPO认识有限，存在获得审批即可上市的误区。但其实，审批只是成功上市的一半，另一半工作在于“讲好故事”，让投资者看到公司独特的发展前景或定位。在香港创业板上市的大量内地中小企业，经常以10倍以下较低的市盈率招

---

① *Considering an IPO? First, understand the costs*, PwC, https://www.pwc.com/us/en/services/deals/library/cost-of-an-ipo.html.

② 智通财经网：《从一季度36个IPO项目看香港上市费用：各专业中介机构费用占比最大》，载新浪财经，http://finance.sina.com.cn/stock/hkstock/hkstocknews/2019-04-09/doc-ihvhiewr4358173.shtml。

股，在公开上市后迅速跌破发行价。在此情形下，若换手率非常低，则由于股票缺乏最基本的关注与良好预期，企业基本无再融资的可能性。家族企业在海外成功上市后，更要注重与投资者保持良好的关系，再融资是企业上市的重要目的。

第三，缺乏海外上市运作人才。由于大部分家族企业缺乏有上市运作经验的人才，对境外上市规则了解得不透彻，在与专业中介共同商议海外上市的过程中，往往不能及时准备和提供符合相关要求的应披露资料，进而影响上市时间和进度。

因此，家族企业赴海外上市时应熟悉海外的资本市场，在专业顾问的帮助下熟悉完整的程序与流程规范，在知悉各种风险的前提下做好各方利益衡量。

三、海外投资争端解决机制——国际商事仲裁

家族企业在海外投资、进行商事往来时，不可避免地会出现与外方不同的意见甚至误解，若任由其发展，则最终可能引起双方的投资争端。这些争端依靠何种途径解决，是每一个家族企业应当了解的问题。根据发生争端的主体不同，大致可以将国际投资争端分为投资者与东道国政府（或其机构）的争端以及投资者与私营主体的争端。

鉴于当地法院可能存在“本地保护主义”倾向，在大部分国际商事争议中，当事人更倾向于选择不受司法主权干预的仲裁机

构进行解决，即国际商事仲裁。如果投资者遇到了与东道国国家之间的争议，那么也可以选择国际投资争端解决中心（International Centre for Settlement of Investment Disputes，ICSID）。下面对家族企业作为主体在海外进行贸易、投资可能涉及的争端与争端解决机制进行介绍。

（一）国际商事仲裁

仲裁也称公断，是双方当事人通过协议将争端提交第三者，由第三者对争端的是非曲直进行评断并作出裁决的一种争端解决方式。而国际商事仲裁，是指专用于解决国际商事交易争端的仲裁。[①] 国际商事仲裁案件涉及的案件类型非常广泛，基本可以涵盖契约性与非契约性的一切商事性质的关系引起的事项，包括但不限于：供应或交换货物或服务的任何贸易交易、建造工厂、投资、客货载运等。投资属于商事关系的一种，国际投资争端一般处于国际商事仲裁的受理范围之内。

《联合国国际贸易法委员会国际商事仲裁法》第 1 条第 3 款规定："有下列情形之一的，仲裁为国际仲裁：（a）仲裁协议的各方当事人在缔结协议时，其营业地点位于不同的国家；或（b）下列地点之一位于各方当事人营业地点所在国以外：（i）仲裁协议中确定的或根据仲裁协议而确定的仲裁地点；（ii）履行商

① 余劲松：《国际投资法》第5版，法律出版社2018年版，第301页。

事关系的大部分义务的任何地点或与争议事项关系最密切的地点；或（c）各方当事人明确同意，仲裁协议的标的与一个以上的国家有关。”

作为仲裁的一种，国际商事仲裁首先具有仲裁的一般特点，即排他性与终局性，自然排除法院管辖且仲裁裁决无法上诉、一裁终局；其次，国际商事仲裁中显著的国际因素意味着复杂性，从仲裁庭组成，到仲裁适用的程序法与用于解决争端的实体法，再到仲裁裁决在不同国家的承认与执行，每一步都比国内仲裁复杂许多。但即便如此复杂，国际商事仲裁也因其优越性在国际投资争端的解决中备受青睐。

与司法途径相比，仲裁方式具有如下特点：第一，仲裁较为高效。除少数极为复杂的争端外，仲裁大都能在短时间内对争端作出评断，减少当事人在争端上的时间与经济投入。另外，涉及专业知识的争端可通过任命具有相关专业知识或具有丰富经验的专家为仲裁员来高效、准确地解决争端，减少法律专家理解、分析法律外的专业问题所需的时间。第二，仲裁具有天然、良好的保密性。通过诉讼途径解决的纠纷，除涉及国家机密等特殊情况外，为了促进司法公正并提高司法公信力，判决都会按照法律法规的要求向大众公开当事人不涉及隐私的信息；对于涉及隐私的部分，法院会在作出隐名处理的情况下公开。相较而言，仲裁机构的仲裁裁决没有对外公开的义务，除非当事人一致同意，否则仲裁的存在、过程与裁决书全文一般都不予公开。第三，仲裁具有更大的自治性与灵活度。仲裁的存在基础是当事人将争端解决的权力交予仲裁机构的合意，出于同样的合意，当事人也可以各自任命仲裁员或选择由仲裁机构指定仲裁员，约定仲裁机构、程序法与实体法等事项。第四，由于世界各个国家或地区或多或少加入了关于裁决的国际公约、区域性公约或双边协议，仲裁裁决在调解中更容易得到执行。

相较于调解，国际仲裁固有的排他性与终局性，避免了争端解决结果的不稳定性。在调解中，如果当事人对调解方案不满意，则调解无法达成，当事人中的一方仍可以选择诉诸法院或申请仲裁解决争端，费时费力。而国际仲裁可一次性解决问题，提高争端解决的效率与稳定性。

由于其高效、保密、灵活与稳定等特征，仲裁发挥着“新型法庭”的重要作用。随着国际争端解决机制的日渐完善，企业在对外投资时有了更多的选择，但不可否认的是，仲裁的作用越来越突出。仲裁介于调解和司法解决方式之间，未来在国际争端解决中也将发挥更大的作用。

（二）ICSID——解决投资者与被投资国家之间的争议

外国投资者通常会与东道国政府或机构签订契约，按照契约所规定的事项进行投资、收益，并约定双方的权利与义务。在契约履行过程中，双方可能会因为对契约的解释、执行，或因东道国单方面修改、废止契约而发生争端。即使外国投资者与东道国双方对于契约的解释与履行没有异议，也可能由于双方契约以外的原因引起海外投资争端。

在海外争端发生之后，东道国一方往往从维护本国经济利益的角度出发，主张使用当地救济的方式。而投资者一方往往不信任东道国，认为东道国不会公正解决争端，从而倾向于将争端交给东道国以外的救济平台解决。为解决东道国与投资者之间的矛盾，ICSID 应运而生，这也是外国投资者与东道国政府解决争端的主要机制。

1966 年生效的《关于解决国家和他国国民之间投资争端公约》（以下简称《ICSID 公约》）建立了世界上第一个专门解决国际投资争端的仲裁机构。ICSID 的争端解决机制采取了与仲裁管辖权类似的规定，ICSID 在缔约国（东道国）与另一缔约国的国民（外国投资者）作出书面同意后获得管辖权，裁决由于直接投资而引起的法律争端。根据《ICSID 公约》第 53 ~ 54 条，仲裁裁决对各个成员国具有拘束力，各个成员国负有将其视同国内法院判决来承认、执行的义务。若东道国不执行裁决，则根据《ICSID 公约》第 27 条，外国投资者可要求母国行使外交保护权，该母国政府也可以就此提起国际诉讼。

ICSID 发布的 2019 年案件统计数据显示，2019 年 ICSID 注册了 39 件新案件，其中 35 件适用 ICSID 仲裁规则，3 件适用 ICSID 附加便利规则，1 件适用 ICSID 调解规则。从结果来看，支持投资者和支持东道国的裁决比例依旧大致相当。投资者的请求得到了仲裁庭全部或部分支持的案件占 55%，未获得支持的占 31%。[①]

值得注意的是，投资争端必须同时满足主体要件、客体要件与主观要件才可被纳入 ICSID 的管辖范围。

主体要件是指争议当事人必须一方是缔约国或其指派到中心的该国任何组成部分或机构，另一方是另一缔约国国民。其中，另一缔约国国民包括自然人与法人。若另一缔约国法人受外国控制，则根据《ICSID 公约》第 25 条第 2 款，除双方另行约定外，应当视为另一缔约国国民。

客体要件是指向 ICSID 提交的争端在性质上必须符合一定的条件。虽然《ICSID 公约》在第 25 条第 1 款中规定争端必须直接产生自投资且必须属于法律争端，但并没有对何谓投资、何谓法律争端作出规定。其目的在于通过不对上述条件加以定义，来增加当事人申请仲裁、获得救济的可能性。因此，该客观要件在一定程度上受“主观”因素的影响。

主观要件是指 ICSID 对争端的管辖以双方当事人的书面同意为前提。一旦双方书面表示同意，则任何一方皆不可单方撤销。按照目前关于仲裁管辖的理论，仲裁的正当性或权利来源为当事人对争端解决权让渡的合意，即仲裁的管辖权为自愿管辖而不是

---

① *ICSID Releases* 2019 *Caseload Statistics*, ICSID (Feb. 30, 2020), https://icsid.worldbank.org/news-and-events/news-releases/icsid-releases-2019-caseload-statistics.

强制管辖，双方的书面同意反映了仲裁的这一本质。不过，ICSID取得管辖权存在一定的特殊性：在国际投资协议或贸易公约要求各个缔约国将投资争端提交 ICSID 调解或仲裁的情况下，ICSID 取得的管辖权实质上系当事人外的第三方（外国投资者所在国）作出的授益性安排。

BA and SAKIMA v. DRC：ICSID 的管辖权争议及其启发

Banro Resource Corporation（以下简称 BR）是一家加拿大公司，其全资子公司 Banro American Resources（以下简称 BA）位于美国。BR 与刚果政府签订协议获得了位于刚果某地的采矿权，协议中约定了将双方争议提交至 ICSID 的仲裁条款。随后，BR 在刚果设立了一家名为 SAKIMA 的子公司，将其采矿权转让给刚成立的 SAKIMA。在企业运营过程中，BR 又将自己持有的 SAKIMA 股权转让给 BA。股权转让完成后，位于加拿大的 BR 全资持有位于美国的 BA，位于美国的 BA 全资持有位于刚果的 SAKIMA。

1998 年 7 月，刚果政府废除了批准协议所依据的法律，并否定了 SAKIMA 的成立申请，没收了 SAKIMA 的财产，理由为在 SAKIMA 设立过程中存在违法行为。作为申请人，BR 向 ICSID 申请仲裁。被申请人刚果政府提出管辖权异议，认为其与 BR 之间的争端不在 ICSID 的管辖范围之内。

作为 BR 所在地，加拿大不是《ICSID 公约》的缔约国，但其子公司、SAKIMA 的实际控制人 BA 位于美国，美国则是《ICSID 公约》的缔约国。《ICSID 公约》第 25 条第 2 款第 2 项规定："在争端双方同意将争端交付调解或仲裁之日，具有作为争端一方的国家以外的某一缔约国国籍的任何法人，以及在上述日期具有作为争端一方缔约国国籍的任何法人，而该法人因受外国控制，双方同意为了本公约的目的，应看作是另一缔约国国民。"按照该条款，若 SAKIMA 提起争议，则因其受美国公司 BA 实际控制，应当认为其属于美国公司，ICSID 对争端具有管辖权。但该争端的申请人为 BR，故仲裁庭依据严格的外观主义，以本争端的申请人 BR 所在地为加拿大、BA 不属于协议中任何一方为由，认定 ICSID 对该争端无管辖权。

由此可见，中国公司在海外投资中若以特殊目的公司（Special Purpose Vehicle，SPV）的名义对外签订合同，应当事前在投资协议中加入实际控制人作为协议一方，或在提起仲裁前仔细审核签订协议的特殊目的公司的所在地是否为《ICSID 公约》的缔约国。

在仲裁员的产生与仲裁庭（在 ICSID 语境下为"仲裁员小组"）组成方面，ICSID 分别设有调解员小组与仲裁员小组，调解员与仲裁员来自各个缔约国的指派。每个缔约国可向每个小组指派 4 人，可以但不必须是本国国民。小组内的调解员与仲裁员由主席指派，指派后小组成员任期为6年，可以连任。应当事人一方对仲裁的申请，当事人双方可从仲裁员小组中任命一位仲裁员（独任仲裁员）或任何非偶数的仲裁员。若双方对仲裁员的人数与任命方式无法达成合意，则双方各自任命一位仲裁员并共同任命第三位仲裁员，由3位仲裁员共同组成仲裁庭。仲裁员不得为争端中缔约国一方的国民或与另一方国籍相同。根据《ICSID公约》第52条，若当事人中任意一方认为仲裁庭组成不当，则可向ICSID秘书长提出异议，时间为裁决作出后的120天内。仲裁庭组成不当的情形有：仲裁员指定程序不当；仲裁员不符合要求，包括仲裁员国籍与公约规定不符、道德品质或专业能力不合格、无法作出独立判断。异议被支持的结果为裁决被部分或全部撤销。

除仲裁员组成不当外，裁决撤销的情形还包括仲裁庭裁决明显超出当事人仲裁协议约定的范围（即“超裁”）、仲裁员受贿、仲裁严重违背基本程序、裁决未陈述所依据的理由。

关于仲裁的举行地点，根据《ICSID公约》第63条，经双方同意，调解与仲裁可在ICSID常设仲裁庭或其他任何公私机构所在地进行；经委员会或仲裁庭磋商并批准后，可在任何其他地点进行。仲裁裁决应当根据争端的是非曲直，依仲裁员投票中的多数作出。裁决应当含仲裁员中投赞成票成员的签字并说明每一个问题的处理理由，否则将面临被撤销的风险。未经双方当事人的同意，ICSID不得公布裁决。在当事人选择由ICSID调解解决争端的情况下，若双方无法达成和解协议，则由调解员组成的委员会应当出具一份双方已将争端提交调解且未能达成调解协议的报告。

在执行层面，仲裁一经作出即对双方具有拘束力，不得上诉。每一个缔约国都应当赋予仲裁裁决本地法院判决的效力，仲裁裁决在执行上与本地法院判决享受相同待遇，按照被要求执行的国家的现行法律执行。《ICSID 公约》在第 55 条排除了国家的主权豁免。因此，对国际投资贸易争端来说，《ICSID 公约》为仲裁裁决的执行提供了良好保障。若缔约国不自动履行或拒不执行裁决，则投资者一方的本国政府可恢复外交保护（通过外交手段解决争端，因此也被称为政治解决方法）或提出国际请求。不过实践中较少采取以上做法，采取更多的是报复或经济制裁等经济手段。①

当前，很多中国企业响应“一带一路”走出去的政策号召，去国外投资建厂，在这一过程中引发争议在所难免，ICSID已经成为中国在境外与东道国产生争议时的争端解决备选方案之一。

ICSID 受理紫金矿业下属合资公司提起的投资争端调解案件②

紫金矿业集团股份有限公司（以下简称紫金矿业）和巴

① 余劲松：《国际投资法》第5版，法律出版社2018年版，第342页。

② 紫金矿业集团股份有限公司董事会：《紫金矿业:巴布亚新几内亚波格拉金矿采矿权有关事宜》，载中财网，http://www. cfi. net. cn/p20200427001182. html。

理克黄金公司（Barrick Gold Corporation，以下简称巴理克黄金）在巴布亚新几内亚（以下简称巴新）的合资公司巴理克（新几内亚）有限公司（以下简称 BNL，紫金矿业和巴理克黄金分别持有其 50% 的股权）持有巴新恩加省波格拉金矿（Porgera）项目 95% 的权益。

BNL 于 2020 年 7 月 9 日就巴新政府拒绝波格拉金矿特别采矿权延期申请事宜，提请启动 ICSID 调解程序。BNL 希望通过这次 ICSID 调解程序，与巴新的利益相关方达成公平合理的延期协议。

BNL 提请的这次 ICSID 调解程序，并不取代 BNL 向巴新国家法院提起的已进入审理程序的司法审查诉讼。BNL 将继续推进该司法审查诉讼，希望法院驳回巴新政府拒绝 BNL 矿权延期申请的决定。

（三）国际商会国际仲裁院（ICA）——平等交易主体之间的争议

国际商会国际仲裁院（The ICC International Court of Arbitration，ICA），成立于 1923 年，是附属于国际商会的一个全球性的常设仲裁机构，总部位于法国巴黎。在推动国际商事发展的过程中，国际商会的建立者意识到应当在国际层面建立统一的国际商事争端解决机制，为此，国际商会于 1923 年设立了仲裁院。

ICA 最初受理的案件主要是有关货物买卖合同和许可证贸易

的争议。后来其受案范围发生重大变化，几乎包括了因契约关系而发生的任何争议。任何国家的当事人，包括自然人、法人甚至国家、政府及其机构本身，都可以通过仲裁协议将有关争议提交国际商会仲裁院仲裁。经过近一个世纪的发展，ICA 已成为目前解决国际商事争议最重要、最具代表性的仲裁机构。在大多数仲裁机构带有区域性特征或主要服务于国内当事人的情况下，ICA 是真正意义上的国际性仲裁机构。[①]

ICA 的国际性体现为以下三点：第一，其不涉及本国的案件占比较高；[②] 第二，其仲裁员来自世界各地；第三，其仲裁可以在世界上任何一个地方进行。根据国际商会 2012 年仲裁规则第 18 条，当事人可约定在任何地点进行仲裁，若当事人无约定，则仲裁庭可以在当事人认为合适的任何地点进行仲裁。

ICA 还是如今已成惯例的“非内国化”的提倡者与实践者，有力地推动了仲裁国际化的发展。“非内国化”指的是仲裁中，当事人选择适用仲裁地以外的法律。1975 年，《国际商会仲裁规则》进行修订，首次规定当事人和仲裁庭可以自由决定仲裁程序规定适用的法律，而不必强制适用任何国家的法律，特别是仲裁

① 杜丽君：《国际商会国际仲裁院研究》，华东政法大学2016年博士学位论文，第29页。

② 杜丽君：《国际商会国际仲裁院研究》，华东政法大学2016年博士学位论文，第29页。

地的法律。[1] 国际商会通过修改仲裁规则，将仲裁国际化推向更高的水平，同时也促进了以国家为一方主体的国际投资争端的公平性。

（四）其他国际仲裁机构

伦敦国际仲裁院（LCIA）成立于 1892 年，是世界上最古老的常设仲裁机构，其在仲裁庭组成与时间控制上颇具特色。根据伦敦国际仲裁院的仲裁规则，仲裁员由伦敦国际仲裁院指定而非当事人任命，且除非另行书面约定，仲裁员的国籍不应与当事人任何一方相同。时间上，伦敦国际仲裁院的仲裁规则设立了“快速组庭”程序，当事人任何一方均可申请加快组庭进度，经申请的案件大约一半可在自申请提出后 1 年内作出裁决。[2]

香港国际仲裁中心（HKIAC）成立于 1985 年，是一个由商界及专业人士组成的委员会运作的、独立的非营利性机构。由于香港是亚洲第一个充分受益于《联合国国际商事仲裁示范法》的地区，众多国内外商事争议的当事人将争议提交香港国际仲裁中

① 赵秀文：《论〈国际商会国际仲裁院仲裁规则〉及其适用》，载《武大国际法评论》2006年第1期。

② 漆彤：《伦敦国际仲裁院及其借鉴》，载《人民法院报》2017年7月21日，第8版。

心仲裁，该中心进而被视为亚太地区重要的国际仲裁中心之一。①根据官方数据，2018 年香港国际仲裁中心共受理仲裁案件 265 起，其中约 80.7% 为国际仲裁案件，涉及 40 多个国家和地区。②

新加坡国际仲裁中心（SIAC）成立于 1991 年，其发展在极大程度上得益于新加坡的国情、地理位置与交通条件。新加坡的多元化社会、英语语言环境与超过 7000 家国际公司在此设立总部的国情为新加坡国际仲裁中心提供了丰富的仲裁案件来源。此外，新加坡每周有大约 6600 次通向全球 320 座城市的航班，为新加坡国际仲裁中心与当事人提供了便捷的交通条件。③

中国国际经济贸易仲裁委员会（CIETAC）也是国际范围内重要的常设商事仲裁机构之一。基于为中国本土当事人提供更多便利的发展策略，中国国际经济贸易仲裁委员除位于北京的总部外，还在深圳、上海、天津、重庆、杭州、武汉和福州设有分会。根据仲裁业务发展的需要，中国国际经济贸易仲裁委员会在

① 张月明：《新加坡与香港国际仲裁中心仲裁规则修改之比较》，载《广西社会科学》2009年第10期。

② 郭文利、裘滢珠：《域外主要仲裁机构及其发展概览》，载《人民法院报》2019年7月5日，第8版。

③ *Arbitration in Singapore: What Singapore Has to Offer*, SIAC(Nov. 3, 2014), https://www.siac.org.sg/2014-11-03-13-33-43/why-siac/arbitration-in-singapore.

香港特别行政区设立了贸仲委香港仲裁中心。①

（五）仲裁裁决的执行

目前，仲裁裁决在世界上大部分国家或地区可以得到承认、执行，主要归功于《承认及执行外国仲裁裁决公约》（以下简称《纽约公约》）。《纽约公约》的主要内容为各个缔约国必须承认和执行外国仲裁裁决及承认和执行的条件。《纽约公约》有效统一、简化了不同国家执行外国仲裁裁决的程序与条件，扫清了国家间仲裁承认与执行的障碍，是国际商事仲裁得以推广的基础。

根据联合国国际贸易法委员会的官方统计，截至 2020 年 7 月，《纽约公约》已有 164 个缔约国。换句话说，在这 164 个缔约国中的任何一个国家进行的仲裁，其裁决在另外 163 个缔约国，除符合保留情形外，按照公约应当获得承认与执行。

具体来说，《纽约公约》包括以下内容：（1）各缔约国应当相互承认仲裁裁决有拘束力，并按裁决所在地的程序规定，执行对方国家作出的仲裁裁决。在承认和执行对方国家的仲裁裁决时，不应当在实质上设置比本国裁决的承认与执行更为苛刻条件或收取更多费用。（2）拒绝承认与执行外国仲裁裁决的条件。例如，《纽约公约》第 5 条列举了缔约国可拒绝承认或执行外国仲

① 《贸仲简介》，载中国国际经济贸易仲裁委员会官网，http://www.cietac.org/index.php?m = Page&a = index&id = 2。

裁裁决的情形。①

中国于 1986 年 12 月 2 日成为《纽约公约》的缔约国，据此中国仲裁机构作出的裁决可按照公约规定在任何缔约国境内获得承认与执行，在其他任何缔约国作出的仲裁裁决也应当按照公约规定在中国得到承认与执行。

关于我国仲裁裁决在外国的承认和执行，根据《民事诉讼法》第 280 条与《仲裁法》第 72 条的规定，中华人民共和国涉

---

① 《承认及执行外国仲裁裁决公约》第5条规定：

"一、裁决唯有于受裁决援用之一造向声请承认及执行地之主管机关提具证据证明有下列情形之一时，始得依该造之请求，拒予承认及执行：

（甲）第二条所称协定之当事人依对其适用之法律有某种无行为能力情形者，或该项协定依当事人作为协定准据之法律系属无效，或未指明以何法律为准时，依裁决地所在国法律系属无效者；

（乙）受裁决援用之一造未接获关于指派仲裁员或仲裁程序之适当通知，或因他故，致未能申辩者；

（丙）裁决所处理之争议非为交付仲裁之标的或不在其条款之列，或裁决载有关于交付仲裁范围以外事项之决定者，但交付仲裁事项之决定可与未交付仲裁之事项划分时，裁决中关于交付仲裁事项之决定部分得予承认及执行；

（丁）仲裁机关之组成或仲裁程序与各造间之协议不符，或无协议而与仲裁地所在国法律不符者；

（戊）裁决对各造尚无拘束力，或业经裁决地所在国或裁决所依据法律之国家之主管机关撤销或停止执行者。

二、倘声请承认及执行地所在国之主管机关认定有下列情形之一，亦得拒不承认及执行仲裁裁决：

（甲）依该国法律，争议事项系不能以仲裁解决者；

（乙）承认或执行裁决有违该国公共政策者。"

外仲裁机构作出的发生法律效力的仲裁裁决，当事人请求执行的，如果被执行人或者其财产不在中华人民共和国领域内，应当由当事人直接向有管辖权的外国法院申请承认和执行。

关于外国仲裁裁决在我国的执行，根据《民事诉讼法》第283条的规定，国外仲裁机构的裁决，需要中华人民共和国人民法院承认和执行的，应当由当事人直接向被执行人住所地或者其财产所在地的中级人民法院申请，人民法院应当依照中华人民共和国缔结或者参加的国际条约，或者按照互惠原则办理。

由此可见，理论上，无论国际投资争端在哪个《纽约公约》缔约国进行仲裁，在中国或其他任何一个缔约国都不存在执行上的障碍。只要对方当事人在任何一个缔约国境内留有资产，投资者即可在仲裁请求得到支持后至该缔约国境内的司法机构申请执行。

后　记

在中国几千年的历史长河中，家族是一个既源远流长又常谈常新的存在。2019 年下半年，我第一次萌生出写一本以家族为主题的著作的想法；至本书正式问世，已经过去近一年的时间。书稿撰写的过程，也是我重新认识家族及家族财富的过程，相信这本著作也会给每一位读者带来走进家族财富的新的认知机会。本书凝聚了笔者从业多年的所思所感，并希望借此回馈财富管理行业，启迪家族治理理论与实践，为行业发展迎来更加美好的未来作出贡献。

此时此刻，我最想表达的还有感谢。感谢法律出版社法规分社张发靖先生、李群编辑、陈昱希编辑、张婉凝编辑以及美编汪奇峰先生对本书出版的大力支持和辛苦付出，因为你们的专业和敬业，夜以继日、加班加点的审校和排版，才有了本书的顺利面世。感谢我的朋友金李教授、以理先生、王芳律师在本书写作过程中，很开心收获了你们不同视角的建议和意见。感谢参与本书编辑和研究工作的团队成员：许佳兴律师、郑堡仁、杨阳，你们承担了繁冗的基础工作，本书的问世离不开你们的奠基。感谢我服务过的每一位客户，是你们毫无保留的信任和分享，让我一点一滴的加深了对家族的认识。最后感谢每一位认真阅读完本书的读者，真诚地希望你们能有所收获。

本书横跨社会学、法学、管理学、教育学及金融学等多个学科；尽管在家族财富管理领域已经从业十年，我深深觉得现有知识仍无法完全覆盖撰写本书的需要。再加上繁重的工作压力、有限的个人能力及写作时间的不足，导致书中难免有不周之处，望读者朋友们多多包容、批评指正。

为此，我注册了微信公众号“家族财富非常道”，欢迎大家搜索、关注和留言互动，我会根据各位读者的反馈，继续对书籍进行修订和完善，力求尽善尽美，期待收到大家的宝贵意见和建议！

李 爽

2020 年 10 月于北京

图书在版编目(CIP)数据

家族财富非常道 / 李爽著. -- 北京 : 法律出版社,
2020

ISBN 978-7-5197-5040-4

Ⅰ. ①家… Ⅱ. ①李… Ⅲ. ①家族－私营企业－企业管理－财务管理－研究－中国 Ⅳ. ①F279.245

中国版本图书馆 CIP 数据核字(2020)第 196606 号

家族财富非常道
JIAZU CAIFU FEICHANGDAO

李 爽 著

策划编辑 张发靖
责任编辑 李 群 陈昱希 张婉凝
装帧设计 汪奇峰

出版 法律出版社
总发行 中国法律图书有限公司
经销 新华书店
印刷 中煤(北京)印务有限公司
责任印制 张建伟

编辑统筹 法规出版分社
开本 A5
印张 17.5
字数 345 千
版本 2020 年 11 月第 1 版
印次 2020 年 11 月第 1 次印刷

法律出版社/北京市丰台区莲花池西里 7 号(100073)
网址/www.lawpress.com.cn
投稿邮箱/info@lawpress.com.cn
举报维权邮箱/jbwq@lawpress.com.cn
销售热线/400-660-8393
咨询电话/010-63939796

中国法律图书有限公司/北京市丰台区莲花池西里 7 号(100073)
全国各地中法图分、子公司销售电话:
统一销售客服/400-660-8393/6393
第一法律书店/010-83938432/8433 西安分公司/029-85330678 重庆分公司/023-67453036
上海分公司/021-62071639/1636 深圳分公司/0755-83072995

书号: ISBN 978-7-5197-5040-4 **定价:** 149.00 元
(如有缺页或倒装,中国法律图书有限公司负责退换)